U0018882

遺忘真的只是一種病，一種失去和空無嗎？

遺忘的慰藉

FORGETTING

Myths, Perils and Compensations

著
杜威．德拉伊斯瑪
Douwe Draaisma

譯
謝樹寬

荷蘭德倫特省檔案室。

序言——遺忘，不只是記憶的否定

如果記憶是像下面這樣的話，該有多好：在一個寬敞的房間裡，光線從上方的窗口透下，一切看來整潔有序。你的記憶靠著牆邊成列排好，仔細地經過更新、記錄，並編排索引。你只需要走過去拿起其中一本書或一個檔案夾，解開絲帶，逐一翻閱，很快就找到你想要找的資料。你走到書桌前，把你的發現攤在光可鑑人的桌面上。你坐了下來。你的時間多得是。這裡非常安靜，沒有人會來打擾。當你讀完，你可以把所有資料重新收好，綁好絲帶，將檔案夾放回原位。你環顧房間半晌，視線掃過成列的書冊，它們則回應你以莊嚴肅穆的光芒。然後，你打開門離去，將這一切關在你的背後，既安心又瞭然：在你下次造訪這裡之前，一切都不會被擾亂，因為你很清楚，這裡除了自己之外，別人無從進入。

也許不是每個人都渴望自己的記憶是像荷蘭德倫特省（Drenthe）檔案室的房間，不過，想像一下：你的所有記憶一塵不染，用保護檔案的去酸紙包裹著，有完美的室內空調，加上便於搜索內容的目錄索引。更重要的是，即使有些資料超過五、六十年無人查閱，它也能保證在你讀取時仍保持在最佳狀態。試問，誰不想要這種將我們的經驗全都妥善保存的完美記憶呢？

記憶由遺忘主宰

思考「記憶」時，我們會透過譬喻。此外別無他法。柏拉圖把記憶想像成一塊我們在其上刻印經驗的蠟板，這個觀點反映在「印象」（impression）這個詞彙上。往後的哲學家保留了此一書寫的譬喻，只是在每一次的創新換上不同的新說法：蠟板之後是莎草紙和羊皮紙的時代，記憶於是變成手抄本或書本。還有形容記憶是個貯藏室的譬喻，說它像儲存信息的圖書館或檔案室，也有人形容它像貯藏物品的酒窖或倉庫。到了十九世紀，神經學家開始以當時保存信息的最先進技術來看待記憶。一八三九年過後不久，「照相式記憶」一詞率先出場。接下來，留聲機（一八七七年）和電影（一八九五年）也在當時的理論論述中各自留下印記。心理學家延續了這個傳統，記憶在之後被比喻為一種立體投影（hologram），最後是電腦。不論從蠟板到硬碟這當中經過多少變革，我們對於記憶的概念，仍然堅定遵循著譬喻鋪成的道路。[1]

所有這些譬喻的共同之處，在於它們全都強調保全、儲存與記錄。本質上來說，記憶的譬喻都是博物館學式的建構物，敦促我們將記憶想像為「完整無缺地保存某件事物」——最好是所有事物——的能力。這看似完全合理的說法，正是它的問題所在。因為事實上，記憶是由遺忘主宰。

從外在世界觸及我們的那一刻起，遺忘就接管了一切。我們身上最先處理感官刺激的五種感官接收器，其配備只供這些刺激極短暫停留，若沒在這裡立即進行後續處理，它們就會消失。這五種感官當中，處理視覺刺激的部分有最多的詳細研究。一九六〇年，美國心理學家史培靈（George Sperling）發現我們如今所知的「圖像式記憶」（iconic memory）維持刺激的時間只有幾分之一秒。[2]他提供實驗參與者十二個字母的圖卡，分為三排，每排四個字母，圖卡露出的時間為五〇毫秒（一毫秒為千分之一秒），接著馬上要求他們回答出第一排或第二、第三排的字母。受試者事先並不知道史培靈會問哪一排的字母。平均而論，他們可以記住四個字母當中的三個。圖卡露出後的當下，它的圖像仍可近乎完整地被記下來，但條件是史培靈必須在四分之一秒內馬上提問要他們答出哪一排的字母。假如他停頓稍久一點，從二五〇毫秒延後到三〇〇毫秒，圖像的記憶就會消失無蹤。在回答完第一排的字母後，如果再詢問受試者第二排或第三排的字母，信息同樣不復可得。在他們複誦某一排字母的短短幾秒內，另外兩排已經消失了。這種快速的清除，也同樣出現在其他感官上，但聲音的記憶——我們稱之為「回音箱」（echo box）——可留住刺激稍久一些，大約是二到四秒。

為了在處理感官信息時不受干擾，刺激的存留是必要的。正由於圖像可以停留片刻，我們的感知在眨眼時才不至於中斷。這種視覺暫留現象，讓我們得以把投射在電影屏幕上每秒鐘二十四個影格的圖像，體驗成單一流暢的動作，成為一部電影。不過，清除也同樣很重要。如果信息存留得更久一點，它會開始干擾到接下來出現的刺激。也就是說，遺忘如果不存在，其實不會提升記憶，反而會製造更多的混淆。

記憶或遺忘，刻意簡化的二分法

我們的感官是否在對我們說明什麼道理？這種快速的清除動作，恰恰相反於我們對完美記憶的檔案室或電腦的譬喻。遺忘並非感官記憶的缺陷，而是它們運作的必要部分。對其他形式的記憶來說，遺忘也有這種功能嗎？是否它其實一直都在發揮功用？「是什麼使我們遺忘？」或「遺忘有什麼用？」這一類問題，有沒有更好的問法？我們是否只能聽任神經學和生理學上的先天機制擺布，還是說，我們有辦法改變它？不論記憶的譬喻多麼有助於了解，它們都將我們帶離了記憶與遺忘之間的連結。或許也因為如此，關於遺忘的理論，其推論很少能超越那些同樣不具說服力的相反主張。

對於「遺忘」的論述，甚至在語言的層次上也不夠精巧。圍繞著「記憶」發展出的語言遊戲，既充滿創意又生動。相較之下，關於「遺忘」的語言則顯得貧乏。首先，「忘記」（forget）這個動詞，就沒有一個相對應的名詞。你記得的東西叫做「記憶」，而你忘記的東西叫做——？語言存在著空隙，結果就是它也找不到形容詞。對於記憶，我們可以形容它是「清晰的」或是「模糊的」、「快樂的」或是「痛苦的」，但你忘記的東西，只是一個空缺、空無，不存在任何屬性或特質。

即使作為動詞，「忘記」也沒有真正的自主性。一如英語「forgo」（放棄）和「forbid」（禁止）前綴詞「for」的意義，「forget」意味的是「get」（得到）這個詞的反意。(3)「忘記」是一個衍生的概念，代表一種否定：它是你思考「記憶」之後，構想它的「相反」時所得的結果。

同樣令人感到困擾的是，我們在「保管經驗」這一類記憶上所使用的譬喻，與我們用在遺忘的譬喻之間，存在著強力的對比。前者具有某種魅力。書寫或許是整個人類文化史上最重要的發明，檔案室和圖書館則是應予以敬重的機構。我們把記憶類比於修道院、劇場與宮殿，心理學則一直選擇最先進、最負盛名的科技來作為記憶的譬喻。任何人拿遺忘的譬喻與記憶的譬喻來作比較——篩網相對於照片，或是過濾盆（colander）相對於電腦——都可以發現這兩套語言在進步性上的落差有多麼強烈、確實。遺忘被迫湊合著使用與記憶的譬喻逆反的古怪用詞。如果我們忘了某件事物，那是蠟板過於乾硬無法銘刻，是墨水已經褪色，是文字已從羊皮紙上刮除，是有人按下「刪除」鍵，或是資料已不存在硬碟中。遺忘永遠只是清除、刪去，或是消失。

像這樣子逆轉「記憶的譬喻」來表達「遺忘的譬喻」，強化了我們對於「記住與忘記是相反詞，因此兩者相斥」的直觀，以為「我們記得的東西顯然沒有被忘記，而忘掉的必然想不起來」。「忘記」是套用在「記得」上的一個負號。然而，這是人類被我們自創的譬喻所迷惑的一個例子。事實上，遺忘存在記憶之中，就如同酵母存在麵糰裡。我們有著各式各樣「第一次經驗」的記憶，提醒我們之後還有無數次的經驗被遺忘了；少數我們可以回想起來的夢，點出我們還有千百個乍醒時還記得、隨後就消散的夢境。另外，即使是善於記人面孔的人，也同樣記不清那些面容的變化。我們當中有誰可以大膽宣稱，自己不需要透過照片的幫助，就能回想起身邊的人十年前的長相？在這種將「記住」與「忘記」刻意簡化的二分法思維下，當我們發現自己現在記得的某件事與過去記得的並不相同時，這樣的記憶究竟該歸於「記得」，還是「遺忘」？記憶與遺忘之間的關係，比較像是「完形繪圖」[1]裡被共用的輪廓：我們可以自己決定如何看待這個圖形。

挖掘遺忘的元素

寫這本書的時候，我花了三年時間，試圖找出包含在記憶中的遺忘元素。我們對記憶提出的問題，最難以回答的似乎都與遺忘有關。為什麼有記憶的訣竅，卻沒有遺忘的方法？如果有的話，動用它們是否真的明智？那些被壓抑的記憶，究竟下場如何——或是換個問法，它們被保管在何處？被壓

1 Gestalt drawing，或譯為「格式塔繪圖」。格式塔心理學主張我們對事物的認知也由過去的經驗和印象來決定，我們將所見的線條、顏色拼湊成完整的形象。最有名的完形繪圖例子或許是「這是鴨子，還是兔子？」圖片，從圖片一邊看過去像一隻鴨子，從另一邊看去則像隻兔子。

抑的記憶是否真的存在？為什麼肖像往往會抹去我們對一個面孔的舊有記憶？為什麼我們總是記不得夢境？為什麼有同事會記得你的點子，卻忘了那是「你的」點子？為什麼我們傾向於相信「全面記憶」（total recall）的假說，也就是「我們經驗過的一切，都會在我們腦中留下永久的痕跡」？為什麼柯沙可夫症候群（Korsakoff syndrome）的患者記不得自己五分鐘前說過的話，卻仍能掌握一部分過去擁有的專業知識？記不住別人面孔的人，腦部到底是哪裡出了錯？

二〇〇七年，心理學家安道爾・圖威（Endel Tulving）決定統計一下文獻上提到的各類記憶，(4)最終得到的總數是二百五十六種。沒人能夠確定是否也有這麼多種遺忘，但它無疑是多到讓我們放棄試圖將它們全數列舉出來。不過，我們可以從這麼多種類中選幾種來說明。

我在選擇時，最先想到要列入的是自傳式記憶中的遺忘。自傳性記憶試圖記錄我們人生中發生的事件，不只會引起我們的注意，在它沒做到紀錄的工作時，絕對也會引發我們的擔憂。於是，自傳性記憶成了本書第一章的內容，因為我們一生中雖然會忘記許多事，但最明顯的遺忘是發生在出生後那兩、三年。

我們的最初記憶反而凸顯了圍繞在它周遭的各種遺忘。仔細檢視這些遺忘，我們會發現那個在之後讓我們忘記更多事的遺忘機制。我們可以從最早期記憶得知，語言和自我意識浮現有助於記憶的發展，但在此同時，將我們連往更早期事件的通道也會關閉。唯有當你背後的那道門關閉了，你眼前的那扇門才會開啟。

至於我們的夢，則幾乎是立刻把它背後的門關上。人們對於夢，是出了名的記憶不佳。但就如同脆弱的最初記憶，夢的遺忘也可以幫我們更看清楚關於記憶運作的一些問題。假如我們運氣夠好，醒來時還記得夢裡最後的那個場景，接下來也往往只能艱辛萬分地，往前回推該最後場景的之前是什麼、再之前又發生了什麼事。為什麼我們的記憶在逆行時是如此困難？探索那些令夢境轉瞬即逝的起因，可以讓我們知道什麼？

病理學上的遺忘

我選擇的第二個重點是說明遺忘在病理學上的形式，希望能對記憶的處理過程提供意想不到的見解。一九五三年，當時二十七歲的亨利．古斯塔夫．莫萊森（Henry Molaison）接受了一場腦部的大手術，切除大部分的兩側海馬迴，以控制癲癇發作時的症狀，結果卻從此喪失形成記憶的能力，此後一生的記憶力都不超過半分鐘。莫萊森的腦部損傷讓他成了腦部實驗的絕佳對象，以「亨利．M」（Henry M.）之名接受腦部實驗超過半世紀，使他成為戰後神經心理學文獻中最知名的實驗受試者。莫萊森於二〇〇八年十二月去世，我希望也能在本書中向他擔任實驗受試者以外的人生致敬。

在同一批神經心理學文獻中，「士兵S」（soldier S.）不過是個注腳。一九四四年三月，「士兵S」在德軍前線因為砲彈爆炸，腦部枕葉受到嚴重傷害，導致極為特別的記憶失調：他再也無法記住人的臉孔，也認不出熟人的面孔。「士兵S」在街上遇到母親時，渾然不覺地與她擦身而過。他甚至認不出自己在鏡子裡的臉孔。一九四七年，醫學界因為「士兵S」的案例確認了這個名為「臉盲症」（prosopagnosia 或 face blindness）的失調症。近年來，我們已經發現也有先天性「臉盲症」的存在，以及它的患者遠比我們原以為的還要普遍許多。

柯沙可夫症候群，得名自俄國神經病學家謝爾蓋．柯沙可夫（Sergei Korsakoff）。它起因於腦部受到損傷，對記憶的影響範圍涵括過去和未來，所以會造成目前我們所知最劇烈的遺忘形式。罹患柯沙可夫症候群的人，在過去大部分的記憶被抹去的同時，未來也會受到影響，因為新的經驗無法放入記憶中。柯沙可夫症候群讓病患失去行為能力，但他們往往表現得一派輕鬆自在，並坦然接受自己的障礙，因為他們也想不出太多抱怨的理由。有很長一段時間，人們認為柯沙可夫症候群的病患可以保存語意記憶（semantic memory），也就是關於事實與意義的記憶，但一個關於「教授．Z」（Professor Z.）的實驗，推翻了這個看法。「教授．Z」是一名病患，而非研究人員。他在發病的幾年前曾寫下自傳，因此該實驗可以使用一些無疑曾經存在其記憶中的資料。實驗顯示，即使他的語意記憶存在著缺漏，但是當實驗的問題牽涉到較近期的過去時，這些缺漏變得更大、更多。「教授．Z」的案例說明了柯沙可夫症候群會在不知不覺中加劇：一開始只是走下坡，接著下來會掉落無底深淵。

無意識的遺忘

如果我們一直都很健康，就沒有機會體驗「亨利．M」、「士兵S」與「教授．Z」所經歷的各種遺忘。不過，即使排除這些病理學上的記憶喪失案例，遺忘仍可以提供我們記憶機制的相關知識。過去二十年來，人們嘗試透過實驗來理解被稱為「潛隱記憶」（cryptomnesia）的現象：你的腦中可能閃過一個看似原創的想法，稍後你才發現那是之前從其他人口中聽來或從某處讀來的。「潛隱記憶」有時可能是「無意識的剽竊」（unconscious plagiarism）——這說法比較客氣委婉——的成因。在實驗室裡，我們可以透過巧妙地操控遺忘的過程，來複製出潛隱記憶，訣竅是在適當的時間點使剛好足夠的遺忘與記憶混融，讓相關的記憶不會消失，卻也不會被視為一個記憶。

我的第三個考量，是我們應該試著回溯到許久之前，去挖掘當前對遺忘的看法的根源。有許多人捍衛的一種理論認為，我們經驗過的所有事物都會在記憶留下永久的痕跡。在該理論中，可看出多項一九三〇年代進行的神經學實驗留下的結果。今天，人們對「壓抑」（repression）抱持的觀點，與佛洛伊德從一八九五年開始建構的概念有著深切的連結。我們仍在談論「埋葬」創傷，並相信創傷會潛存於無意識，並從中引發傷害。源自精神分析的譬喻，操控我們對遺忘的直覺認知已超過一個世紀，至今仍被用在學術辯論中，例如關於「復原記憶」（recovered memory）[2]的論戰。早在佛洛伊德之前，一位如今籍籍無名的英國家庭醫師亞瑟・威根（Arthur Wigan）已經將「心智的一部分完全不知道另一部分在做什麼」這種觀念形諸文字。一八四四年，他宣稱腦的左邊與右邊各有其意識和記憶。雖然他的理論在當時無法說服任何人，即使是現在，我們也有適當理由可予以駁斥，但威根──他自認是「神經學界的伽利略」──利用這套兩邊大腦的理論來解釋的諸多內容，要等到半個世紀後，我們才看到佛洛伊德從人的心智中「意識」與「無意識」兩邊之間的關係來解釋。

另一種遺忘：記憶的修改

無論如何，我挑選主題時的最重要目的是想讓大家看到，遺忘的相關研究證實了我們對於記憶的期待或擔憂，那就是：記憶具有惱人的改變能力。有時候，它不需要花太多功夫就改變了，例如你聽到關於某人的某件事，就會讓你的相關記憶有所更新，或是讓你明白自己有段時間在某方面遭到蒙

2 復原記憶，通常是在多年後想起已經被遺忘、有關幼年時期創傷事件的記憶，它可能是由外在影響所產生，有時會被視為無效或虛假的記憶。有的理論認為這類創傷事件雖然沒有意識的記憶，但是在潛意識留下了情緒的記憶。

蔽，然後你只能眼睜睜看著過去的記憶被迫不斷調整，以配合新的記憶版本。如果你想避免這種效應以保護珍貴的記憶，最好的情況是將它們加上密碼，像「唯讀」檔案一樣儲存起來。不過，人生有時候會增添記憶，從而改變了原本就存在記憶裡的某些東西。

二〇〇〇年一月，匈牙利作家彼得．艾斯特哈茲（Péter Esterházy）的記憶就面臨了嚴苛的考驗，他所記得的童年生活，和國安單位公布的檔案資料截然不同。在《修訂版》（*Revised Edition*）這部著作裡，他描述自己如何被迫賦予他珍惜的童年記憶一套新的、而且有時極端尷尬的詮釋。這也是一種遺忘的形式：再也無法存取記憶對自己曾經具有的意義。

或許沒有其他的科技像攝影這樣，不僅被用來對抗遺忘，和記憶的關係也沒有太多矛盾。我們喜歡拍照留下難忘的時刻，這舉動暗示：我們自己很清楚，即使是「難忘的」也可能被忘記。我們期待照片能夠加強記憶，但我們遲早會發現照片其實會開始取代記憶，尤其是肖像照。當摯愛的親人過世，我們的記憶中總會浮現一張他的照片。為什麼我們的大腦無法同時留存照片和記憶？攝影一向被稱為「有記憶的鏡子」，但我們對這個會讓人忘記許多事物的記憶替代品，到底該有多少信心？

遺忘無法被掌控，不論我們再怎麼努力

面對摯愛親人的離世，我們會出現「誓不遺忘」這股強烈渴望。我們希望用阻止遺忘的方式，來好好珍惜這些記憶。這是弔唁信函中會出現的承諾，同時也像是我們對自己記憶許諾的呢喃咒語。反過來說，被迫離開人世的人，則希望能活在親人的記憶中。在過去，人們習慣稱呼從親人的記憶中消失為「第二次死亡」（second death）。法國的恐怖統治時期（一七九三年至一七九四年）期間，有些

人知道自己隔天將被處決，因此寫下訣別信。這些信顯示，人類有多麼渴盼藉由自己「絕不會被所愛之人遺忘」的想法來獲得慰藉。

記憶的難以駕馭，展現在遺忘的兩個層面。這世上不存在所謂的遺忘法。希臘人留下「記憶術」（ars memoriae）給我們，卻沒有留下「遺忘術」（ars oblivionis），我們無法刻意用任何方法來忘卻事物。遺憾的是，我們也沒有「確保不忘」的這種相反能力。我們忘記或不忘記，全由記憶力所決定，而非由我們自己決定。

遺忘的方法只存在思想實驗的形式中。在電影《王牌冤家》（*Eternal Sunshine of the Spotless Mind*, 2004）裡，女主角求助「忘情診所」裡的先進電腦，以抹去她對不愉快戀情的記憶。早在一九七六年，荷蘭漫畫家馬登．彤德（Marten Toonder）就在〈遺忘的小書〉（The Little Book of Forgetting）這個故事裡，提出同樣的思想實驗，陳述了一個簡練而有智慧的遺忘哲學。故事裡的遺忘方法，是由一位「暗黑大師」發明的。實際上，作者是在邀請讀者認真思考，去除不快樂的記憶是否真的明智。

本書中，我們主要是傾聽來自神經學家、精神病專家、心理學家，以及其他記憶科學家的說法，不過，即使他們可以解答我們對於遺忘的成因、形成過程的疑惑，但是在那些記憶的理論知識與我們自身經驗之間，仍存在著一段尷尬的距離。科學與自我省思之間形成了一個真空地帶，而浮現在當中的問題，迫使我們去思考自己的記憶與遺忘。瑞士作家馬克斯．弗里施（Max Frisch）在五十五歲到六十歲時，偶爾會在日記裡羅列一些充滿敏銳洞察力的問題。(5)它們有助於啟發我在本書末尾列舉一些關於遺忘的難題。弗里施並未回答任何他自己列出的問題，為我立下了極樂於遵循的典範。

第一章　最初記憶
——遺忘之河裡的島嶼

幾年前，我看了《哈法歐尼》（*Halfaouine*）這部一九九〇年發行的突尼西亞電影，當中許多情節雖已不復記憶，但我仍記得關於小男孩努拉的幾個片段。他才十二歲，這年紀仍被允許和母親一起進女性澡堂。努拉每星期都會來到這個熱氣蒸騰的美妙世界，眼前有眾多女性胴體出現在霧氣飄渺的蒸氣中。她們跪坐在他旁邊，為他和自己塗抹肥皂、沖洗，然後她們慢慢地用油按摩自己的雙臂、大腿，還有胸部，讓努拉大飽眼福。他已經快到會對女性身體好奇的年齡。即使他努力保持天真的表情，但他注視的眼光已變成凝視，當然很快就被人識破。有位女性看出他神情中的異樣，此後他只能到男性澡堂洗澡。

年紀「還小」或「太大」間的界線模糊不清，但可以確定一旦跨過這條界線，就再也無法回頭。就像努拉六歲時，不可能會知道自己十二歲時是如何看待女性，同樣地，在他被女性澡堂逐出時，也不可能再記得當初被女性溫暖胴體圍繞、自己渾然不覺有任何特別可觀之處是什麼感覺。性意識的覺醒，已創造出兩個無法彼此探觸的努拉。

但過去與現在之間真的無法相互探觸嗎？你的記憶真的不能讓你召喚出先前的自我，用過去的方式體驗世界嗎？有些自傳的作者幾乎讓我們相信它並非不可能，因為他們會在最開頭的幾章塑造出一個小孩，透過小孩的眼光來看世界，像小孩一般思考，像小孩一般行動。如果不是憑藉著記憶，這個小孩是從哪裡而來？

這是個天真的問題。小孩並非出自他們的記憶，那頂多是小孩被重新創造出來的地方。況且，就算我們需要靠記憶來創造筆下的小孩，這些孩子也不是簡單就能記起的，往往要費很大工夫才能挖掘出來。接下來他們還要經過文學的改寫，因為來自孩提時代的一連串記憶不等於一個童年故事。對孩提時代的描述要有說服力、讓人信以為真、使讀者與自己的童年記憶產生共鳴，需要仰賴文學技巧，如此一來，這一切又與童年經驗距離更遠了一些。我們和自己的記憶都相隔了一段距離，自傳作者和他們自身記憶的距離，可能比我們還要遠上更多，因為他們得把這些記憶付諸文字，安排成敘事文體。

自傳式記憶的不確定性

一九八〇年代，心理學家給了這類記憶一個術語：自傳式記憶。它和更久遠之前的文學理論對自傳的觀點，有一些譬喻上的連結。一九七五年，法國作家菲力浦・勒熱納（Philippe Lejeune）寫道：「每個人都隨身帶著一份不斷重新修訂的自我生命的草稿。」(1) 經過四分之一個世紀的心理學研究，達成的結論也大致相同。我們的記憶比較接近於經驗的重建而非再現，會影響重建的不只是曾經的我，還有如今的我；不只有發生的當時，還有回想這些記憶的此時。此外，筆記本裡的草稿確實會不斷「被」修改。我們不是自己主動重寫記憶，而是記憶幫我們改寫。比方說，在閱讀過去的日記或書信時，如果發現和我們記憶不符的紀錄，那些在歲月下被抹去或改造的地方總會令我們驚訝不已。

甚至還有記憶自己添加的部分。諾貝爾文學獎得主卡內提（Elias Canetti）在他的自傳《得救的舌頭》（*The Tongue Set Free*）中，寫到他最早的記憶：

我被女傭抱在手中，從一扇門出來。眼前的地板是紅色的，左邊往下的樓梯也是相同的紅色。同層樓的對面有一扇門開了，一位面帶微笑的男子走出來，態度友善地向我們靠近。他在我面前停下來說：「伸出舌頭來給我瞧瞧。」我伸出舌頭。他把手放進口袋，拿出一把摺疊刀、打開它，刀刃直直朝我的舌頭伸過來。他說：「現在咱們把他的舌頭割下來。」我不敢把舌頭縮回去，他靠我越來越近，刀刃隨時會碰到我。在最後關頭，他把刀子抽了回去，說道：「今天不割了，明天好了。」他把刀子折好收起來，放回口袋。（2）

這個場景每天早上都會來一次，他也一天比一天更害怕，但他一直沒跟別人透露這件事，直到十年後才問了母親。

她從那無所不在的紅色，判斷出地點是在卡爾斯巴德（Carlsbad）的旅館。一九〇七年，她和父親帶著我在那裡過夏天。為了照顧兩歲的小嬰孩，他們還從保加利亞帶來一名甚至未滿十五歲的保母。每天早上天一亮，這女孩就抱著嬰兒出門去，她只會說保加利亞語，但是在這充滿生氣的城市裡適應得還不錯，每天也都準時帶著那孩子回來。某天，有人看見她在街上與一名陌生年輕男子走在一起。她什麼也沒透露，只說是碰巧遇上的熟人。幾個星期後，大家才發現那名男子就住在走廊另一頭、正對著我們住所的房間。那女孩有時候會在晚上匆匆進到他的房裡。我的父母親認為必須對她負起責任，因此馬上把她送回保加利亞。(3)

卡內提生於一九〇五年七月二十五日，那年夏天才滿兩歲。紅色、少女、男子與刀，構成了他很早出現的第一次記憶。平均而言，我們最早的記憶大約出現在三到四歲之間。(4)事實上，類似這種有時間進展事件的第一次記憶，往往要更晚才會出現。話說回來，即使我們把這段過程盡可能當成是卡內提對最初記憶所做的忠實紀錄，當中的描述依然包含了剛滿兩歲、仍欠缺語言能力的嬰孩不可能經驗的一些元素。該名男子對卡內提說的那幾句話，應該要到更晚才會轉換成語言。每次嘗試從腦海中召喚童年時期的經驗，我們都得依賴一些在當時仍無法取得的工具。卡內提用第一人稱描述這次的記憶，用第三人稱（「兩歲的小嬰孩」、「那孩子」）來作解釋，等於在告訴我們：記憶可以用初始、純粹的經驗來描述，獨立於解釋之外。這樣的視點切換，不可能存在現實世界中。

最初不一定是最早的

出現在自傳式記憶裡的第一個記憶，其前後連接的部分都會是空白的。雖然第一個記憶標記出我們有記憶的開始，卻也同時凸顯了我們對其周遭相關事物的遺忘程度。

荷蘭作家貝恩勒夫（J. Bernlef）的最初記憶，是他從柵欄往外看，並大聲喊著「烏伊利！烏伊利！」貝恩勒夫的父母事後向他解釋，那時他應該是坐在嬰兒用的遊戲圍欄裡，叫著德國籍保姆烏莉。他的下一個記憶則是整整三年後發生的事。英國作家福賽斯（Frederick Forsyth）在十八個月大時，曾被父母單獨留在嬰兒床上片刻，只有一隻狗在旁邊守著他。他因為怕狗而爬出嬰兒床，結果摔到地上，還感覺到狗不停舔著他的臉。他的下一個記憶是一年半後發生的事。孩提時代的記憶，就像短暫發動的引擎，啟動後又隨即歸於沉寂。

上述貝恩勒夫與福賽斯的最初記憶，收錄在荷蘭記者尼克・史普馬克（Nico Scheepmaker）於一九八八年出版的小書《最初的記憶》（*De eerste herinnering*）裡。[5]史普馬克耗時六年，詢問他在公私場合遇到的每一個人，集結了三百五十個最初的記憶。這裡頭當然有一些缺點，例如他並未每次都詢問對方那是幾歲時的記憶，所以我們只能知道其中二百六十三個記憶大約出現在幾歲。不過，它也有一些優點。史普馬克沒有讓自己沉浸在童年記憶的各種學派理論中，只是單純記下人們告訴他的故事，並未添加任何評論或改寫。

過去一個世紀以來，心理學家為了進行研究，曾經集結一些最初的記憶，多半是出自學生填寫的問卷。史普馬克收集的這些記憶，則是出自一群職業、背景和年齡都極為不同的人，而這個回憶總集的最大價值在於數量的規模。如果你詢問十個人關於他們的最初記憶，你會聽到十個故事；如果你詢問三百五十個人，就會開始看出一些相同的模式。

所有的最初記憶必定都包含著遺忘，而這些最初記憶後來會被證實並非最早的記憶。史普馬克原以為自己的最初記憶，是關於某次度假從麵包店買到溫熱的白麵包，但是當母親告訴他那次假期全家人因為他的祖父過世而提早趕回家，史普馬克這才想起自己也有和祖父相關的記憶。出版商希爾特・范・歐斯哈特（Geert van Oorschot）原本對史普馬克說了自己的最初記憶，後來又寫信給史普馬克，描述了另一個更早的記憶。人們往往會有三到四個混在一起的早期記憶，像是搬家之前的記憶，或是關於某人過世後不久的記憶。這些記憶彼此的時間順序往往難以回想。

有些時候，人們甚至會忘記最初的記憶源自何處。他們到底是在描述某件自身實際經驗過的事，或者只是一場夢，還是家人說過的一個故事？最常見的例子是把照片當成記憶。記憶在多年之後，為一張偶然瞥見的黑白照片找回被凍結的時刻，並將它化為五彩的回憶。這有點像是在某些電影中，一開始是懷舊風格的定格畫面，突然間畫面開始跑動。

多年來，記者亨克・霍夫蘭（Henk Hofland）一直認定自己的最初記憶是一場夢。他記得在鹿特丹住家屋後的排水道裡，看到有三支大煙囪的荷蘭郵輪《史特丹號》（*Statendam*）噴吐著蒸汽駛過。後來當他向父親描述這個夢境時，父親說它根本不是夢。「《史特丹號》確實曾在那裡航行。我們有個鄰居會製作模型，他曾經做過《史特丹號》的模型，並把它放到我們家後面的水道裡。你不是夢到，而是親眼看到！」(6)

有些人的最初記憶則真的是一場夢。字典編纂家皮耶特・哈赫許（Piet Hagers）的最初記憶是典型的驚醒夢。他夢到自己從鞦韆上跌下來，隔天早上醒來發現自己躺在床邊的地板上。畫家彼得・沃斯（Peter Vos）的最初記憶也是一場夢：「我夢到一棵像是畫家蒙德里安（Piet Mondrian）畫裡的樹，樹枝全部糾結在一起，非常恐怖。」(7)

最初記憶的時間點

史普馬克收錄的最初記憶平均出現在三歲半的時候，但每個人或遲或早，差異不小。詩人妮爾雀・瑪利亞・敏（Neeltje Maria Min）最初的記憶可以回溯到她九個月大的時候，那是荷蘭從德軍占領狀態解放的時刻。當時她被母親抱著，從窗戶往外看著慶祝的民眾。詩人基斯．史迪普（Kees Stip）告訴史普馬克自己最初的記憶是在三個月大的時候。當時是一九一三年，人們正在舉行紀念荷蘭脫離拿破崙占領一百週年的慶祝活動，而他從搖籃裡緋紅色的簾子往外看，看到鄰居修剪成象徵勝利拱形的樹籬笆。他們描述的這些細節，會讓人馬上質疑這些很早出現的最初記憶到底可不可靠。我們稍後會再討論這個問題。

史普馬克的書中記錄了五個滿週歲之前的早期記憶。另一方面，有九個最初記憶出現在七歲生日之後。曾是世界球王的網球名將伯格（Björn Borg）足足花了半個小時努力回想，始終想不起他七歲在斯德哥爾摩踏上小學階梯入學之前發生過什麼事。法國干邑酒酒商弗勒瑞（Bertrand Flury）七歲時，有一次和祖父一起散步的時候，因為不小心用了平輩間較不正式的「你」（tu）取代敬語的「您」（vous）來稱呼祖父，結果突然被揍了一頓。另外還有其他幾位也記不起七歲、甚至八歲前發生的事。

這些最初記憶出現得這麼晚的人，多半會顯得有些尷尬且耿耿於懷，懷疑自己這樣是否正常。他們在述說自己的記憶時，多半會加上幾句：「這聽來也許有點瘋狂，不過……」我們只能說，從統計學的角度而言，他們是有些偏差，但並非特例。所有的研究都有一些最初記憶較晚才出現、但除此之外一切正常的案例。沒有必要因為最初記憶較晚出現，就感到尷尬。同樣的，平均值的另一端，那些在七個月、四個月或兩個月大就出現最初記憶的人，也無需特別感到自豪。

在史普馬克收集的案例中，第一個記憶極早出現的例子，包括義大利指揮家克勞迪奧．阿巴多（Claudio Abbado）和荷蘭作家楊．沃克爾斯（Jan Wolkers）。阿巴多說：「我還記得父親在我兩個月大時，彈奏了巴哈的《夏康舞曲》。」沃克爾斯則說他記得自己六個月大時，嬰兒車篷蓋上的花朵

圖案織線。(8)

如果有一群人開始討論最初記憶這個話題，我們很快就會發現出現某種競賽的情形。這些人為了誰的最初記憶最早出現而相互較勁。最初記憶只能回溯到三歲或四歲時的人陸續退出競賽。他們聽著別人談論兩歲或一歲前發生的故事，漸漸覺得不可置信。最後，甚至有人能回想起自己出生時的情況。幸好心智正常的人不會期待心理學家來解決這個爭議。這場競賽往往結束在出乎意料的搞笑氣氛中，會有個留著中分灰白長髮的年長女士開始談起她對前世的記憶。

圖像式、場景式、情節式記憶

比較有趣的是年齡與最初記憶的類型之間的關聯。史普馬克在序言中提到，記者狄特・吉莫（Dieter Zimmer）訪問過七十個人，並將他們回想起的記憶區分為三個類型：圖像式（image）、場景式（scene），以及情節式（episode）。

圖像式指的類型很清楚：一個單一圖像、片段，有時僅是一閃而逝的感官印象。場景式牽涉的則更多一些：場所、周遭環境、其他在場的人；它是關於某個情境的記憶，只是依然短暫且片段。情節式則包含了一些發展，某個事件、某場活動；在有些情況下，當初仍是個孩子的受訪者實際還上做了某些事。當然，這三個類型間的界線是流動的，但我們不難點出各自的典型案例。

在史普馬克收集的案例中，作家哈利・姆里施（Harry Mulisch）的最初記憶屬於第一類。他回想起一堆核桃放在一張報紙上的圖像。詩人西蒙・溫肯努赫（Simon Vinkenoog）的最初記憶也屬於這一類：「我躺著看陽光投射在天花板上的光影變化。」(9)

場景式記憶的例子，則包括了被人舉到肩膀上看遊行、參觀馬戲團表演時突然近距離看到大象的腳，或是前文提過的，因為用了不正式的稱謂而挨打。情節式記憶的例子，則有希臘觀光委員會主任薩契斯．伊昂尼德斯（Sakis Ioannides）被姊姊們捉弄的可怕記憶：

我躺在床上，她們開始打我的頭，並假裝把我的頭殼鋸開。她們把我腦袋裡的乾草抽了出來（她們是這麼跟我說的），還說沒了這些乾草，我就再也站不起來了。接下來，她們在床上跳來跳去，於是我真的一直跌倒、無法站起身，同時一邊在枕頭底下尋找乾草的蹤跡。最後，等我嚎啕大哭時，她們才把乾草放回我的腦袋裡，也不再亂跳，我才總算能再好好站著。(10)

包括吉莫的研究在內，早於史普馬克作品出版前的研究發現，早發的最初記憶類型往往是圖像式的，較晚發的最初記憶類型則通常是情節式的，場景式的記憶介於兩者之間。

史普馬克提到，他沒有從自己收集的記憶中看出這些關聯性。他也指出伯格在七歲的記憶，是屬於一個片段的圖像。不過，如果照這三個類型來整理史普馬克書中那兩百六十三個有年齡紀錄的最初記憶，從它們的年紀確實可以看出明確的發展順序。當中，圖像式記憶占了百分之十七，出現的平均年齡為兩歲又十個月；場景式記憶占了百分之五十三，出現的平均年齡為三歲又兩個月；情節式記憶占了百分之三十，出現的平均年齡為四歲又三個月。因此，圖像式與場景式之間只相差四個月，而場景式與情節式則相差近十三個月。

出現在一歲之前的最初記憶，絕大部分是圖像式記憶，完全沒有情節式記憶。出現在七歲之後的九個最初記憶中，只有伯格的記憶可稱為圖像式記憶，其他大多都是情節式記憶。

孩童的年齡與記憶類型之間的關聯，必然比這些統計數字所顯示的還更明確，因為在最初記憶被歸類為圖像式記憶的年齡，通常會比被歸類為場景式或情節式記憶的年齡遺漏更多事。這或許是因為在我們回想年紀更長的童年時期時，有較多的人生里程碑可供參照，例如開始上幼稚園或是就讀小學。

視覺以外的感官記憶

史普馬克收集的三百五十個最初記憶基本上都被描寫成視覺圖像，當中只有十六個記憶沒有視覺的元素，平均分散在其他感官之間，而這個數量實在太少，不足以作出統計上的可靠結論。不過，那些源自味覺感官的記憶，多半是不愉快的，例如吃了滿口沙子、可怕的香蕉味或煤炭味。另外，嗅覺往往與親密感有關。比利時作家莫妮卡・范・培梅爾（Monika van Paemel）在嬰兒時期，被家人和初生的小狗放在同一個籃子裡。「我至今仍能感覺到狗窩的氣味，以及喘著氣的小狗身軀。」[11]德國作家麥克・安迪（Michael Ende）記得鄰居家的狗的氣味。「那時，我和臘腸狗一起在桌子底下搶一根骨頭。直到今天，我都還記得那隻臘腸狗的氣味，但那個氣味還混合了鄰居放在爐子上加熱的麵包捲氣味。這氣味在我兩歲時進入我的腦海裡。」[12]這家鄰居在安迪兩歲半時搬走了。

少數有聲音穿透記憶的案例，也留下深刻的印象。藝術家傑羅恩・赫尼曼（Jeroen Henneman）記得，隔壁鄰居的幾個小孩把狗綁在院子裡的一棵樹上，結果鄰居養的蜜蜂群起攻擊這隻狗。因為隔著籬笆，赫尼曼無法看到隔壁的情況，但是他確實聽到了垂死小狗的哀嚎。荷蘭新聞工作者瑪琳・德・

科寧（Marijn de Koning）還記得德軍V－1飛彈的驚人聲響。話說回來，聲音也可以喚起熟悉和安全的感受，像是樓梯傳來腳步聲，就一定是媽媽來了。

演員麗茲．史諾因克（Liz Snoyink）保存的人生最初記憶是觸覺的感受。那是柳橙汁從翻倒的榨汁機裡濺出，灑在她手上的感覺。吉他演奏家朱利恩．可可（Julien Coco）出身大家庭，有十個兄弟姊妹：「我母親是個壯碩結實的蘇利南女性，為了照顧兒女永遠忙個不停。有一次，在要幫我餵奶的匆忙之間，她的奶頭戳到我的眼睛。此後，我每次看到女性赤裸的胸部，總是內心澎湃洶湧……」(13)與觸覺、味覺、嗅覺、聽覺有關的最初記憶，平均可追溯至兩歲半，比最初記憶的平均年齡幾乎早了一年。它們與其他發生在那個年齡的最初記憶一樣，具有欠缺結構、片段不完整的特色，屬於圖像式和場景式記憶類型，沒有一個屬於情節式記憶。

這些早發、非視覺的記憶，還有其他的有趣之處。它們不至於和照片混淆，而且因為嗅覺和味覺的記憶大多獨立於語言之外，所以不可能是出自家人聊天、傳述的故事。剛攤開的帆布發出的氣味、果汁濺灑在手上的感覺，還有滿口沙子的味道，都是無法描述的。麥克．安迪以此證明他對臘腸狗和麵包捲氣味的記憶是真實無誤的。

恐懼與驚嚇，苦惱與憤怒

翻閱史普馬克那本小書三、四頁之後，你會發現各種大小意外事故的數量多得驚人。荷蘭足球員法蘭．列卡德（Frank Rijkaard）三歲時，跌進隔壁鄰居家裝了熱水的洗衣桶裡而送醫治療。其他還有因為跌一跤而必須補牙、倒著走路時碰到熱熨斗而燙傷小腿、被德國牧羊犬追著跑、失足落水、從窗戶摔下、差一點溺水、被碎玻璃刺進大腿等，許多這一類意外事故被記錄為最初記憶。

不論真實或想像中的危險事件，也很容易進入記憶之中。這本書裡至少有十則最初記憶是關於嬰兒推車滑動或失控，孩子驚恐地坐在裡頭。其他還有許多是關於突然落單，例如迷路了、被關在櫥櫃裡、被單獨留在閣樓裡而門鎖卡住了。美國作家楚門．卡波提（Truman Capote）記得女傭帶他到聖路易的動物園，因為聽到人大喊有兩頭獅子從柵欄裡逃出來了，女傭突然把他丟在路上自己跑掉。有一位荷蘭人的最初記憶雖然沒這麼驚人，但一樣很經典，就是他的扁桃腺被割掉了。

早在一九二九年，莫斯科的教育家帕維爾．布朗斯基（Pavel Petrovich Blonsky）便已注意到充斥恐懼感的最初記憶占有極高比例。在史普馬克的書中，對於伴隨記憶出現的情緒之分析，也反映了這一點。(14) 書裡一共有一百二十六個記憶——大約占全書記憶數量的三分之一——注明了伴隨記憶而來的情緒。這些最初記憶大概都出現在稍微年長的童年時期，平均是在三歲八個月的時候。

這時候，圖像式記憶類型明顯偏低，由情節式記憶取代。當中，正面情緒和負面情緒在數量上的比例非常懸殊：只有百分之十七的孩童最初記憶，是感覺到快樂、安全或是引以為傲，卻有百分之八十三的記憶與負面情緒有關，其中有三分之二的案例是感覺害怕，例如帽子被風吹走了、把一罐咳嗽糖漿灑在床上、觀看一隻兔子被剝皮的過程、突然被放到一匹比利時駿馬的馬背上、煙火、遠方的槍聲、一場惡夢、上托兒所的第一天。

史普馬克的書中還有幾個讓人害怕的最初記憶，是嬰兒床上方突然出現一個不斷靠近的巨大臉龐——很顯然是需要提高警覺的情況。

緊接在恐懼與驚嚇之後，數量最多的類型是苦惱和憤怒。這些情緒有些時候是因為父母的反應，因而連結在最初記憶上。

一九四五年，妮爾雀・瑪利亞・敏（Neeltje Maria Min）被母親抱著觀看遊行群眾慶祝國家重獲自由。這對她而言是個可怕的記憶，因為她可以感覺到母親對局勢並非完全放心，後來母親抱著她從窗口往後退了一步。小孩子不會記得大火發生時的恐懼，但他們能記得父母親驚慌的樣子。他們想不起兄弟去世時的悲傷，但大人哭泣的情景會留在他們的腦海中。

荷蘭演員華特・克羅姆林（Walter Crommelin）的父親在長駐荷屬東印度兩年後終於回家，但年幼的克羅姆林認不出父親，繼續自顧自地玩耍。稍後他能記得的，就是母親非常生氣。孩子是透過父母的眼睛來評斷這個世界。

最初記憶拼湊出國家的苦難

史普馬克收集的最初記憶中，大約有五十個和第二次世界大戰有關。光靠這些最初記憶，幾乎就足以描述荷蘭在那場戰爭中的經歷。有人記得自己出門去找父親，當時他父親因為動員令而必須住在一處要塞的兵營裡。也有人記得史基浦機場（Schiphol Airport）被轟炸，接下來還有米德爾堡（Middleburg）、拜占登豪特（Bezuidenhout），以及飛利浦的工廠被轟炸。再來還有伊彭堡（Ypenburg）航站附近的住家遭到空襲、空襲時躲在桌子底下、一名猶太修路工人被人打了一頓，以及看到猶太人躲在閣樓裡偷偷睡覺，或是從地窖裡憂心忡忡地仰頭往上看。

一名兩歲的猶太女孩老實告訴了路人她的名字，然後就不得不馬上更換躲藏的地點。另一個女孩則是驚訝地聽到母親在德國士兵問她父親在不在家時說謊。接著，又有個小男孩從V－2飛彈的發射台附近偷來麵包，然後是盟軍飛機空投一連串銀色紙片來干擾德軍的雷達、英國轟炸機在空中盤旋投下食物。再來是勝利解放（有五個最初記憶和加拿大盟軍抵達相關），父母親手忙腳亂地懸掛一面荷蘭國旗、德軍行軍離開。最後是戰爭結束後，有人在遭到轟炸的房屋廢墟中，找到了玩具汽車。

史普馬克沒有提到這些人的年紀，因此我們無從得知這些與戰爭相關的最初記憶在同世代的人當中是否占比偏高。不過，會提到這些事件的人，想必是生於一九三七年到一九四三年間。這短短六、七年間，就出現了五十則這類記憶，應該算非常多。只要好好研究存在於這些記憶中的經驗，任何人都可以找到一些支持近代理論中關於遺忘如何抹去最初記憶的證據。

最初記憶之前的空白

最初記憶的最大謎團在於，發生在這之前的一切是一片空白。在我們開始將事件與印象永久記錄下來之前，生命已經開始了好一段時間。「在自身的歷史裡，我們都是遲到的人，」哲學家科內里斯・費爾胡芬（Cornelis Verhoeven）這麼說。(15)但矛盾之處在於，年幼孩童當下的記憶運作看起來似乎沒什麼問題。兩歲的孩子知道自己喜歡和誰在一起，也知道自己討厭哪些人，因此他們會迎接某人的到訪，但看到另一個人時會急忙爬走。他們肯定可以記得先前的經驗，只是這些記憶會在幾年之內消失無蹤。

我在其他著作裡曾以不小的篇幅來介紹自傳式記憶為何會這麼晚才出現，以及它是如何不可靠的相關理論。這裡也許值得我再次提出，並補充一些新的研究結果。(16)

有些研究者從神經成熟的速度，找到有關這類遺忘的解釋。腦的重量在出生時約為三百五十公克，成人則介於一千兩百到一千四百公克之間。這個成長過程，大部分發生在第一年。這一年內，腦的重量幾乎可說是爆炸性地從三百五十公克增加到一千公克。

海馬迴是形成記憶最重要的部分，但它在生命初期並未充分發展，因此可能無法把紀錄傳送到新皮質，而新皮質本身當時也仍在成長。腦部在出生之時，處於未完全發展的狀態，大部分的迴路都還在搭建中，我們當然無法期待它能形成持久的記憶。因此，年幼的孩童幾乎會把所有事都「忘記」，應該歸因於儲存的失能。

這個腦神經成熟的理論，可以解釋自傳式記憶為何在腦部成長開始穩定一點的年齡才會開始發展，但這理論無法說明：為何人們回溯的記憶，在出現的時間上有著巨大的差異（不論如何，就童年時期的長度而言，這個差距確實是「巨大」的）。海馬迴與整個大腦的成熟度，雖然在個體之間有所差異，但它遠遠小於最初記憶出現時間的年齡差異。所以，只是用大腦中的迴路不存在或尚在搭建中為理由，不足以解釋這種現象。

當我遇上我自己

另一個偏心理學的理論則試圖從缺乏自我意識的角度，來解釋遺忘的成因。年幼的孩童沒有自我（ego），而要將經驗整合為能夠敘述的個人歷史，必須透過自我。[17]只要自我還沒有形成，就不可能集結成一部「自傳」，只會有零星片段的事件，經驗這些事件的個人又尚未能將它們連結起來、形成個人過去的一部分。這裡所謂的遺忘，其實是從不曾被想起、因而喪失的記憶。只有當小孩子開始了解「我正在體驗這件事」，才有可能將它儲存到持久的記憶中。

自我意識通常是逐漸發展出來的，但有些孩子會靈光一現，突然就體驗到自我意識的存在。在一些例子裡，這其實就是他們的最初記憶。作家漢斯・馬格努斯・恩岑斯貝格爾（Hans Magnus Enzensberger）告訴史普馬克，他兩歲時站在床上看著郵局遞送包裹的電動車從窗外駛過，而它們發出的嗡嗡聲讓他感覺自己「知道了什麼是『我自己』」[18]。

發展心理學家朵夫・孔斯坦姆（Dolph Kohnstamm）搜集了數百個這類「我是我」的記憶，寫成一本相當精彩的書。[19]他之所以對這個主題深深著迷，是因為閱讀了卡爾・榮格（Carl Jung）的文章。榮格在八十四歲時，寫到自己十一歲時對自我意識的「覺醒」：「在一剎那間，我強烈體驗到自己從一團濃濃的雲霧中浮現。我立刻明白：如今我是**我自己**！彷彿我的背後本來有一道迷霧之牆，那道牆後面還沒有一個『我』的存在。但是就在那一刻，**我遇上了我自己**。」[20]

這一類記憶，往往就像照相機的閃光燈一樣清晰。小孩子記得在哪裡發生、有誰在場、當時發生什麼事。這種領悟喚起小孩的情緒，有時是因為這讓他在震驚之下領悟到自己是獨一無二的、是與他人不可互換的，領悟到自己不同於其他兄弟或姊妹，是唯一的「我」。有些時候，小孩子最終理解到的是「自己是獨自一人」，是與外界隔絕的，是自己身體的囚犯，在廣大世界中是微不足道的。他們會出現的反應，從強烈的喜悅到輕微的驚慌，都有可能。

孔斯坦姆收錄的那些「我是我」記憶，出現的時間大多約在七歲或八歲，甚至更大一些，很少出現在較年幼的時期。因此，它們比最初記憶出現的時間還晚，但確切指出了自傳式記憶開始完整運作的年紀。雖然在它們之前還有別的記憶，那個稍早的時期有時會被形容如同「雲霧」或是黑暗。相較之下，「我是我」的記憶則有如小說家納博可夫（Vladimir Nabokov）所形容的：「天光乍現」。專欄作家碧翠絲・利茲瑪（Beatrijs Ritsema）談到她和祖母在一起的時候：

冷不防地被「我是我」的想法占據了。最重要的是，我立刻明白這是我生來第一次有這樣的想法。彷彿在那之前，我從沒有真正存在過。那是個無比清晰的時刻。我不再只是與自己同在，而是有如從上方俯視自己。我能夠用「我」來思考自己，這感覺既嶄新又陌生。(21)

語言能力進駐

有意識的自我到來後，似乎也封閉了某些其他東西。

自我意識的發展不論是突然的或是漸進的，都不是這個生命階段中的唯一改變。隨著孩童語彙和語言能力的發展，他們開始以語言的形式來處理和儲存記憶。他們的回憶逐漸變成了故事。之後，要重新喚起記憶，主要是透過語文聯想（verbal associations）。(22) 多數人能回想起的最初記憶都在三歲到四歲之間，這絕非偶然。這段時間正巧和語言能力快速發展的時間一致。在此之後，我們很快告別了不是以語言形式儲存的記憶。它們存在語文聯想的範圍之外。

這一類遺忘與記憶的刪除無關，它們是尚未成熟的海馬迴或尚未穩定的神經元跡線。這不是回憶本身消失不見，而是無法被擷取。有個解釋適切說明了我們在不同年齡時出現的各種最初記憶：一扇門被關閉了，而我們沒有鑰匙可以將它打開。我們出生後的前幾年，僅有圖像式記憶。這時的孩童對語言幾乎尚無任何掌握力。場景式與情節式記憶，要等到孩童能使用語言來思考、對自己或他人訴說自身經歷時才會出現。

孩童能否在稍後的階段將這些早期的、非語言的記憶轉化為語言形式，並以這個方式儲存在記憶裡？畢竟《得救的舌頭》開頭第一頁就是如此暗示：年幼的卡內提必定是在稍後，當他可以用話語告知母親時，將他兩歲時的可怕經驗轉換為言語。折疊刀、刀刃，以及所有那些他被保母抱在手中時未能理解的話，幫他將一系列的圖像轉化成一個情節。

在史普馬克搜集的記憶裡，我們也看到同樣的例子。以作家阿德里安・維內馬（Adriaan Venema）的故事為例：

> 我仍能記得自己高高跨坐在某人的肩上，我的小手抓著一個圓形、冰冷的鋼製品。母親後來跟我描述了當時的情形。三歲時，我從我們位於海洛[3]呼勒蘭街上的家走出去，穿過大馬路。那當然是非常危險的事，即使一九四四年的交通流量和現在不可相比。一名頭戴鋼盔的德國士兵把我抱起來放到肩膀上，問附近的人是否知道我住在哪裡。當時我有一頭接近橘色的紅髮，所以附近鄰居都認識我。母親一開門，看到我坐在一名德國士兵的肩上時，她都快嚇死了。(23)

坐在高高的肩上、摸到冰冷圓形物體這些個別的感官經驗，透過外在的協助，改編成最終版本，變成可以視為情節式的最初記憶。這有沒有可能是所有孩童，在不論時間早晚或有無外在協助下，處理最初記憶的方式？

3 Heiloo，荷蘭北部的城市。

兩名心理學家透過一個巧妙的實驗，說明了情況未必如此。(24)他們的實驗結果是，孩童幾乎都不會運用稍後習得的詞彙來「改寫」他們的早期經驗。

這個實驗將孩童分為三組，最年幼的一組平均為兩歲又三個月，最年長的一組平均為三歲三個月。每個孩子的被動詞彙與主動詞彙在事前便已經過確認。[4]接下來，實驗者將「神奇縮小機」這個奇妙的裝置介紹給他們。那是一個上頭安裝了一支把手和一支曲柄的小櫃子。當孩子拉一下把手，機器就會開始運作，幾個燈泡明滅閃動，然後實驗負責人會拿出一個玩具，把它放進機器裡，並轉動曲柄。這時，你會聽到孩子發出歡呼聲，再過一會兒，孩子們就可以從櫃子裡拿出一個樣子一模一樣的縮小版玩具。他們每個人很快就學會如何操作這個機器。

六個月後，研究人員訪問了其中半數的孩子，一年後再訪問另外一半。他們對這個神奇縮小機的遊戲能記得多少呢？結果和我們一般預期的結果一樣。在諸如遊戲進行的步驟、有哪些玩具被放進機器裡的問題上，孩子的記憶內容會依年齡別而增加，隨著時間過去而減少。不過，這個實驗真正的重點，是另一個全然不同的問題：孩子們在描述關於這個機器的記憶時，會用到多少當時還不存在他們語彙中的字？

第二次訪問中，心理學家詢問孩子是否能回想起上次玩這個遊戲的經驗。結束問題後，實驗者拿出曾經放入機器內的玩具的照片給孩子看，當中也夾雜一些「干擾照片」，例如一張泰迪熊的照片可能另外搭配三張孩子沒見過的玩具熊照片。最後，心理學家把機器重新拿出來，要求孩子說明它該如何操作。

這些孩子全都能從照片中辨識出在該遊戲中使用過的玩具，並說明機器如何運作。他們全都清楚記得曾經玩過這個機器。令人驚訝的是，每個孩子談起第一次遊戲的經驗時，只會用到當初實驗者介紹機器時使用的詞彙，不會使用他們之後才學會的新詞彙。就算孩子在這段期間學會了「把手」和「曲柄」這些詞彙，他們也不會拿來描述六個月前或一年前那次進行遊戲時的情況。

研究人員寫道，這些孩子的口語描述「被凍結在時間裡，反映的是他們當初進行遊戲時的語文能力，而非受測驗時的語文能力。」(25)

若大家近距離觀察到孩童正以驚人速度發展出龐大的語言能力，應該都會覺得自己在見證一個奇蹟。詞彙的迅速累積、各種動詞和名詞的變化、嘗試各種語調變化的效果，這一切彷彿憑空而來一般，卻能發展成一個人之後人生最重要的溝通方式。但這種發展也有它的缺點：隨著孩童成長，腦部似乎不會將新的語言編碼用在過去的記憶上，以繼續提取這些記憶。它們就像儲存在過時程式裡的檔案一樣，從眼底消失，最終再也無法查詢。就早期的記憶而言，語言能力的快速發展就像神奇縮小機的運作一樣，把孩童前幾年的生命縮小成不相連接的圖像、片段的經驗，以及只持續三或五秒鐘、沒有前言後語的場景。

喜歡簡單答案的人，不把關於童年失憶的種種理論放在眼裡。他們那些「孩子們不記得了其實只是因為……」的說詞都是在誤導。成熟的海馬迴對工作記憶（working memory）來說，頂多是必要條件，而非充分條件。在自傳式記憶發展的初期階段，海馬迴已經發展完全了。其他因素必然也同時在作用中，引發另一個問題。

在孩童的這個生命階段，有許多事在同時發生：初期的自我意識正在發展，其自我開始將經驗視

4　被動詞彙指的是一個人能夠理解的詞彙，主動詞彙則是他不光是理解，之後還能夠記住並正確使用的詞彙。

為個人過去的總和，以及時間的視野同時往過去和未來兩個方向擴展。他們對於不同形式的「過去」開始具有意識，已經可以理解昨天與上星期或去年暑假有所不同。(26)這一切和語言的發展有很大的關聯，因為在時序關係越來越精密的網絡中，需要字詞來標注交點。

在此同時，語言還有將個人經驗向外開展的作用。孩子透過語言，可以和父母、兄弟姊妹和朋友分享他們的記憶，將這些記憶轉化成可彼此交流的東西，成為社交的經驗。談論你經驗過的事，不僅是召喚出記憶，並將它們重新排演一次，在此同時，也賦予了記憶一種語文的形式，以便日後可以更輕易地透過語文聯想將它們再找回來。

以敘事形式存在的記憶，會成為個人觀念與能力網絡的一部分，也意味著這個記憶會意識到前後、因果，以及它與其他經驗在時間上的相關位置。這一切都有助於鞏固記憶。

為了記住，必須遺忘

在語言與自我意識發展的同時，其他的發展也會帶來刪除記憶的效應。孩童開始將他們的體驗視為例行公事，心理學家稱之為「腳本」（script）。他們有早上起床更衣的腳本、準備上學的腳本、在朋友家玩的腳本或是在祖父母家過夜的腳本。這一類腳本會在人的一生中持續發展。正因為如此，個別經驗會集結成一個基模[5]式的圖像，越來越難用獨立的經驗來回想。小孩子每天經歷的事，在不斷重複好幾年之後成了背景，變成了起床換衣服、在祖母家過夜應該是什麼樣子的一般性概念。就是在這裡，最初記憶揭露了才剛開始冒出頭的自傳性記憶究竟是如何運作的機制。

前面提過一個例子，小女孩聽到母親在回答德國士兵詢問丈夫是否在家時說了謊。孩子會覺得驚訝，必定是出於母親從來不說謊的事實背景。所有關於母親的經驗造就了母親從不說謊的形象，吸納為一般性概念。由於非比尋常、脫離常態的事件出現，我們才會驚鴻一瞥原本被遺忘的事，亦即那些被判定為常態的經驗：小女孩的母親過去總是說實話。從這個觀點來看，不難理解戰爭為何製造了許多最初記憶。它們全都可以描述為脫離常態之事，例如父親因為動員令而住在要塞的兵營裡、躲躲藏藏的人們睡在閣樓裡、猶太裔的鋪路工人被打、空襲警報響起時躲到桌子底下，或是銀色的長條紙片從飛機上撒下。

偏離常態，也是最初記憶中所有與「初次體驗」相關紀錄的關鍵：第一天上托兒所、第一次看到閃電、第一次嘗到香蕉的味道等。前歐洲央行行長德伊森貝赫（Wim Duisenberg）記得他搭船從勒摩（Lemmer）到阿姆斯特丹、在船上拿到冰棒時的驚訝心情，因為那是他第一次看到插在棍子上的冰淇淋。這套解釋的關鍵，是孩童必然先發展出對常態的認知，也就是一套完整的腳本。在腳本中，「記得某件事」逐漸被說法更準確的「知道某件事」所取代：知道冰淇淋應該是什麼樣子、知道母親不會說謊。唯有當你經驗到悖離常態的事物，你才會在稍後將它記住，或是就此不忘。因此，為了記住某件事，首先必須忘記許多東西。這就是記憶的運作方式。它把我們生命中的前三、四年帶走了。

最初記憶的可信度

達爾文（Charles Darwin）最早的記憶來自四歲前，當時他在飯廳裡，坐在姊姊卡洛琳的腿上，她正在幫他切柳橙。突然有一頭牛從窗戶旁邊跑過去，他嚇了一跳，猛然坐直身子，因此意外被刀子

5 schema，認知心理學的重要概念，為個體用來認識周遭世界的基本模式，由個體學到的各種經驗、知識、概念等所構成。

割到，留下了小小的疤痕。達爾文相信這是真實的記憶，而非像許多類似案例那樣是從家人閒談中聽來的故事。他的理由是：「我清楚記得那頭牛奔跑的方向，所以不大可能是別人告訴我的。」(27)

史普馬克蒐集的回憶當中，往往也和達爾文一樣，附帶著為何其必然是真實記憶的論證說明，例如家人說的故事不會包含氣味的描述、沒有任何小孩子滿口沙子的照片，或是該記憶的主角看到或做了沒有其他人在旁見證的事。迫切想要證明記憶的真實無誤，也許正好指出了記憶經常要面對的懷疑。考慮到對遺忘的各種不同解釋，我們該如何探討最初記憶的可信度？

首先我要說的是：這個主題的研究過於困難，幾乎是不可能的任務。一個人做了某件沒有其他人看到的事，因此不可能是事後從別人那裡聽來的——這或許構成了主觀上的確定感，卻也同時點明了沒有見證者可以確認他的故事。最初記憶幾乎很少是其他人認為值得記錄的事。鄰居的孩子拿走你的玩具，或是你第一次嘗到香蕉，或是拉鍊夾到你的皮肉，或是你意外被反鎖在閣樓上，這些時刻都不會有人特意幫你留下紀錄。不論對小孩而言那是多麼可資記憶的事，他的父母親，甚至連稍微年長的兄姊，可能都只會聳聳肩輕鬆帶過。

事實上，任何人在述說他還記得四或五歲的事情時，得到的回應往往是關於「可是你怎麼會不記得……」這種大約在同一段時間發生的其他事，那有可能是鄰居家失火了、某個叔父跌到結冰的水面下差點溺死，或是家裡買了第一部車——這些全都忘記了。就這一點來看，早年的記憶同樣也在告訴我們更多關於遺忘而非關於記憶的能力。

如何驗證最初記憶

即使是研究可驗證的事件，同樣也能看出複雜性。一九九三年，心理學家喬奈爾・俄雪（JoNell Usher）與烏里奇・奈瑟（Ulric Neisser）嘗試進行這一類研究，探討對於弟弟妹妹的出生、搬家或住院這類事件的記憶。[28]接受測驗的實驗參與者必須試著回想他們母親生產時是由誰來照顧他們、在什麼情況下被告知出生的嬰兒是男是女，以及誰帶著他們一起到醫院探視母親。實驗參與者多半能答出大部分問題，事後再詢問母親來查驗他們的答案。結論是他們的記憶大致正確。

但是五年後，瑪德琳・伊考特（Madeline Eacott）與羅斯・克勞利（Ros Crawley）構想了另一個類似實驗，使原本的實驗結論大打折扣。[29]他們將實驗參與者分為兩組，其中一組重複了俄雪與奈瑟實驗的部分問題，同樣是詢問實驗者比他們小兩、三歲的弟弟或妹妹出生時的情況；另一組雖然是詢問類似的問題，卻是換成自己出生時的情況，例如自己出生時是誰來照顧年紀稍大一點的哥哥。後面這組的實驗者不可能從記憶裡回想這些事，只能參考自己年紀稍長後得到的信息，像是家人說起當時的經過，以及相關照片。

實驗結果發現，第二組實驗者可以輕鬆回答自己出生時周遭的情況，與第一組實驗者回答自己弟妹出生時的情況一樣。因此，第一組的母親雖然確認了他們答案的正確性，卻無法保證這組實驗參與者是運用了真正的記憶。三到四歲的年紀，似乎不僅不易記住信息，也記不清信息的來源。

大部分不假思索說出的最初記憶，都是無法驗證的。至於有信息可查的事件相關記憶，則很難和從其他來源獲得信息的「記憶」作出區分。綜合這兩點，讓我們很難對最初記憶的可靠性作出結論，更別說要作出科學上具有可信度的結論。

伊考特與克勞利的研究，其最大價值在於他們解釋了原因何在。個別最初記憶的可靠性評估，必須仰賴我們對於成熟與成長的一般性認知。就我們對一歲前腦部發展與最初期認知能力發展的了解，要回憶起兩個月大時聽到父親彈奏巴哈的《夏康舞曲》是不可能的事，也不可能會記得三個月大時看到籬笆上象徵勝利的拱門，或是像沃克爾斯說自己記得嬰兒車上繡的花朵圖案。

在生命初生階段之後，情況變得稍微複雜一點。個體的神經系統與認知的發展程度可能相對較快或較慢，兩者不一定能同步發展。那麼，莫妮卡・范・培梅爾在嬰兒時期被放到一籃初生的小狗當中是怎麼回事？抑或，妮爾雀・瑪利亞・敏是怎麼記得自己九個月大時，被母親抱著從窗戶往外看街頭的慶祝人群？這裡的狀況比較微妙，不能再用「那是不可能的」簡單帶過。我們需要考慮妮爾雀真的記得該事件的可能性有多少，以及這個戰後慶祝活動的記憶，有沒有可能是家人在幾年後曾經談論過，因此那時或許已經五、六歲的妮爾雀把它當成了自己的記憶。同樣地，也可能是她夢到了這些故事，後來想起夢中的那些圖像，忘了它們是存在夢中的。

既然從霍夫蘭的例子來看，他是後來發現原本記憶中的夢境，其實是實際發生過的事，那麼我們也就不難理解，為什麼有人會把記憶中的夢境當成是曾經發生過的事。在關於早期記憶的文獻中，詳實記錄了不少這類的轉換（transposition）案例。不過，我們也要再次說明，這類理論仍沒有確鑿的結論，沒有權威性結論可以大筆一揮把最初記憶一筆刪去，只是對它們加上了一些問號而已。

轉換與過渡

描寫人類的記憶時，通常會使用充滿頌讚的譬喻，將記憶描繪為人類演化皇冠上的珠寶、捍衛人類精神的堡壘。不過，打造這座堡壘似乎並非優先的要務。我們出生後的頭幾年間，年輕的腦有更重要的事要做，例如鍛鍊吃東西與移動所需的反射運動、發展手眼的協調、發掘感官信息的模式，以及解讀臉部表情。在這段時期裡，被動型記憶就足以應付這些事的需求，所以可以稍晚再發展可以隨意召喚過去事件的記憶能力。最初的這幾年間，對於孩童的情感依附（attachment）與型塑（moulding）來說十分重要。因此，乍看之下，這幾年間幾乎沒在記憶裡留下一點痕跡似乎是有點矛盾，但對於那些讓孩童與他人建立情感依附的重要因素來說，它們確實未必需要可以隨時提取過去的記憶能力。

稍後幾年的童年體驗同樣也有許多，但是很少有記憶留存下來。當孩童開始要發展出不只是記住某事、同時還「意識」到自己正在記住某事之時，他們便已經具備其他也該列入「記憶」範疇的其他能力。成年的我們視自傳性記憶為最成熟的記憶類型，其發展的緩慢事實上正好說明了它的複雜性。這個類型的記憶需要許多不同的能力——包括神經與認知能力等——都同時準備就緒、健全無損，並且能夠正常運作。

這是一段包含不同階段和轉換的過程。人生最初的十年或十五年內，我們在幾個關鍵時期之間快速前進，當中轉換最劇烈的階段，莫過於學會使用語言。從那一刻起，記憶逐漸擁有一個不同的特性，通常是以個人的內在獨白，以及用語言與他人交流的形式呈現。這種轉換有雙重效應，不只為記憶的形成和儲存開啟了新機會，同時也讓提取較早期的記憶變得較為困難。「在祖母家過夜」這類腳本的發展，同樣也在這兩方面產生作用：這樣的腳本因為存在記憶裡的一系列類似事件而出現，但這些腳本同時也吸收了記憶，使記憶消失。

這類的轉換與過渡，會持續出現在我們的人生中，即使它們彼此之間的缺口會日益擴大。因為心生性意識必須離開女性澡堂的努拉，未來會擁有新的記憶，但十二歲的他已經無法再取得八歲時曾擁有的記憶。這種早年的遺忘，已經蘊含了導致我們在往後的歲月裡發生更多遺忘的機制。

不論我們如何解釋遺忘，結果都可能讓我們陷入深深的哀愁。記憶開始得太晚。你看著剛滿兩歲的兒子和他的爺爺一起玩耍，知道兒子的最初記憶至少還要一年半後才會存入腦中。年幼的孩童欠缺一個會亮起紅燈的錄音鍵，好讓你確定孩子的記憶正在收錄他的經驗。

演化為了避免我們陷入麻煩，排定了記憶的優先順序。它讓我們得以永存的最初記憶不是陪你玩耍的爺爺，而是生氣的爺爺打你一巴掌；不是在花叢中散步，而是走路時撞上熱熨斗、踩到玻璃碎片、遇到凶猛的狗；不是讀睡前床邊故事的母親，而是被關在黑漆漆的櫥櫃裡；不是安全、開心地騎腳踏車玩耍，而是腳被捲進車輪裡的經驗。

以上所有的記憶，都是為了你好。記憶不是聽命於它的擁有者，而是它的設計者。

我們無法指揮自己的記憶，更不可能指揮他人的記憶，在記憶剛開始運作的階段更是如此。畫家阿爾雅・范・登・伯格（Arja van den Berg）的最初記憶，或許對於我們面對幼年的記憶——不論是自己的或子女的——是多麼無能為力這件事上，提供了最鮮明的示範。在她三歲左右的時候，她母親兩眼直直瞪著她說：「妳一定要記住這件事！」[(30)]她唯一記住的，也只有這句話。

第二章　為什麼我們把夢忘了

沒時間浪費了 我聽到她說
在夢溜走前先把它們抓住（1）

英國精神病學家哈夫洛克．靄理士（Havelock Ellis）一百多年前寫到，我們在睡覺時，進入了一間「朦朧而古老的陰影之屋」。我們在各個房間之間遊走，攀爬樓梯，駐足樓梯轉角處，到了早晨，再度離開那屋子。我們在門邊匆匆回頭一望，就著漫入的晨光，仍能瞥見自己度過夜晚的那些房間。接著這道門關上，幾小時後，連我們醒來後仍留存的那些片段記憶也會被抹去。（2）

就是這種感覺。醒來時，你仍留有片段的夢境，但是隨著更努力回想，你會注意到先前的些許片段也開始消散，甚至有時記得更少。醒來時，你擺脫不掉自己一直在做夢的印象，夢裡的情緒依然存在，但你已不記得夢到什麼。有時你早上醒來什麼也不記得，既沒有夢，也沒有情緒感受，但是當天稍晚你經歷到的某件事，讓本來已經忘記的夢中片段又浮上心頭。不論我們從門邊回頭望去時看到了什麼，大部分的夢都會悄悄溜走。我們最直接的疑問是：為什麼會這樣？為什麼難以留住夢境？為什麼我們對夢的記性這麼差？

夢的研究：歧義

一八九三年，美國心理學家瑪麗．卡爾金斯（Mary Calkins）在期刊上發表〈夢的統計學〉（Statistics of Dreams），分析了她和丈夫在大約六星期之間所做的夢的數量。他們在床邊小桌上預先準備了蠟燭、火柴、鉛筆和紙。卡爾金斯寫到，夢是如此稍縱即逝，光是伸手拿火柴的時間就足以令它消失。伸出的手還沒收回來，她已被迫作出結論：夢不見了。她躺回床上，帶著心癢難耐的心情，意識到自己「經歷了有趣的夢境體驗，卻未殘留一點點最微弱的記憶」[3]。即便是最生動的夢，也消散在空氣中：

> 因為夢境生動鮮明，就認定自己必定能把它記住，而把記錄夢的工作拖到早上，往往是個致命的錯誤。在觀察記錄的過程中，有個夢的內容顯然很重要，實驗者在黑暗中把它記錄下來，抱著科學任務已圓滿達成的平靜意識再度入睡，天亮後才發現他用來記錄的那枝鉛筆根本沒削過，只留下一張白紙，而實驗者對於這個做完之後曾仔細回想的夢，如今已無半點微弱的記憶。[4]

伸出去拿火柴、又收回來的手臂，已經說明了一切。

這裡有幾個重點要先提醒。夢的研究是方法論的一個惡夢（原諒我忍不住想使用這個譬喻）。問題之一是，夢的研究根據研究方法的不同，結果會有很大差異。在快速動眼（rapid eye movement,

REM）被視為是做夢跡證的時代，你似乎也可以把同樣的實驗應用在動物身上，只要牠們也出現快速眼動睡眠。有一系列實驗被用來驗證如果阻止動物做夢，最終會對記憶造成不良影響的理論。老鼠被選為實驗動物，牠們被放在浮式平台上，在深度睡眠時期，平台完全靜止不動，一切也都正常，但是在快速眼動睡眠時，牠們變得有些不安穩，導致掉進冷水裡。牠們撲通落水，立刻完全清醒。而在經過幾個沒有快速眼動睡眠的夜晚後，牠們確實會更快忘記曾經學過如何通過迷宮的技巧。

另一個實驗同樣是設計來驗證快速眼動睡眠與記憶的假設，也同樣以老鼠來實驗，但方法和步驟有些不同。每一次當快速眼動睡眠出現時，老鼠就會被搖醒（像小孩子把寵物天竺鼠喚醒那樣）。這些老鼠在學習走迷宮的技巧上完全沒有問題。看來，出現學習障礙並非因為快速眼動睡眠被剝奪，而是落入冷水中的緊張壓力所導致。對於夢與記憶的關係，實驗的條件設定會決定它導引出什麼結論。

第二個讓事情變複雜的問題是，我們無法直接獲取其他人的夢，連要取得自己的夢也存在許多不可避免的障礙。對於夢，我們唯一可以度量的是做夢者的行為，例如他在做夢時的眼球運動。關於這一點，我們會在後文看到，這只提供了間接的數據。研究者必須依賴做夢者的報告，而做夢的本人自己也知道他的報告不能確實傳達實際的夢境。夢的研究，充滿了間接度量、龐雜衍生的知識，以及靈感臆測。我們不該期待它會有提供任何明確答案的絕對性結論。夢的研究者，就像做夢的人一樣，是在探索幽暗不明的房間。

如此一來，關於夢這個主題，自然會有許多不連貫的理論。在心理學研究這方面，你幾乎肯定會遭遇對相同現象有諸多不同、甚至彼此相互矛盾的理論。觀念在變，研究重心移轉，有些問題喪失了原本支撐起其重要性的背景。然而，光是就心理學研究來看，也很少看到像夢的理論這樣，有這麼多種各式各樣的理論，而且不光在細節的討論上是如此，連一些最通論的觀點和立場也是意見分歧。我們會看到，有人相信夢提供了我們無法從其他管道獲得的深刻理解，但也有人深信夢毫無意義。有些心理學家認定夢是心理健康的基本必需，有人則認為如果因為藥物的影響導致無法再做夢，也不會改變其健康狀態。夢究竟是全然不可或缺的，抑或只是偶然的副產品，還是介於這二者之間？閱讀夢與記憶的相關資料，我經常也感覺自己宛如漫步在昏暗而古老的陰影之屋。

缺乏連貫性的意象

我們為什麼會忘記夢？一八七四年，德國哲學家路德維希．史德姆佩爾（Ludwig Strümpell）提出一個最顯明易懂的解釋。(5)他認為夢中的意象太弱，無法穿透記憶，就如同我們在白天所受的刺激有許多都太弱，無法留下痕跡。夢裡的意象極少會經驗超過一次，重複策略——對於記住東西具有強烈效果——在此無法派上用場。因此，我們能記住的夢往往是重複的夢，也許並非偶然之事。大部分的人根本就不太在乎自己做的夢；他們醒來後，需要拿出全副精神來應付白天的工作，關於夢的所有記憶也因此消散。史德姆佩爾觀察到，人們記錄夢一段時間後，會開始夢得更多，同時也較能記住做過的夢，這種現象此後會持續得到更多的驗證。

最後一點是，夢的意象被認為過於不連貫，導致無法透過有條理的聯想來加以記錄。我們的記憶較擅長處理以自然的順序彼此連結的一系列事件，夢卻是由互不相連的意象所組成。如果用史德姆佩爾的時代尚未出現的譬喻來形容，夢就像是一部剪輯紊亂的電影，充斥著片段的場景，因此我們記不住這些意象也就毫不意外。對史德姆佩爾來說，最大的謎團並非我們為何忘記這麼多的夢，而是為什麼我們偶爾會記住一些夢。

史德姆佩爾的解釋雖然年代久遠，但這不表示它已經過時。許多當代的研究者也指出夢缺乏聯想的連結性，以及人們在睡與醒之間的轉換階段欠缺專注力。有些論證主張夢中各種事物的出現是不可解的、不合邏輯或純屬不可能的，並且因為欠缺連結性而難以回憶。我們很難用實驗來驗證它們是否正確，但我們也可以同樣輕易地推出完全相反的結論：怪異的夢，容易被記住。

如果在真實生活中，我們突然發現自己置身於地下室，還有個迷人的女士在隔壁房間，當然一個星期後都仍會記得這件事，尤其是我家根本就沒有地下室。只不過，我知道自己不時會做類似的夢，卻不記得其中任何一個。即使有時在夢中出現決定性的怪異內容，也不能保證我們會將它儲存在記憶裡。

再者，我們通常是稍後才會發覺夢中的事件有些怪異之處，在你跟人討論或思考這個夢時，才突然意識到。接下來，你還會看出越來越多不對勁的地方，例如從來沒見過的人、死而復生的人、憑空出現的人，你還沒問他們是從哪裡蹦出來的，就開始與他們交談。在夢中，你可能會說流利的西班牙語，或是前一刻你還在家裡，下一刻就在柏林遇到某個人。在夢中，沒有事情會讓我們感到驚訝。因此，關於夢的怪異本質會如何影響我們記憶它們的能力，至今仍然沒有結論。

打開記憶的大門：蜥蜴之夢

夢的遺忘會如此令人困惑，原因在於夢與記憶之間似乎存在許多密切關聯。以「白日遺思」（day residue）為例，白日事件的片段，在夜晚的夢中又回到我們腦中。這顯然暗示了夢的某些材料是源自我們的記憶。甚至，有些夢的例子似乎可以證明，做夢的人比清醒的時候還能提取更多記憶。這是被稱為「記憶增強」（hypermnesia）的例子。我們幾乎可以這樣說：白天時關閉的記憶之門，被做夢的人打開了。佛洛伊德——這裡我們又遇到他了——在《夢的解析》（*The Interpretation of Dreams*）裡，寫到比利時哲學家暨心理學家約瑟夫．德爾博夫（Joseph Delboeuf）的經驗。(6)

德爾博夫夢到他走在自家被大雪覆蓋的土地上，發現了兩隻快凍僵的蜥蜴。他拾起牠們，給牠們溫暖，將牠們放到牆壁的縫隙處，並且拔了一些蕨類的葉片放在蜥蜴附近。在夢中，他知道那種蕨類的名字：銀杏葉鐵角蕨（asplenium ruta muralis）。過不久，他看到另外兩隻蜥蜴也跑來吃葉子。他再回頭一看，只見成群的蜥蜴蜂擁而來，數量之多，覆蓋了整個路面，一直綿延到牆壁的缺口。

德爾博夫對植物幾乎一無所知，但是他對自己夢到的植物名稱非常好奇，令他大吃一驚的是，真的有這種植物存在：*asplenium ruta muraria*。它和他夢裡的名稱只有在字尾變化稍有出入而已。為何一個他從未聽過的植物名字會出現在夢中？這對他而言是難解的謎團。

十六年後，他去拜訪友人，偶然翻閱一套植物標本，在裡頭看到出現在他夢中的蕨類葉片，底下寫著它的拉丁文學名，而且是他自己的筆跡。他一直到這時候才想起，一八六〇年當時，友人的姊妹曾帶著那套要送給這位朋友的植物標本去拜訪他，因為他事先答應過會透過一名植物學家的協助，幫她在每個植物底下寫上拉丁文學名。早在他的夢出現的兩年前，他已經親筆寫過它的全名：*asplenium ruta muraria*。

這並非全部的故事。在這之前，他某一天在瀏覽自己訂閱的舊畫報時，忽然看到夢裡見過的成排蜥蜴出現在一八六一年的報紙頭版上。於是，歷經整整十八年，德爾博夫總算可以重建整個時間順序：一八六〇年，他在朋友的植物標本上寫下拉丁學名；一八六一年，他看到報紙頭版上成群的蜥蜴大軍；一八六二年，他夢到成排的蜥蜴；一八七七年，他第二次看到蜥蜴大軍的封面；最後，一八七八年，他再次看到那一套植物標本。

一八八五年，德爾博夫在一篇關於夢的論文中，描述了他對一八六二年那場夢的回憶。(7)引人注意的有那場夢裡包含了時間距離當時不算太久的一些元素（大約兩年前的事）。此外，他聽寫記錄下來的拉丁學名，實際上是他自己用筆寫下的，這是我們如今稱為「雙重編碼」（dual coding）的例子，同時具有聽覺和視覺的線索，意味著他應該會更容易記住才對，但是他既無法記住名字，更無法把它寫出來。相較之下，在記憶往往稍縱即逝的夢中，在他看過植物標本的十六年之後，他卻仍記得它的學名。如果一切都確實如他所述，這就是「記憶增強」的典型例子：做夢的人記得某件他在清醒時的意識無法獲取的東西。

一八九六年，德爾博夫死於一場意外，再四年之後《夢的解析》才會出版，因此他沒有機會看到佛洛伊德把他的夢解釋為他的無意識對閹割的抗議。蜥蜴的尾巴斷裂之後，會重新再長出來。

在夢中甦醒的記憶

佛洛伊德和其他夢的研究者搜集了許多夢中記憶增強的例子。例如哈夫洛克·靄理士在醒著時，不論再怎麼努力，都想不起一個讓他覺得不太舒服的香料叫什麼名字，卻在睡夢中突然想起來：廣藿香。不過，等他早上醒來，又忘了這個名字。佛洛伊德有一名患者在分析過程中，描述自己夢到在咖啡店裡點了一杯 Kontuszówka，並說自己從來沒聽過這種飲料。佛洛伊德跟他說不可能，那是一種波蘭白蘭地，而且它的海報廣告已經在城裡貼了好一陣子。這名男子原本不相信佛洛伊德的說法，但幾天之後，他在過去幾個月來每天會經過兩次的街角，看到了這則廣告海報。佛洛伊德本人也對自己夢中一個不知地點的教堂高塔感到困惑，一直到十年後，他搭火車時看到它出現在車窗外，才想起自己必定是在上一次同樣路線的旅程中曾經見過它。

靄理士寫到，在我們醒時的意識中，我們的聯想是集中且專注的；在我們的夢中，它變得發散、範圍更廣闊，但我們失去了駕馭它的能力：「我們閉上眼睛，肌肉放鬆，韁繩脫離了我們的雙手。然而，有些時候，馬兒比我們自己還要清楚回家的路。」(8)

「記憶增強」的夢，有時被視為是我們經驗過的所有事物都不會消失於記憶中的理論證明（在第九章，我們會再回到這個主題）。對某張畫匆匆一瞥、一長串名單中的一個拉丁文名詞、一張海報、無意中在火車上朝車窗外一望——它始終都在那裡。我們一輩子都留存著這些經驗在神經上留下的痕跡，儘管我們必須憑運氣才能將它們再次啟動。

對於和德爾博夫同時代的一些人來說，「記憶增強」也解釋了另一個同樣稍縱即逝的謎：「既視」（déjà-vu）的經驗。所有的經驗，包括夢在內，甚至是隔天起床我們已不記得的夢，都儲存在我們腦中。如果我們在白天經驗到某件事，而它和我們夢過的事物有夠多的共同連結，我們就會產生似曾相識的感受。就某種意義上來說，我們確實曾經驗過，因為在我們此刻所經驗的底下，存在著夢中與它類似的朦朧意象。而由於我們無法點出那場夢發生的時間，連結也朦朧不清，因此它感覺就像很久之前發生過的事，宛如我們先前生命中的一部分。

記憶是否真的包含了我們曾經體驗過的一切？就任何意義上來說，這是不可能得知的。相較於清醒時，是否我們在夢中能夠提取更多、更深刻、更豐富或是截然不同的記憶？這也同樣難以判斷，因為它牽涉到拿德爾博夫、靄理士與佛洛伊德這類例子，來和我們清醒時記得、夢中卻無法獲取的記憶作比較。要進行這種有如記帳般的鉅細靡遺紀錄，根本是不可能的事。

毫無疑問的是，在夢中，有些事物會不依循我們日常的聯想路徑突然出現。靄理士提出的解釋讓人很難挑毛病。在夢中，有些聯想會消散，以至於故事失去連貫性，但有些新的連結可能會出現，引導我們提取那些長久以來不曾進入意識中、彷彿早已被遺忘的記憶。這裡我們可以引用靄理士本人所下的謎一般結論：「我們想起了忘記的事，是因為我們忘了曾經記得什麼。」(9) 就如同來到一定年齡的外國移民者，在使用第二語言長達五、六十年後，可能會很驚訝地發現自己又開始做母語的夢。夢似乎提供他們路徑去提取白天的聯想不會觸及的語彙。

夢醒徒留殘影

有時候，做夢的人會感覺自己看到或聽到某個無與倫比的事物。它們遠超出正常的經驗，令他們想把夢中的經驗即刻並永遠存在記憶中。

一七六六年，法國天文學家拉朗德（Jérôme Lalande）旅經義大利，來到北部威尼托地區的大學城帕度亞（Padua）。在那裡，他決定去拜訪前一年因為擊劍決鬥傷到手而引退的小提琴家、作曲家暨音樂理論家朱佩塞·塔第尼（Giuseppe Tartini）。塔第尼當時已經七十四歲，對拉朗德提到關於〈魔鬼奏鳴曲〉（*Sonata del Diavolo*）的故事。

塔第尼二十二歲時，有一晚夢到自己用靈魂與魔鬼作了一個協議。他把小提琴交給惡魔，想看他能否演奏出優美的曲調。拉朗德寫道：

> 他聽到惡魔演出奏鳴曲，為之驚愕。那樂聲的優美非比尋常，演出之精湛，超出任何他生平曾經聽過的任何音樂。他感覺狂喜、著迷、心蕩神馳，有如喉嚨梗住一般無法喘息。如此強烈的情緒震撼，讓他從夢中驚醒，立刻取出小提琴，希望能捕捉些許剛才聽到的樂音，結果徒勞無功。他當下寫出的樂曲是他最精湛的傑作，也確實將它命名為〈惡魔奏鳴曲〉，但是它與他夢中聽到的相比，卻是拙劣不堪。他只求能好好留存夢中聽過的樂曲，即使要他摔碎小提琴、從此放棄音樂，他也心甘情願。(10)

我們沒有任何理由去論斷這個夢是塔第尼杜撰出來的，甚至可能恰恰相反，因為眾所周知，他是一個含蓄、低調的人。在此之前，他從未透露過任何關於其音樂靈感啟發的事。他所寫的樂曲上的啟始動機（motto）是以密碼寫成，直到一九三一年才被破解：人們發現當中有部分引自佩托拉克的作品。他在那天晚上所經驗的事，基本上應該確實如他所描述的：在夢中聽到某種非屬塵世之美的音樂，醒來後發現已不可復得。

我們許多人都有過這類的個人經驗，即使不是音樂，也可能是某個聲音、一首詩、一片風景，或是一幅畫。又或是，你可能夢到漂浮或飛翔這類的身體感官體驗。當你醒來後，再也無法複製夢中的強烈感受。再過一段時間之後，你記得的已不再是夢裡的音樂、風景、漂浮，而是在夢裡曾感受到的狂喜。這確實就像是與魔鬼的協議。在你開始要記錄你的夢時，不論是記在記憶中或是紙上，它開始消失。

可以說，我們每個人在一場印象深刻的夢之後，也會想「拿出小提琴來」，最後的結果也都跟塔第尼沒什麼兩樣。我們在談論或記錄一場夢時，能夠召喚的只有貧乏的殘影。不論對聽眾來說，做夢的人醒來後的描述多具有說服力，回想夢境的人都很清楚，他傳達的內容其實有所欠缺。當然，即便我們在完全清醒時聽到震撼心靈的音樂，要正確記住或是複製它也不是容易的事。而且就算是清醒的狀態下，我們也往往在寫下整個故事之後，才發現自己的筆沒有削好。因此，我們真正要問的應該是：為什麼記住夢比記住清醒時的經驗還要困難許多？需要解釋的不是為何我們會忘記，而是為什麼夢特別容易遺忘。

白日遺思

除了「記憶增強」，夢與記憶還有另一個相關的問題：白日遺思（day residue）。這是佛洛伊德的術語，但這個現象的存在和夢一樣古老，指的是白天盤踞我們心頭那些事物的片段，會在夜裡的夢境出現。有研究學者在佛洛伊德之前就已經發現它並做成統計數據，在當代關於夢的研究中也得到證實。

夢中出現白日遺思的比例因人而異。基本上，卡爾金斯可以把所有發生在她夢中的事，都連結到她白天的經驗，但也有人夢裡出現白日遺思的比例很低。觀測快速眼動睡眠所進行的研究發現，白日遺思出現在當晚的比例最高，之後就快速降低。做夢的人把夢境連結到前天、大前天或是更早之事的頻率會越來越低。

在法國，夢的研究者米歇爾．朱維（Michel Jouvet）分析了至少二千五百二十五個自己的夢的記憶，也得到類似的結論。(11)比如在某個星期日晚上，他大約有略低於百分之三十五的夢的記憶與該日白天發生的事有關；到了隔天夜晚，比例降到百分之二十以下；再之後，與星期日相關的夢的記憶跌到了個位數。

不過，朱維有個令人驚訝的發現。在一星期後的第八夜，出現了新的高峰期，有百分之十的夢和上星期日發生的事件有關聯。這是個令人好奇的現象。這個高峰期的出現，違反了記憶的一般原則，也就是：我們複製曾經驗事物的可能性，應該會隨時間快速下降，而且之後絕不會再增加。

可能的解釋是，或許對大部分人而言，一星期七天中的每一天都隱含著不同的情緒意涵，例如星期三的感受與星期五的感受會有所不同。如果某個星期因為星期一放假、所以工作日從星期二開始，我們可能在那天會有「星期一的感覺」，這種錯覺可能會使整個星期都往後挪一天，因此即使到了星期五，也會感覺那天像是星期四。根據這種情緒現象，回想起發生在上星期某件「星期五的事」，可能比回想起三、四天前的事還要容易。這種「上星期的此刻」效應，或許是一星期之前的白日遺思比例會提高的原因。

另一個同樣奇特且至今未解的週期現象，是當我們在適應新環境時，夢也會有所調整。針對旅行者的夢所做的研究顯示，旅程一開始的第七或第八天，我們夢中的白日遺思設定的背景仍在我們熟悉的家中，一直要到七、八天過後，新的環境才會開始出現在夢中。類似的延後狀況，也可以從囚犯的夢觀察到。在被囚禁的最初幾天，他們經驗的事物會成為夢中的白日遺思，場景卻置換成自己家中的環境。等他們獲釋後，會出現相反的情況。這種延遲的整合現象，暗示著記錄與複製事件，和這些事件的視覺空間背景設定，似乎是由各自不同的記憶處理程序在進行。[12]

夢與記憶的管理

每天記錄自己夢境的人往往會注意到，最讓我們掛慮或是主導我們日常活動的事，也就是所謂白天的生活大事，其實與白日遺思毫無關。白日遺思往往是無關緊要的意象、未曾在意的事物之一瞥、某個瑣碎細節、一段談話裡的隻字片語。有些人覺得，這就像在夜裡播放一場白天的電影，白日遺思不過是電影中的驚鴻幾瞥。針對這種現象，有兩個神經生理學理論提出了解釋。

第一個解釋由基因學家法蘭西斯·克里克（Francis Crick）與分子生物學家格萊姆·米契森（Graeme Mitchison）所提出。他們假設大腦在白天吸收了過多的連結，其中大部分是附生或不相關的，到了夜晚，大腦靜靜地把白天的信息重新過濾一遍，並處理掉其中大部分。[13]我們無從察覺這種「反向學習」（reverse learning），只有在夢裡，才會偶然瞥見這個處理過程，不時看到某個片段在發送途中自腦中閃過。

第二個理論來自神經科學家強納森·文森（Jonathan Winson）。[14]他主張夜晚時，大腦有機會將記憶從臨時儲存區移轉到永久儲存庫，這種數據的流動，可以從腦部某些迴路的活動，以及活動所需的神經傳導物質的產生看出。它被認為是演化早期便已置入的功能，其特徵可為佐證：夢會規避語言。我們以圖像為夢。夢主要發生在無意識，因為意識發展於演化的稍晚時期。

兩個理論都得到腦波圖研究、腦部損傷論文、生物化學研究、神經網絡模擬、神經元攝影，以及動物實驗的支持。不過，所有這些實證上的支持，都不能改變兩個理論彼此衝突的事實。克里克與米契森以著名的宣言總結他們的發現：「我們做夢是為了遺忘。」文森則是相信，我們做夢是為了更有效地去記憶。兩個理論的共同之處，是它們都認為夢與記憶的管理有關，但這也使得現實中我們忘了夢比忘了其他經驗還更容易的情況顯得更加怪異。

所以，又回到我們的老問題：為什麼我們對夢的記性這麼差？

夢境的時序問題：斷頭台之夢

法國導演費迪南．齊卡（Ferdinand Zecca）執導的電影《犯罪故事》（*Histoire d'un Crime*, 1901）片長不到六分鐘。[15]全片共有五個場景：主角犯下強盜與謀殺罪行、他在酒吧中被捕、警方帶他到受害者遺體之前對質、他被關入監獄，以及最後他被送上斷頭台處決。這部電影在歷史上的重要性，是在第四景發生的事。囚犯躺在監獄的木條床上，頭頂的牆壁上突然浮現他人生中的一些場景。他先是走進父親工作坊的小男孩，和父母同桌吃飯，然後成了在酒吧與朋友相聚的年輕人。《犯罪故事》是電影史上第一次運用倒敘手法的作品，打破在快速發展的電影美學中以線性時間順序來操作的手法。

一八九五年，盧米埃兄弟（Auguste and Louis Lumière）展演他們的第一部電影時，觀眾們看到的是事件的紀錄，例如工人從工廠出來，或是火車抵達車站。不過，二十世紀的最初十年，電影已經變成可以講述故事的一個媒介。這需要一些構成電影的新技術。大約一九一〇年左右，大部分讓時間加快或減慢，或是讓時間重疊出現的技術，以及倒敘、前敘（flash-forward）等手法都已問世，觀眾也已經學會依據這些新規則來看電影。[16]

電影改變了時間的體驗，同時也提供了一些思考夢和時間的新譬喻。即使是在一八九〇年代，對於夢持續時間有多長的主觀感受與客觀分析，以及夢中事件進展的速度，都有激烈的爭論。不過，一九一〇年之後，這類的討論似乎無可避免會用到電影的譬喻。一九一一年，靄理士寫到，夢的快速進行是一種假象：「做夢的人看到的，頂多是類似電影的劇場，非常近似於電影藝術家濃縮和重疊時間的手法。」[17]

有些研究者試圖從夢境的混亂時序關係，來解釋為何夢很容易被遺忘。在夢中，事件持續的時間與時序安排，會在我們記憶中經歷怪異的改編。我們醒來時正在做的夢，會在兩方面同時偏離正常的現實：一方面，它們似乎是以驚人的速度被創造出來；另一方面，夢中的時序關係出現倒轉，最著名的例子就是法國醫師暨歷史學家阿佛列・莫希（Alfred Maury）的「斷頭台之夢」。

當時仍與父母親同住的莫希，因身體不適而臥床休息，母親在一旁照顧他。他睡著後，夢到法國大革命後的恐怖統治時期，夢境非常鮮明，情節豐富。他目睹了處決，見到革命領袖羅伯斯庇爾（Maximilien Robespierre）、馬拉（Jean-Paul Marat）和富基埃－坦維爾（Antoine Fouquier-Tinville），連他自己也被逮捕，在革命法庭上作供，並且被判處死刑，在大批群眾包圍下坐著囚車進入革命廣場，登上斷頭台，俯臥身軀。劊子手調整座台，讓他就處決的位置。他聽到斷頭台刀刃升起的聲音，接著刀子落下砍斷他的脖子，他甚至可以感覺到自己的頭顱與身體分離——就在這一瞬間，他從死亡的驚恐中醒來，伸手一探自己的脖子，發現床頭板的一片木板就落在他的脖子上。據他母親表示，那塊木板前一刻才剛掉下來。[18]

幾年之後，莫希才寫下這則夢，不無可能在這段時間裡添加了夢的細節和長度。也有可能，這場夢已進行了一段時間，在最後他被木板擊中的那一刻，情節才突然出現轉折。夢境的場景規模也許不像他說的這麼盛大，但我們每個人大概都做過類似的夢。我們會在一種感覺當中來到夢境的最終高潮，而那種感覺一開始是來自現實中的某種刺激。

靄理士做過一個夢，夢到自己問妻子是不是在隔壁房間，妻子回答他：「不可以進來。」(19)他醒了過來，發現妻子剛剛的確說了那句話，但不是對他說，而是回應剛才詢問是否可以進房來的僕人。靄理士把夢境中問與答的時序顛倒歸因於深植於我們心中希望看到事件自然發展的需求，這種本能是如此強大，以至於我們讓因果邏輯優先於時間順序之前。

在睡眠實驗室的黃金年代，睡眠的研究者試圖以實驗喚起這類的夢。夢的研究者威廉．德蒙特（William Dement）與愛德華．沃佩爾特（Edward Wolpert）用了各種不同的刺激物來喚醒實驗參與者，以觀察外在刺激物如何融入他們的夢境。(20)其中一名實驗者的背上被潑灑了冷水。醒來後，他說了一個相當複雜的故事，情節與他參加舞台劇有關。下面這段顯然是由灑水所促發的情境：

> 我走在女主角後面，她突然昏倒了。有水從上面滴到她身上。我跑到她旁邊，水滴到我的頭和背上。屋頂在漏水。我無法理解為何她會倒下，猜想應該是屋頂的灰泥落下，打中了她。我往上一看，屋頂破了一個洞。我把她拖到舞台邊，把簾幕拉下來。就在這時候，我醒了過來。(21)

夢的記憶：先得到果，再有了因

記得的夢，發生在引發夢的刺激之前，這是時序上的奇特倒轉。但是在一八八八年，美國生物學家朱利厄斯．尼爾森（Julius Nelson）注意到了第二種違反時間順序的情況。人們從夢中醒來時，往往可以記得最後幾個意象。為了重建夢中的故事，我們從記憶中回推最後幾個意象之前到底出現了什麼，「如此一路回推到深夜」。[22]當你醒來時，夢中的最後印象是置身於地下室，你會試著回想自己為什麼會在那裡。接著，你突然想到是為了躲避一個破門而入的男子。你朝著和正常記憶相反的方向往回推移，而通常我們都是按照事件發展的順序往前推想。日常生活中，當我們把自己的經驗告訴別人，我們的記憶在回想這個事件時，是根據它發展的順序。

每個行動都有它的後果，並導致其他的行動。重建故事時，我們有熟悉的時間順序可以依循。但是在夢的記憶裡，我們是逆流而上，先得到果，再有了因，先有了答案，然後才有問題，一直到最後，我們才回到夢的最初起點。重建的過程往往是一路顛簸不順，因為我們跳回去的稍早場景又會順向往前開展。一八八八年，尼爾森將它比喻為一條鍊子：「各個鏈結在回想時，只能依序回推；但觀照每個鏈結裡的事件時，又是依其實際向前推展的時序。」[23]如果他活在我們的時代，或許他會參考電影《記憶拼圖》（*Memento*, 2000），因為這部電影的剪輯手法像極了夢境的重建。電影從故事的結局開始，然後跳回稍早前的場景，接著又回到更早之前。但是在每個場景裡，時間是以正常的順向往前行進。

要重建這種脫離我們熟悉的線性時序發展的事件，並非容易的事。這一點從人們試著跟你解說一部使用倒敘手法的電影時遇到的麻煩，就可以看出來。他們幾乎必定得先按照時間順序告訴你電影的故事，接下來再個別解說倒敘的部分。正如我在前面對《犯罪故事》作的描述，你先聽到一段敘事，接著再聽另一段，而不是讓一段敘事打斷另一段。

這不光是敘事手法的問題。在你看完一部電影後，會感覺自己彷彿在記憶裡偷偷將它重新剪輯過一次，因此你之後記得的，是故事的情節發展，而非將那些在不同時間之間跳躍的事件集結起來。記憶很難抵抗對線性時序發展的偏好，這一點在重述必須倒轉時間順序的夢境時成為一種障礙。你從結尾開始，費了很大的功夫才能回到開頭。這或許也是我們很難把夢牢牢定在記憶中的原因之一。

睡眠中的生理反應

一九九二年，米歇爾．朱維出版了《夢的城堡》（*Le château des songes*，英譯版書名為 *The Castle of Dreams*）這本有趣的小說。[24] 他當時是里昂大學的醫學教授，以睡眠和夢的神經生理學研究聞名。一九五九年，他發現了「逆理睡眠」（paradoxical sleep），因為在快速眼動睡眠期間，腦波的模式與清醒時非常類似。

這本小說的開頭，有名男子得到一只古老的皮箱，在皮箱裡發現了十八世紀學者胡谷．拉瑟維（Hugues La Scève）的科學研究遺產。那是拉瑟維對自己的夢所做的紀錄，記錄時間超過二十年，收錄總共超過五千多個夢。此外，拉瑟維還做了一系列實驗，記錄在一本日記裡。就小說而言，這本書也許算不上非讀不可，但它牽涉到與歷史相關的思想實驗，絕對引人入勝。一個十八世紀的人物，在缺乏今日科技工具的狀況下，即使他知道自己想找的是什麼，又要如何找出他想要的答案？

在十八世紀，科學首重觀察。拉瑟維的研究首先是觀察做夢者的行為。他的第一個實驗參與者叫做漢斯．維納（Hans Werner），是個高大、金髮、負責皇宮守衛的瑞士籍騎士。維納同意在晚上入睡時，整晚接受研究者的觀察，以獲取十四枚金幣的報酬。吃過晚飯、洗了個芳香浴之後，他上床就寢。那是個炎熱的夜晚，騎士蓋著被單裸睡，不久便沉沉睡去。拉瑟維在床的周圍排了一整圈的蠟燭，坐在放有筆記本、鵝毛筆和計時器的一張小桌前。

大約一個半小時後，騎士的呼吸出現改變。拉瑟維趕緊湊近他，看到維納的眼睛半闔、眼珠四處轉動，脖子上的動脈擴張，心跳變得不規律。但是最讓人吃驚的改變，從被單的輪廓顯現出來：他的陰莖完全勃起。拉瑟維喚醒他的實驗對象──「漢斯．維納騎士，快醒醒！」──問他到底夢到了什麼。維納說他在夢中正走過一個花園，沐浴在花朵的芬芳中。

接著他又馬上入睡。半小時後，同樣的情況再度上演。拉瑟維觀察到他在不到一分鐘內又完全勃起，便將他喚醒。這一次他夢到的依然是無關情色的夢。到了天快亮時，拉瑟維第三次觀察到勃起，這次持續了整整一場夢的時間，大約有二十幾分鐘。

這一切促使他進行更多的比較研究。懷著對科學研究的興趣，拉瑟維說服自己的情婦碧翠克斯（Béatrix）陪他過夜。他一直等到終於看到她半闔的眼球出現快速運動，而她不規律的呼吸說明了她正在做夢。拉瑟維把手伸進她的雙腿之間，確認她下體發熱而濕潤。他很滿意地在自己的日誌寫下他的實驗證明：女性在做夢時的反應與男性一致。

拉瑟維的實驗靠的是順其自然，以及命運的眷顧，而他也充分利用了這兩點。有一天，他被請去幫忙一位被馬踢傷的鄰居。馬蹄鐵踢破了鄰居的左半邊頭骨，有一部分骨頭碎片刺入了腦部。這名鄰居失去了意識。拉瑟維把碎片取出，頭殼留下一個錢幣大小的洞。從這個洞口，可以看到血紅色膨脹的組織，以及大腦皮質裡脈動起伏的血管。他用薄紗布覆蓋住傷口。傷者的女兒夜晚在床邊服侍父親，她觀察到整個晚上腦部有幾次出現腫脹，把傷口處紗布向外推。

這引發了拉瑟維的好奇心，因此他坐在入睡的傷者旁邊觀察。經過一個小時後，他看到了和騎士身上類似的現象：急促的呼吸和快速的眼球運動。他悄悄掀開被單。果然沒錯，這名男子也出現勃起現象。他趨前查看傷者頭部的傷口，可以看到腦部表面的微血管充血，而且越來越鮮紅。十五分鐘之後，壓力開始下降，腦部也回復到原本的粉紅色。

這些對於腦部的週期性活動、夜間勃起，以及眼球運動的觀察，都早於一九五〇年代睡眠實驗室問世之前。朱維的小說不是唯一的案例，亞里斯多德早就觀察到眼球的運動。一八三一年，法國醫師克勞德－查爾斯．皮耶岡．德．讓布盧（Claude-Charles Pierquin de Gembloux）從因病失去部分頭骨的病患身上，發現了腦部血管擴張的現象。

一八七七年，杜林的醫師安傑羅．莫索（Angelo Mosso）是第一位準確記錄這種擴張現象的人。他使用壓力計追蹤記錄一名十一歲男童頭部的血液搏動。莫索認為，在他測量結果的繪圖中出現較大搏動的地方，原因可能是「那些在睡夢中鼓舞這可憐孩子的夢。母親或是他童年早期的意象再次浮現，照亮他內心的黑暗，將律動傳送過他的大腦。」(25)夜間勃起的現象，也曾以較委婉的方式出現在科學文獻中，但一直要等到睡眠實驗室問世，所有這些週期性現象才得以統合，並有機會用可靠的方式加以測量。

快速眼動睡眠

一九五三年，尤金．阿瑟林斯基（Eugene Aserinsky）發現了快速眼動睡眠：我們的眼球在睡眠的這種時期下會快速運動。[26]第一階段的快速眼動睡眠發生在入睡後約一個半小時的時候，並持續大約十分鐘。第二與第三階段發生的間隔稍微短一些，持續時間也稍微長一些。第四階段則持續將近半小時，之後我們便會醒來。夢似乎大部分發生在快速眼動睡眠期。人們在這些時候要是被喚醒，大多可以回報剛發生的夢；那些在深度睡眠時被喚醒的人，相較之下極少正在做夢。在快速眼動睡眠期間，我們的運動系統被封閉，或許可以解釋我們有時在夢中會經驗到漂浮或飛翔的感受，以及面對致命威脅卻動彈不得的感覺。

發現快速眼動睡眠，為夢的研究帶來很大進展。觀測眼球運動雖然不能揭露夢境，但確實可以揭露做夢這個行為。如今，我們可以在條件控制的實驗室裡探索夢的行為，透過心跳、血壓或腦部活動的測量，來研究做夢時出現哪些生理變化，以及進行睡眠剝奪的實驗。如果快速眼動睡眠期，以及在這個睡眠期間做夢都是具有功能的，那麼當快速眼動睡眠被長期剝奪，應該會造成生理、心理上的一些影響才對。

歷經半個世紀後，我們知道全世界數十個實驗室對快速眼動睡眠進行的大量研究，已經找到一些關於夢的有趣發現。舉例來說，我們如今知道持續最久、最鮮明、最怪異的夢會出現在第四階段，也就是最後一個快速眼動睡眠期，而在夢結束後的很短時間內，夢的大部分內容就會被忘記。如果研究人員在實驗對象出現做夢的生理訊號之後，晚個幾分鐘才將他喚醒，實驗對象仍記得夢中情境的機會就會大幅降低。

大約有百分之八十的快速眼動睡眠期會伴隨著勃起或是陰道充血，但是與情色的夢沒有關聯。正如朱維那本小說中提到的那名騎士一樣，在一般的夢境或是惡夢中，也會出現勃起現象，而十個人當中頂多只有一人夢到情色相關的內容。

不規律的眼球運動同樣也和夢的內容無關。過去有一段時間，研究者認定眼球運動是做夢者試著用眼睛追蹤夢中場景的結果，如今這個「掃描假說」（scanning hypothesis）已被推翻。研究者觀察到，天生眼盲而沒有視覺式夢境的成年人，以及還沒學習用眼球追蹤物體的新生兒，也會出現同樣的眼球運動。

睡眠實驗室的研究對一些較單純的假設也作出貢獻。首先，做夢與快速眼動睡眠期並非完全吻合。我們在睡眠的其他時期也會做夢，只是頻率較少。有些人由於神經功能上的缺陷，不會經驗到快速眼動睡眠，但他們仍會做夢。反之亦然：有些人因為腦部的損傷而無法再做夢，但他們的快速眼動睡眠並未因此受影響。有些人從不做夢，至少從常用的快速眼動睡眠觀測得到的結果是如此，而他們的健康狀況似乎並未出現長期的不良影響。

有些抗憂鬱藥物會壓抑快速眼動睡眠，但受到影響的人沒有出現記憶的問題。L－多巴（L-dopa）是帕金森氏症患者的處方藥，用來彌補神經傳導物質多巴胺的活動力減低。它會增加做夢的頻率（而且不幸的是，常常是惡夢），但快速眼動睡眠並未因此增加。如今看來，顯然做夢與快速眼動睡眠之間沒有單純的對應關係。

過去十到十五年來，夢的研究也得到正子掃描（PET scan）這類攝像技術的幫助。正如快速眼動睡眠的早期研究一樣，學界對於這些新技術抱著高度期待。這一類實驗中，有研究者發現做夢的過程中，腦的下半部區域出現強烈活動，但上半部與記憶相關的區域卻完全沒有活動。這或許是夢為何會被我們忘記最直截了當且理由充分的完美答案：夢之所以無法被記錄，是因為腦部負責做這件事的部位暫時停止活動。

不過，這樣的結論也會引發一連串的問題，例如該如何解釋在某些案例中我們具有把夢記住的能力，或是同樣的夢重複出現的情況？除此之外，這個發現對於克里克主張在做夢時，記憶正忙著整理與歸類的理論，代表著什麼意義？又或是，它對於文森認為在做夢時，記憶正忙著強化記憶軌跡的理論，又代表何種意義？

對於夢這類複雜的心理生理學（psychophysiology）問題，新技術的引介往往會帶來新的假說，但是對推翻或確認舊的假說，卻未必能帶來令人信服的說法。對於這些運用神經生理學新科技的研究，我們往往傾向視之為「確實」、「客觀」，然而，在我們為何會把夢忘記的這個問題上，答案依然模糊不明。

同腦異夢

過去一個半世紀以來，如果要說夢的研究從佛洛伊德之前、到當前睡眠實驗室的最新實驗有什麼一致性特色的話，應該就是「夢牽涉到兩個明確不同系統」的這個觀念。當然，這兩個系統如何區分有各種定義，最終卻都會歸納為一個是產出夢的系統，另一個則是處理或詮釋夢的系統，而二者之間容易出錯的信息轉換過程，則是導致夢境易於被遺忘的原因。

這種區分法跨越了學科的界線，不論在神經學、精神學或心理學中都可見到。也許我們可以把第一套系統稱為「生產者」，第二個系統稱為「解釋者」。以下列舉幾個例子：

生產者	**解釋者**
本我、無意識	自我
右半腦	左半腦
腦幹	腦皮質
視覺觸發	語文展演
擴散觸發	敘事智力

這些二分法的共同之處，在於夢不只需要來源或源頭點，也需要思考、轉介、翻譯、排序、詮釋、述說，簡單來說，就是要賦予它一個在我們清醒時刻可以處理的形貌。夢必須被轉譯成有意識的思想，而在任何轉譯的過程中，有些元素可能被扭曲或逸失。有個理論從一九七〇年代以來引發了許多相關研究，該理論主張左半腦與右半腦各自對夢扮演不同的角色。(27)

我們用右半腦做夢、用左半腦來創造故事，也靠左半腦來述說夢的故事——這種理論一開始似乎就有許多值得討論之處。這個分工的說法，正好符合關於左、右腦差異的主流理論。所有平時以右手為慣用手的人，其語言中樞都是在左半腦，大多數的左手慣用者也是如此。左半腦負責統合具有嚴格且精確順序發展的任務，當然也就包括說話和書寫這類程序。右半腦則被認為是專門處理空間的信息，並負責共時性而非歷時性的程序，以及偵測圖像的象徵意義，對於信息的情緒值也有較敏銳的感受力。由於夢具有強大的視覺元素，我們很難不去假設：睡眠中的腦，是右半腦的活動催生了我們夢中的意象。

有一個細節特別詳細、同屬這套理論的學說，主張睡眠時左、右半腦都會產出意象，但是左半腦產生的意象會立即被納入合邏輯的敘事線索，右半腦的意象則未參與到這個線索中，以至於創造出許多夢境中那些怪異、不相關聯、有時接近幻覺的片段。

從各種實驗與案例研究歸納出來的結論，也支持這個說法。人的右半腦如果受過某一類損傷，會失去理解譬喻的能力。無法再根據譬喻的文字內容來形成意象，因而無法理解這些譬喻代表的意義。另外，有些右半腦的損傷會導致人失去做夢的能力。除此之外，在快速眼動睡眠期，右半腦的活動似乎比左半腦更加活躍。這暗示了夢主要是創意的右半腦的產物。右半腦不只記錄情緒，同時也能用象徵的、主要是視覺的方式來表現出來。至於左半腦，只能任勞任怨地工作，將這些充滿情緒負載的意象，簡化為可用文字表達的事物。在這個過程中，信息大量流失自然不足為奇，留給我們的印象是，夢境似乎遠比左半腦所製造、貧瘠的語文殘留物更加豐富而深邃。

不過，近代的研究使得這個「右邊做夢、左邊說夢」觀點變得更分歧了。最生動鮮明的夢出現在快速眼動睡眠期的最後一個階段，但實際上，這時候左半腦比右半腦更加活躍。此外，還有一些對接受過裂腦手術（split-brain operation）的人進行的研究。罹患最嚴重癲癇型態的病患，醫師有時候會將其兩個半腦之間的連結切斷。連結兩個半腦的，是被稱為胼胝體（corpus callosum）的組織，這個部分被切除後，會阻隔兩邊彼此的信號傳遞。這類病人仍保有做夢和描述夢境的能力。這代表左半腦正在描述左半腦所做的夢——也就是說，它自己的夢。這些夢與他們接受手術前所做的夢比較起來，不論意象或內容確實都變得比較平淡無趣。

類似的這些研究，迫使我們調整「夢是右半腦的產物」這種觀點。如今，夢被視為是兩邊半腦協調統合的活動。語文的片段可以激發出意象，反之亦然。左半腦的損傷也會影響意象的品質。夢的形式就像由織布機創造出來的，只是它的梭子來回移動的速度太快，快到讓人看不見。這也推翻了「我們之所以會忘了夢，是因為左腦無法接應右腦抛出的所有東西」這個論點。

與外在世界斷裂

夢是不具意義的隨機片段所組成、夢的出現純粹是神經學的現象——這樣的主張已有很長的歷史。十七世紀，笛卡爾（René Descartes）認為神經系統是由微小管子組成細緻分支的網絡，裡面充滿了他稱為「精氣」（spiritus animalis）的氣體，所以整體而言，神經系統就像一個水利運輸系統。笛卡爾相信，夢的出現是因為睡眠時的腦，即使僅有微弱、隨機的「精氣」運動，也可以到達心靈，就像當纜繩鬆開時，一陣風也可以輕鬆鼓動船帆。也因此，一般來說夢沒有意義、含混不清，而且殘缺不全。

這個關於夢的起源的理論，至今仍有承襲者，只不過「一陣風與鬆脫的纜繩」說法，如今換成了神經學上的用語。一九七七年，哈佛大學的亞倫・霍布森（Allan Hobson）與羅伯特・麥卡雷（Robert McCarley）曾主張，腦細胞週期性與隨機的放電現象，跟快速眼動睡眠期、在這期間所做的夢有關。來自腦幹的刺激，引發了前額葉皮質（prefrontal cortex）的活動，它會盡其所能將這一連串偶發的事件變成一個故事。腦幹是腦部相對較原始的部分，它的放電沒有固定形式，或許可以解釋夢的古怪特質。因此，夢裡的場景會突然變換、某些人物忽然憑空出現，以及出現奇怪的連結。這個「觸發－合成假說」（activation-synthesis hypothesis）是霍布森的理論的一部分，該理論是針對幻覺、癲癇發作、思覺失調症病患的思考和經驗崩解。對霍布森而言，這些症狀都是腦中較原始部分的偶發活動，腦部的其他組織必須在其中發掘其意義。

另一個相關理論是由大衛・福克斯（David Foulkes）所提出。他認為夢的出現，是那些屬於記憶軌跡的腦細胞自發性放電下的結果。(29)這些細胞放電完全是隨機的，也解釋了夢缺乏連貫性的原因。用他自己的話來說：「做夢的人無法理解他們的夢的意義，我們很難充分描述來重建它們可能代表的意義，原因在於它們本來就不代表任何意義。」(30)

當然，我們有時會出現所謂的「神智清明的夢」（lucid dreams）：我們很清楚自己正在做夢，卻仍讓夢境持續，有時甚至會感覺自己能夠導引夢進行的方向。不過，這些只能算是例外。大部分的夢把做夢的人囚禁在自己的故事裡，只能當一個被動的觀察者。

福克斯認為，做夢的人在夢中會把夢的經驗當成真實發生，而非只是個夢，這是因為製造出夢的神經元機制，和白天處理感官印象、經驗的神經元機制大部分是相同的。做夢的人一無所悉。除了來自外界的體驗、眼見和聽聞等感覺，其實我們的大腦也在忙著處理那些大腦自身衍生出來的記憶、幻想、期待、恐懼，從中編織出足以供我們理解的事物。從這一點來看，夢與幻覺有一些共同處。幻覺也像是外在的事物，實際上卻是我們腦中自己創造出來的。夢境的發展往往怪異、難捉摸，這不是因為我們忘了那些串連敘事的東西，而是因為它缺乏外在的因素來導引其方向。甚至，入睡前的意象（hypnagogic image），也就是在意識朦朧之際閃過我們心中的一些圖象——這時如果你還夠清醒，你知道自己就快睡著了——也符合這個理論：一系列的圖像快速且隨機出現，因為它們越來越不受外在刺激所指引。

從混沌中理出秩序

顯然，任何試圖解釋夢的人都是從混沌中找出秩序，從隨機的事件中看出模式。我們的腦子思索著無意義的囈語，並創造出看似清晰的事物。

人們從隨機的元素建構出連貫故事的能力，這一點可以從哲學家丹尼爾．旦尼特（Daniel Dennett）提出的一個遊戲中得到確認。(31)「扮鬼」的那個人會被請到房間外一陣子，進房後被告知，留在房裡的人當中，有一個人剛剛講述了自己的夢，他必須提問大家只能回答「是」或「否」的問題，來找出這個人到底夢到了什麼。另一方面，留在房間裡的人員中根本沒人說了任何關於夢的故事，但他們被要求，如果扮鬼的人提出的問題的最後一個英文字母，是字母表的前十三個字母之一，他們就回答「是」，否則就回答「否」。只有當答案會與前面的問題互相矛盾時，他們才可以不遵守這套規則。

旦尼特說，結果非常有趣，那些可以提供猜夢線索的「答案」本身是完全隨機的，但不論如何，最後還是會出現一個「夢中的故事」。它或許會充滿奇怪的轉折、荒謬的情節，卻始終仍是個故事。我們可以把這些答案視為腦幹裡隨機放電的神經元（霍布森）或是大腦迴路的任意活動（福克斯），而「扮鬼」的人最後說出的故事就代表夢。

旦尼特將這個遊戲稱為「精神分析」，但我覺得這似乎是對精神分析有點莫名的攻訐。即使夢中的個別元素是隨機放電，夢的歷程與經驗並不必然毫無意義。情況或許恰好相反，人們試圖在混沌中找出秩序，讓我們可以從中理解他們的思考、恐懼與渴望。或許，正是因為可以從相同的線索編織出如此多種的其他模式，最後浮現的故事因此仍然具有意義。

但以理說夢

巴比倫國王尼布甲尼撒（Nebuchadnezzar）登基的第二年，有一次從惡夢中醒來，那夢境如此駭人可怖，以至於他整夜無法再入睡。[32]第二天早晨，他召集所有預言師、術士和哲人到他的王宮，希望當中有人能夠解釋那場夢境，讓他的心神恢復平靜。這群被召來的預言師請國王描述他的夢，好讓他們思索夢代表的意義，但尼布甲尼撒拒絕了。他希望他們告訴他，他做了什麼夢，如此他才會真正相信他們所言為真。

這些人面臨一個抉擇。如果有人能正確描述夢境並解釋它的意義，可以得到豐厚的賞賜，但如果失敗了，將被凌遲處死，家宅也會被摧毀。驚恐的預言師謹慎地向國王解釋，沒人有辦法知道別人的夢。尼布甲尼撒大發雷霆，認為他們是故意拖延時間，於是重述一次他的警告。當這些魔法師、預言師與星象家再次解釋，不可能有人知道其他人的夢，世界上也沒有任何一個統治者，不論他如何強大，會對他的解夢者與哲人做出這樣的要求，國王終於失去耐心，下令處決王國之內的所有智者。

但以理（Daniel）也名列處決名單中，他突然發現士兵來到了自己家門口。幸運的是，他的神提供了他解方，以夜間異象的方式告訴他國王的夢。但以理匆匆趕到王宮，答應說明並解釋夢境。他說，尼布甲尼撒夢到的是一個驚人的巨大雕像。雕像的頭是純金的，胸膛和手臂是銀的，腹部和大腿是銅的，雙腿是鐵的，兩隻腳則一部分是鐵、一部分是陶土。一顆石頭不知為何突然落在雕像的腳上，於是雕像崩塌、粉碎，變成一堆塵土，就像夏天打穀場的糠秕一樣，隨風飄散。

但以理接著提出他的解釋，是他的神要讓尼布甲尼撒夢到時代的結束。純金的頭代表尼布甲尼撒自己的王國，銀、銅、鐵是之後將要接續他的三個王國。鐵與陶土的雙腳代表的是不和將會傷害第四個、也是最後一個王國。聽完解夢之後，尼布甲尼撒心中充滿感激，俯身拜謝但以理，承認他的神是眾神之神，並任命但以理掌管巴比倫所有的賢哲。

這是現代《聖經》翻譯本中說的故事，但有兩個地方遺漏了一項重點，使整個故事的意旨有些不同。[33]當預言師站在尼布甲尼撒面前，請國王告訴他們他的夢時，國王並未立刻要求他們描述他的夢，而是說他不記得自己夢到什麼了。七世紀的《聖經》英王欽定本中有這麼一句：「心裡煩亂，夢不可知。」[34]保留了原文中暗示尼布甲尼撒已經忘了那場夢。稍後，當預言師們再次堅持沒人能夠知道別人的夢時，他說：「夢我已經忘了，你們若不將夢和夢的講解告訴我，必定遭到凌遲，你們的房屋必定成為糞堆。」顯然他已記不得他的夢。

國王要求賢者說出他的夢，不純然是為了試驗；那只是在不得已的情況下添加的理由。國王除了問他們之外別無選擇。不論那夢多麼嚇人，它已經被忘了，或至少也是暫時擱置在某處，直到但以理描述時，尼布甲尼撒才又立即辨識出來，只是他已無法靠自己的意念回想起來。

想要抓住夢，每一秒都很重要

尼布甲尼撒所經驗的是哪種類型的遺忘，目前雖沒有定論，但我們應該都不陌生。不過，我們在幽暗、古老的房子裡巡遊漫步，也不全然一事無成。

有一些觀點涉及是夢的結構。和在夢中一樣，我們在清醒時，記憶處理鬆散、片斷不全的元素，同樣也比那些有連貫性的事物困難得多，而夢往往是混沌不明的。我們也知道，記憶較善於處理時序順向前進的事物，而我們在回想夢時，往往被迫倒轉正常的時間順序。在睡夢的邊緣，記憶明顯表現較差。我們都有過經驗，跟某個暫時醒來的人進行短暫、邏輯連貫的對話，但隔天起床後他們完全忘記彼此說了些什麼。就這點來說，夢出現的時間點實在很不湊巧。

還有一些觀點處理的是不會自動連結的兩個認知系統——比方說，圖像與文字——之間的轉化或翻譯。視覺的場景包含大量的信息。如果你試著觀察一張照片四秒鐘，會發現需要花四分鐘才能用文字描述完你所見的東西。它的困難之處不純粹只是翻譯的問題。有個關鍵因素是：光是翻譯也需要花時間。當你在描述夢境時，不管是對自己或是對他人描述，你是從夢的結尾開始，而夢的開頭已在悄悄滑出你的記憶邊緣。想要把夢抓住，每一秒都很重要。

尼布甲尼撒在西元前六〇三年的那一夜，必然充分感受到這一點。卡爾金斯在一八九三年急著伸手取火柴時，也經驗到這一點。那些在睡眠實驗室裡，身上的管線與腦波儀相連的做夢者，情況也完全雷同。德蒙特與沃佩爾特發現，如果讓他們的實驗參與者花幾秒鐘做點別的事——重新整理棉被或是喝口水——夢中的一切就會半點不留。(35)

第三章　困在當下的人——只有三十秒記憶的亨利．莫萊森（H．M）

二〇〇八年十二月二日傍晚，亨利．古斯塔夫．莫萊森嚥下最後一口氣。他的死算不上出乎意料。他當時八十二歲，已經有段時間健康狀況不佳，骨質疏鬆症讓他無法走路，甚至也無法站立，這是他從十六歲起開始服用的抗癲癇藥物造成的副作用。他倚靠輪椅在康乃狄克州哈特福老人之家的走廊間移動。從一九八〇年代中期開始，這裡就是他的家。睡眠呼吸中止症干擾了他的睡眠。他患有脾臟腫大，必須服用超過十幾種藥物，一長列的病痛清單中最近又加上了呼吸困難。他終身未婚，只有一個遠房的姪子，病榻前沒有親近的家屬陪侍在旁。他逝世於下午五點五分，紀錄上的死因是呼吸衰竭。

在他過世之前的幾個小時，老人之家的員工陸續打了幾通重要的電話。其中一通是打給美洲大陸另一邊的加州大學神經解剖學家暨腦部觀測站負責人雅各布．安內瑟（Jacopo Annese）。二〇〇六年，他曾經從加州聖地牙哥到這裡來拜訪莫萊森。[1]在這名老人的死亡將至之際，安內瑟再次搭飛機來到東岸。他抵達時，莫萊森剛剛過世。第二通電話是打給兩百公里外的麻省理工學院神經心理學家蘇珊．柯爾金（Suzanne Corkin），她安排對死者遺體進行磁振造影掃描。死亡證明簽署之後，後續工作馬不停蹄地進行。幾個小時後，莫萊森的遺體已經送入麻省理工學院的掃描儀。他的腦部最後一次進行造影，接下來，它被從頭顱中取出，準備送往腦部觀測站。之後，它被切成二千四百零一個切片，每個切片都予以攝影並數位化，成為一具虛擬的大腦，供研究目的在線上讀取。(2)

為什麼要對一個因服藥而受損的老人大腦如此大費周章？亨利・莫萊森究竟是何方神聖？

H・M對腦科學研究的貢獻

在他死亡前，他的全名一直是受到嚴加保守的祕密，死後也可能很快就被人遺忘。不過，亨利・莫萊森姓名的字首縮寫H・M，已經深深刻印在神經科學界集體記憶中超過半個世紀。發表於一九五七年，報導關於奪走他記憶的災難式腦部手術的論文，到今天都還是神經學刊物中最常被引用的文章之一。(3)

H・M的故事，被收入數以百計的神經學教科書和神經心理學的介紹中，講述它的方式幾乎千篇一律。故事開始於一九五三年夏天，當時二十七歲的H・M被送入哈特福醫院。他飽受嚴重的癲癇發作症狀所苦，而且發作頻率越來越密集。他的情況已被確認無法以藥物控制，外科醫師提議進行手術，移除腦部左右半腦各一部分，希望能消除他癲癇的病灶。

手術的重點主要在海馬迴。它是存在左、右半腦的成對器官，位於顳葉的內側，形狀像隻海馬（這也是它名稱的由來），而且對電擊刺激非常敏感。H・M在手術後，癲癇的症狀確實減輕了，但是不久後，他為此付出的代價就清楚浮現。他有一部分的過去被從記憶中抹去，比這還更嚴重的是，他再也無法形成新的記憶。這是一種被稱為「順行性遺忘」（anterograde amnesia）的記憶喪失。

對於H．M來說，這固然是一場悲劇，故事到此卻尚未結束。它代表了神經心理學向前邁進的重要一步。阿茲海默症與柯沙可夫症候群也會造成記憶喪失，但是它們影響的是整個腦部，因此無法讓我們確認特定的記憶程序是在腦部的哪個部位上運作。而外在因素導致的創傷，例如子彈造成的槍傷，在影響大腦內層區域時，必然也會傷害到較靠近表面的區域。H．M的出現，讓我們得以知道海馬迴——也就是他腦部兩半邊都被移除的部分——是儲存新記憶的重要關鍵。研究也發現，記憶並非儲存於海馬迴本身，因為H．M仍然能提取某些「舊的」記憶。他能回想起這些舊的記憶，說明了記憶的重現靠的是不同於儲存記憶的其他神經元機制。

這麼多年來，H．M一直是醫學界所知最純粹的順行性遺忘案例。麻省理工學院的研究人員定期帶他到實驗室參與實驗，對於記憶過程在神經元的重現提供了一系列新的洞見。所有人都形容亨利是友善而合作的人，他總是樂於參與實驗，或是讓自己受損的腦部接受一個又一個新造像技術的掃描。最近如二〇〇四年，當時已年近八十的他，仍很樂意讓自己被送入掃描儀。(4)醫學期刊《柳葉刀》（*The Lancet*）在他逝世的紀念專文上，總結了他五十五年的貢獻：約有一百名研究者曾進行以他為對象的實驗，他的姓名字首縮寫出現在將近一萬兩千篇科學論文上。(5)

這些論文不論留了多少篇幅呈現H．M的故事，有些元素固定會一再出現：一九五三年令人束手無策的癲癇症、一名勇敢的外科醫生、一次實驗性的手術，以及一名「癲癇症或多或少得到改善」的病患，他合作的態度讓腦科學向前邁出了好幾大步。不過，關於H．M的命運，其實還有另一個截然不同的故事。

被腰斬的人生

莫萊森罹患順行性遺忘症這件事，不表示他在手術前的記憶沒有受到影響。手術前幾個月的記憶已完全消失，連他最摯愛的叔叔在一九五〇年過世的記憶也被抹去。更早之前的回憶——他的學校生活、假日打工、童年——也很快就變成殘破的片段，無法黏合為完整的故事。或者，更正確的說法是，就只發生了這些事：一再重複的那些軼事，一次又一次重述的情節。手術之後，舊的記憶仍持續出現，但莫萊森完全不察自己在十五分鐘前或甚至前一刻，已經和某人分享過同樣的這段往事。這是隨著時間過去而不斷縮減的記憶庫。和莫萊森互動，需要極大的耐心。

到了一九九〇年代初期，當醫學記者菲利浦·席爾茲（Philip Hilts）為了寫一本關於莫萊森的書，開始搜集傳記資料時，他的祖父母、父母、姑姑和叔父、伯父等長輩都已不在人世。席爾茲只好退而求其次，尋求採訪其他認識他的人、案例歷史中的紀錄，以及莫萊森本人保有的極模糊記憶。當時他已年約六十五歲。(6) 幾乎沒有太多的照片，沒有家人的相關文件或其他任何有助他回想過去的事物。席爾茲勉強判斷出亨利生於一九二六年二月二十六日，成長於哈特福和附近的鄉間。他童年時經常從事戶外活動：釣魚、在當地的水庫裡游泳，還有最重要的是打獵。終其一生，他對槍械始終懷著熱情。至於他的其他嗜好，我們知道的是他喜歡玩填字遊戲、聽約翰·菲利浦·蘇沙

二十一歲時的亨利·莫萊森。

（John Philip Sousa）的進行曲。

莫萊森的父親是一名電工，這也是他小時候期盼從事的工作。然而，在他十五歲生日當天外出返家途中，他坐在父親駕駛的雪芙蘭汽車副駕駛座上，經歷了第一次癲癇症發作。此後，發作情況變得越來越嚴重，頻率也越來越頻繁。它改變的不只是亨利一個人的未來。他的父親，一開始非常擔心，稍後轉為失望，最後變得充滿怨忿，不滿這樣的事為何發生在他的獨子身上，於是開始疏遠家人並且酗酒。亨利不得不放棄成為電工的計畫，因為他的症狀連讓他站在梯子上工作都太過危險。他完成了中學學業，卻不能上講台領取證書，因為學校職員擔心他會突然癲癇發作。結束學校生活後，他只能從事最簡單的工作，在一間地毯工廠和打字機工廠的生產線上工作。

到了一九五三年夏天，他的癲癇症已經惡化到一天大約有十次的「小發作」，每個星期會有一次嚴重發作。即使最強劑量的抗癲癇藥物，也無法防範它的侵襲。亨利與母親一起來到哈特福醫院，尋求專家提供減除他病痛的方法。兩名外科醫師在醫院開了聯合門診。其中一位是班．惠特肯（Ben Whitcomb），專長是癲癇的外科治療，但是幫亨利看診的是另一位醫師：威廉．史克威爾（William Scoville）。或許，亨利是在最不湊巧的時刻與史克威爾相遇。

用外科手術解決精神病徵

史克威爾在與亨利和他母親的對談中（亨利的父親並未陪同），提出了「實驗性」的手術建議。他心裡想的是類似葡萄牙腦科醫師埃加斯．莫尼茲（Egas Moniz）發明的新技術。莫尼茲以該技術獲得一九四九年的諾貝爾醫學獎，並將這套自己發明的手術稱為「前額葉白質切除術」（prefrontal leucotomy），「leuco」是白色，「tomy」則是切除的意思。這個手術刻意損壞腦部左、右兩邊前額葉中的白質，它主要是由神經纖維組成的組織，位於腦部表面灰質，也就是大腦皮質之下。這套手術可以在許多文獻紀錄上看到，個中細節直到今天仍令人震驚。(7)

莫尼茲的第一次手術進行於一九三五年，病患是一名患有憂鬱和妄想症的六十三歲婦女。在局部麻醉後，她腦部兩邊前額葉上方的頭骨被鑽了小洞，莫尼茲的助手——當年莫尼茲已經六十歲，並飽受痛風之苦，因此必須由其他人替他操刀——從兩個洞各插入一根針，將純酒精注入白質。手術後，這名女性被送回精神科病房。

莫尼茲這個手術的構想，來自他幾個月前在倫敦參加的一場會議。當時耶魯大學的神經學家卡萊爾．賈可布森（Carlyle Jacobsen）與約翰．富頓（John F. Fulton），報告了他們為兩頭雌性黑猩猩摘除部分額葉之後的發現。它會導致嚴重的學習失調。賈可布森又附帶提到，他們注意到其中一頭黑猩猩也在行為上出現改變。手術前，牠經常出現暴怒和恐懼的情形，不願進入接受實驗的房間。手術後，牠接受實驗時變得順從，甚至顯得歡樂。

報告結束後，莫尼茲起身詢問這個部位的手術對身處焦慮狀態的人是否會有幫助。(8)當他回到里斯本，他設計了一套手術計畫，目的不是要移除前額葉，而是破壞前額葉，使它失去一部分影響大腦其他部位的能力。用注射酒精來破壞組織的手法，不久後改為採用腦白質切除器（leucotome）。透過這個工具，可以有效切除腦部深處的連結，又不至於對大腦皮質造成太多損害。

這套手術背後的理論，說起來非常簡單。莫尼茲相信，導致精神問題的病態思考程序，已被牢牢鎖在大腦白質裡，而這種「固著」的問題無法透過治療或藥物來矯正。不論病理上的本質為何——不論是上癮、憂鬱、偏執、妄想、幻覺、強迫症——只有從根本上打斷神經元的迴路，才能真正解決問題。手術會有何效果，事先並未進行過動物試驗。手術中會一次同時破壞兩邊的腦。長期後遺症的系統性評估也沒有進行，但它毫無疑問會帶來一些後遺症，因為手術後病患明顯變得冷漠、遲緩、失去方向感。莫尼茲宣稱，手術後或許會在短期內觀察到這類的作用，但一切很快就會恢復正常。

莫尼茲沒有靜待手術結果的證明。他在兩個月內，進行了二十次手術，寫出他最早的論文。一年半後，他已經在六個國家發表了十二篇論文，使他成為一個希望透過外科手術解決精神問題的計畫核心人物。莫尼茲把此計畫命名為「心理外科手術」（psychosurgery）。

腦葉切除術：美國版

許多國家的腦外科醫師將腦白質切除術加入了他們的醫療項目。這種粗暴干預方式，沒有太多令人信服的理論來佐證。它之所以會快速流行，無疑是因為人們不滿意既有的療法。精神分析對於最嚴重的失調症幾乎毫無效用，而在心理藥物學（psychopharmacology）尚未出現之前，對於躁動、攻擊型，或是有自殺傾向的病患，除了關起來、綁縛、讓他們昏睡，或是以過量胰島素讓他們昏迷之外，幾乎別無他法。

腦白質切除術是一套實際而廉價的技術，而且很快就能學會。它在美國尤其盛行，由在華盛頓執業的神經學家華特．弗里曼（Walter Freeman）領導，掀起了一陣心理外科手術風潮。(9) 弗里曼也參加了那場啟發莫尼茲的倫敦會議，並且於一九三六年春天閱讀了莫尼茲描述手術結果的早期論文。他立刻訂了兩個腦白質切除器。暑假過後，他對一個同時有憂鬱和躁動症狀的病患進行了他的第一次手術。他對病患的左、右半腦同時進行手術，至少切割了六處。手術之後，弗里曼問了這名女病患幾個問題：

「妳快樂嗎？」

「是的。」

「妳還記得妳來的時候很生氣嗎？」

「沒錯，我很生氣。不是嗎？」

「那是為了什麼？」

「我不知道。我好像忘了。現在覺得不重要了。」(10)

弗里曼將這個手術重新命名為「腦葉切除術」（lobotomy），因為他相信手術切斷的不只是白質裡的神經管道，也包括額葉實際的神經細胞。弗里曼就像莫尼茲——後者這時正在將簽有他名字的腦白質切除術論文送到華盛頓——也想對盡可能更多的病患施行手術，希望取得足夠的案例，以便他在醫學會議上發表論文。他採用局部麻醉，如此一來，他的病患可以在手術時保持意識清醒。他們被要求哼唱歌曲，或是從一百開始倒數，每一次念出七個數字。他的最佳成果是，他一一切斷病患的神經連結，一直到病患的焦慮感突然消失，變為昏沉欲睡的漠不關心，然後他就可以收工，開始縫合病患頭部的開口。

一九三六年的聖誕夜，弗里曼進行了他的第十五次手術，手術完成後，他卻得出門去找病人。原來，這個手術的病患是個酗酒者，手術完回到病房後，就換了衣服，在包著紗布的頭上戴了頂帽子，到醫院附近的酒吧小酌。這個事件清楚說明了：弗里曼和莫尼茲一樣，在判斷腦葉切除手術有助於哪些人時抱持著一種寬鬆的態度。它本來的目的是要治療憂鬱症、焦慮症、思覺失調，或是強迫症的病患，但是在弗里曼看來，適用對象也包括酒精或賭博成癮的人和同性戀。

幾年後，心理外科手術這個興起的專業，發展出許多不同方式的腦葉切除手術。弗里曼自己最終選擇的是「眼窩底切法」（orbital undercutting）。在這套程序中，他使用雙刃窄刀，從眼球上方緊貼著額葉下的洞，穿過眼窩、鑽入頭骨，然後像雨刷一樣開始來回移動。手術在腦部的兩邊同時進行——反對這種手術法的人，稱它為「冰錐手術」——效果和使用鑽子或腦白質切除器這類比較侵入式的手術相同，好處是它在一般的綜合性醫院就可以進行。弗里曼以這個特別的技術，在全美國各地進行示範手術。

一九四九年，更費工夫卻更精準的手術版本出現了。它是在眼窩上方的頭骨鑽洞，外科醫師從這個洞插入一個形狀像鉗子的工具，目的是要撐開額葉的腦迴之間的空間。接下來，利用一根銀製的吸管就可以將更深處的腦質吸出。開發這項技術的人，是哈特福醫院的執業醫師威廉·史克威爾。他是弗里曼的熱忱追隨者。(11)

病患與醫師的初相遇

史克威爾本來想當個汽車修理工，但他的父親堅持要他習醫。(12)他一生都對跑車抱著狂熱，特別是紅色的積架跑車。從事外科醫師工作讓他最有歸屬感的地方，在於技術方面的領域。他開發出一些工具，並採用脊椎骨折的新技術手術。他的同事班．惠特肯形容他，「厭惡法條和規定」。一九四〇年代末期，外科醫師史克威爾開始醉心於心理手術。短短幾年內，對於被診斷為精神分裂症、神經疾病、躁鬱症和精神病的病患，他已經施行過好幾百次手術。一九五三年夏天，當亨利．莫萊森走入史克威爾的診療室、彬彬有禮地自我介紹時，史克威爾的狀態其實和發明「前額葉白質切除術」的腦科醫師莫尼茲不相上下。

不過，莫萊森有什麼好擔心的？他會到這裡來，是因為癲癇帶來的病痛，而腦葉切除術是用來治療精神疾病，並非神經系統的失調。問題是，當時腦葉切除術已經被用在精神疾病以外，例如慢性疼痛的治療。然而，更不妙的是當時心理外科手術領域普遍抱持的態度。有些精神科醫師似乎很理所當然地將他們的病患當成「實驗性」手術的候選人。這些手術會同時在兩邊的腦上進行，而且施行的病患為數相對眾多。他們也不等待這項新手術會造成什麼長期作用的文獻紀錄出現。這些以腦白質切除器或手術刀進行的手術是在「盲目」中進行，因為我們很難斷定腦部確切受損的部位何在。此外，關於大腦各部位負責何種功能的理論也尚未出現。前額葉當時仍屬未知的新領域，外科醫師進入這些部位，有如探險家展開發現之旅。

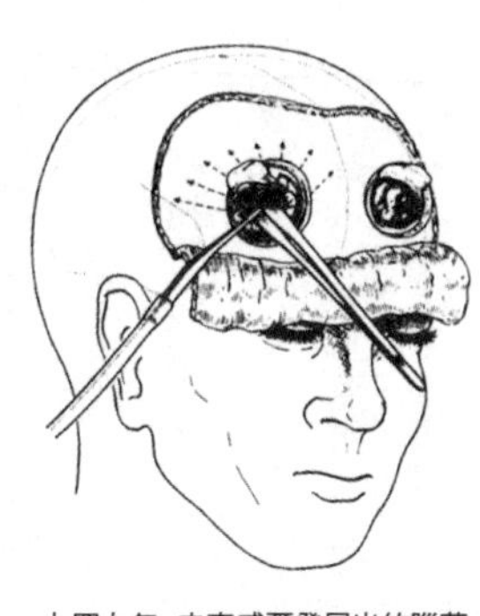

一九四九年，史克威爾發展出的腦葉切除術，以一根銀製的吸管插入前額葉的腦迴之間，用吸管將腦質吸出。在一九五三年對H．M進行的手術中，他運用了大致相同的技術，取出腦部更內層的部分顳葉。

並非所有腦外科醫師都像弗里曼和他的追隨者這般莽撞——腦葉切除術始終遭到一些神經學家的強烈反對——問題是，沒有任何既有的機制可以禁止醫師施行特定類型的外科手術。同僚之間既不能監督，也沒有義務去檢查他們的方法或結果。與史克威爾聯合執業的惠特肯本身是癲癇症的專家，雖然他建議亨利不要進行手術，但這不會對結果帶來任何改變。就算史克威爾本身並不厭惡規定，他還是有可能進行手術，因為實際上根本就**沒有**任何規範。

亨利的時運不濟，不光是幫他看診的人是史克威爾而非惠特肯。到了一九五〇年代初期，全美國已經進行過上萬次的腦葉切除手術，其巨大且持久的副作用已經對病患的家庭醫師與親人造成衝擊。手術導致病患冷漠和缺乏動機，生理上的副作用也同樣嚴重，有時甚至會致命，包括：癲癇、出血和感染。這促使史克威爾將對腦部的關注重點移往前額葉的後面，也就是顳葉。他猜想，移除或是破壞這裡的大腦邊緣系統（limbic system），對於有精神問題或神經問題的病患應該有正面效用。

一九五三年十月中，史克威爾送到《神經外科期刊》（*Journal of Neurosurgery*）的一篇論文裡，寫到他對腦部這個部位的切斷與阻絕連結，已經取得良好的成果，手術有時涉及移除兩邊半腦相當大部分的邊緣系統。遺憾的是，手術病患中有兩個人出現了「非常嚴重的近期記憶喪失。」[13]其中一人是四十七歲、原來擔任醫師的Ｄ．Ｃ，因偏執型精神分裂症而就醫。另一位就是Ｈ．Ｍ。

改變人生的手術

那篇論文送出的六個星期前，亨利在局部麻醉的情況下，接受了手術。手術的程序與史克威爾在一九四九年發展出來的腦葉切除技術非常類似。首先，史克威爾將亨利前額的皮膚切開並往下拉，覆蓋到眼睛的一半。接著，他用一把鑿子（「花一美元就可以在五金行或汽車零件供應店買到」，他在手術的筆記上這麼寫著）在亨利的眼窩上方鑽兩個洞，洞口直徑略大於三公分。[14]他從這兩個洞插入金屬刮刀作為撬開前額葉的槓桿，因此造成的凹陷在半世紀後的斷層掃描中仍清晰可見。如此一來，手術的準備工作算是完成了。

史克威爾在刮刀底下插入銀製吸管，把吸管推入直抵顳葉的內層，開始吸出大約八公分範圍內的組織。吸管中抽出了大部分的邊緣系統，包括整個杏仁核（amygdala）和大部分的海馬迴。現在，亨利的腦部兩邊各有一個大洞。史克威爾用金屬縫釘在兩個洞留下記號，記錄手術的X光片中清楚可見痕跡。

我們從稍後的一些論文中，知道史克威爾此後又進行了多次同樣的手術，幾乎每一次都是在腦的兩邊同時進行。我們不應粉飾這種粗暴——而且完全錯誤——的手術。(15)一些較具治療癲癇手術經驗的醫師，針對史克威爾同時在兩邊半腦進行手術這件事特別提出了批評。他們認為史克威爾應該採取較保守的做法，一次只進行一邊的手術，尤其是這類手術用史克威爾本人的話來說，還是屬於「完全實驗性的」。其他同樣的手術沒被診斷出順行性遺忘的後遺症，或許是因為大部分病患有其他嚴重的障礙，以至於他們記憶喪失的問題根本沒被注意到。但亨利的智力在平均值以上，而且沒有精神失調的問題。

順帶一提，在這個階段，史克威爾對於亨利災難式的記憶喪失似乎不甚在意，有可能是他認為記憶會隨著時間自我回復。在一篇論文中，他記錄了自己替兩百三十名病患——多數為精神分裂症患者——進行各種干預顳葉的不同手術，當中他只略微帶到亨利的這個狀況。那些手術案例中，有半數病患的情況出現改善。對於憂鬱症與精神疾病的患者來說，他的「底切法」成效良好。

史克威爾以幾個振奮心理外科手術前景的觀點為論文作結。他提到大腦邊緣系統的研究，未來或許可以讓選擇性的電擊療法應用在下視丘（hypothalamus），如此一來，最終將得以把精神分析逐出

科學領域。而且，以手術切除大腦部分區域，或許可以「提高所有痙攣症的門檻，因此將不再需要抗痙攣藥物。」(16)

然而，情況恰好相反。幾年之內，抗癲癇藥物效用的提升，使得以手術干預的方式成了非主流。在一九五三年到史克威爾的診療室看診或許是最壞的時機。如果早個幾年，亨利應該「只有」進行一般的腦葉切除手術。或是晚個幾年，他應該就有藥物可以服用。不論哪一種情況，都可以保住他的記憶。

以H．M為名的後半生

人生已經完了，但生命還沒結束，會是什麼樣子？

首先，亨利回到家。他遭遇到的障礙，已清楚顯現全貌，除了最親的家人以外，他再也認不得任何人。只要不被中途打斷，他還可以做一些簡單的事。但是如果他在除草時，有人叫他進屋片刻，他就會忘記處理剩下的草地。他記不住東西放在哪裡，即使它們一直放在原位。他明白有些事情非常不對勁。就像其他許多同類型記憶喪失的人一樣，他把自己的情況比喻為從沉睡中剛醒來的朦朧狀態。大腦正常無損的我們，感受到的頂多是兩、三秒鐘的迷糊不清，馬上可以重新掌握過去的記憶、未來的計畫。對亨利而言，卻是永遠的困惑，前方是一片空白、令人畏懼的一天，過去則是模糊不安的空無。他剛剛有沒有做了什麼不得體的事？會不會他剛剛說了「住嘴」，甚至罵了髒話？

一九五六年，莫萊森一家人搬家了，新屋和原本的舊家在同一條街上。從此之後，亨利再也不能自己外出，因為他記不起新家的地址，總是回到老家。如此嚴重的失調症，使他再也不可能結交朋友。

當初他只有癲癇症的時候，醫生已經告訴過他，最好不要娶妻生子。手術之後，亨利對這種事似乎更是完全失去興趣。他在家時，任何人都可以進到他家，即使是完全不認識的陌生人也不例外，因為他太客氣拘謹，不想讓別人知道自己認不出他們。他的臥室逐漸變得像一個凍結時間的膠囊，裡頭的物品、報紙、海報，都從他年輕時的一九四〇年代一直保留到現在。

亨利離開醫院時，史克威爾注明他的狀況為「已改善」，但這顯然只是指他癲癇症的部分。幾個月之後，亨利記憶喪失的情況仍不見好轉，史克威爾打電話給蒙特婁神經學研究院的神經外科醫師韋爾德．潘菲德（Wilder Penfield），他在手術治療癲癇方面有非常豐富的經驗。潘菲德對於史克威爾為亨利所做的腦部手術非常不以為然。[17]但他也明白，這個腦部損傷的案例必然有醫學教育的功能，尤其是這名病患沒有精神失調的問題，而且智力似乎沒有受損。

潘菲德帶著助手布蘭達．米納爾（Brenda Milner）來哈特福了解病人的情況。諸多神經學家和神經心理學家都藉由與亨利進行實驗，建立了自己學術地位，米納爾是當中的第一人。〈雙邊海馬迴切除後的近期記憶喪失〉（Loss of recent memory after bilateral hippocampal lesions）這篇論文的發表——當它被引述時，通常標示為「史克威爾、米納爾合著（一九五七年）」——標誌著亨利以H．M為代稱的人生就此展開。

既正常，又不正常

一九五五年四月二十六日，米納爾第一次對亨利進行研究。被問到當天的日期時，H．M回答說今天是一九五三年三月。他說自己二十七歲，但實際上他已經二十九歲了。他完全不記得自己在進房間之前，剛與另一名神經學家說過話。進行智力測驗時，他在數學與邏輯方面的表現傑出。但是在測試他對故事的記憶時，表現得一塌糊塗，完全不記得故事裡發生了什麼事，甚至記不得剛才曾聽過故事。

米納爾也拜訪了當過醫師的D．C。他罹患精神分裂症，因為企圖謀殺自己妻子而被送進醫院。史克威爾同樣用銀吸管吸取了他腦部兩邊的海馬迴，米納爾研判他也有同樣的失調症狀，智力與語言能力仍正常，也還記得過去所學的醫學知識，卻對兩分鐘前發生過的事完全沒有記憶。他們要求他畫一頭大象，但他才畫完不久，就否認紙上的圖案是他畫的。他也不知道自己身在何處，但是他自己說這很正常，因為他昨天晚上才搬進來。D．C回答的當下，已經在醫院裡待了六個星期。由於他有精神上的失調症，因此無法適任實驗研究的工作。

在史克威爾和米納爾合著、第一篇以H．M為實驗對象的論文中，讀者可以察覺到這兩名作者對他的表現充滿了訝異之情，因為他的大腦雖然嚴重失調，以致無法形成新的記憶，在許多方面卻又完好無損。H．M的語意記憶（semantic memory）保留了下來，仍然保有他所用的詞彙，儘管那是他在一九五三年所使用的詞彙。對他而言，「太空人」（astronaut）仍叫做「火箭人」（rocketeer），也把拳王卡休斯．克雷（Cassius Clay，後來皈依伊斯蘭教，改名穆罕默德．阿里），誤認成另一名拳王喬．路易斯（Joe Louis）。他從來沒搞懂「教長」這個字[6]是什麼意思。

他的工作記憶仍可運作，這意味著他不需要放棄填字遊戲這個過去的嗜好。事實上，一直到即將離世之前，他仍對填字遊戲充滿熱情，每天要完成三、四份。在他過世前的最後論文當中，有一篇針對他完成的三百多份填字遊戲進行了分析。[(18)]心理學家經常會被問到填字遊戲是否有助記憶，這裡可以回答的是：即使你的記憶已經嚴重受損，你還是可以繼續不停地填下去。

對記憶分類的貢獻

拜H．M之賜，記憶心理學得以對記憶做出如今看來理所當然的明確分類，例如長期記憶和短期記憶的分野。按照心理學歷史學家柯特．丹吉格（Kurt Danziger）的解釋，一直到二十世紀後半，心理學家才開始做出這種記憶分類。[19]直到一九七〇年左右，一般大眾才開始熟悉這種區分法。

威廉．詹姆斯（William James）是一個特例，早在一八九〇年就區分了「主要」與「次要」的記憶。主要記憶實際上仍屬於意識的部分，由尚未脫離意識心智的感官與認知所組成。這一類記憶，構成了我們此刻正在經驗的知覺。詹姆斯認為只有次要記憶才是嚴格定義上的記憶，它製造出儲存在我們此刻意識之外的回憶。

這樣的區分，精確說明了H．M的問題出在哪裡。他仍能掌握發生在意識注意力之內的事物，因此可以針對各種不同主題進行連貫合理的對話。當被問到時間間隔多久時，只要那段間隔不超過二十秒，他也能像其他人一般作答。但是在這當下意識的注意力之外，他就無法分辨一分鐘和十五分鐘的差別，或是兩分鐘與一小時的差別。關鍵始終在於他的當下意識。如果某樣事物在片刻間溜出他的意識，例如有人改變談話的主題，或是走出房間幾秒鐘，他就無法再把它找回來。所有提供聯想的連結都消失了。

6　ayatollah，伊斯蘭教什葉派領導人的稱號之一，意為「真主的象徵」。一九七九年，什葉派宗教領袖柯梅尼（Ayatollah Ruhollah Khomeini）在伊朗發動伊斯蘭革命，令 ayatollah 一詞成為美國民眾熟知的新聞詞彙。

他的記憶永遠不再更新，因此在研究裡，他估算自己的年齡是「大約三十歲」，即使受訪當時他已年近六十。一離開鏡子，他就會忘了鏡中自己年歲增長的模樣。一九八二年時，他無法辨認出自己一九六六年過四十歲生日時拍的照片。(20)他無法將任何通過主要記憶的事物移轉到次要記憶去。

對於短期與長期記憶的區分，或許沒有人比H．M作出更多的貢獻。他的失調症證明，海馬迴具有掌握信息並轉送到腦部其他更永久儲存部位的重要功能。在他腦部受損前就已儲存的一些東西，可以藉短期記憶重新找回，因此他偶爾可以討論他年輕時代的狩獵旅行。不過，這種單行道似的記憶，也意味著他不會記得自己剛才已經說過這個故事。

手術後的最初幾年，人們認為他在長期與短期記憶之間受到的阻絕，會使所有信息都受到影響。不過，一九六二年，米納爾提出一個重要發現。健康的實驗參與者在經過幾堂課的練習之後，可以學會如何畫出鏡像，例如被要求必須看著鏡子畫出在兩個平行線之間的一顆星星。米爾納對H．M進行這項實驗，很驚訝地發現，H．M的學習曲線與健康人士並無二致。他的表現和其他人一樣好，唯一差別是他忘了自己學過這項新技能。當時還是米納爾學生的柯爾金，在幾年後證實了其他運動技能的實驗也有相同結果。H．M學會這些技能，卻不記得學習的課程。(21)他也忘了是誰教他的。經過長達四十年的定期會面後，柯爾金對H．M而言，仍只是個模模糊糊好像認得的人。當被問到她是誰時，亨利的回答是：「唔，應該是我的中學同學，我們一起讀東哈特福中學？」(22)

類似鏡描這一類的技能，被歸類為「程序性記憶」（procedural memory），我們將如何騎腳踏車、游泳這一類知識儲存在其中。H．M的案例清楚說明，這類記憶即使在自傳式記憶受到干擾時，仍可正常運作。雖然學習的記憶消失了，但如何去做的程序和步驟的記憶仍在。

空空如也，又富饒多產

同樣的情況，也出現在區別顯性和隱性記憶的任務中。米納爾、柯爾金，以及麻省理工學院的研究者漢斯－盧卡斯・圖博（Hans-Lukas Teuber）展示一張有部分缺漏的圖片給H・M看，要求他說出畫中的內容。當他看不出來，他們就逐漸補上原本缺漏的部分，直到他能辨識出畫中的主題為止。幾天後，當他們再重複這個實驗時，H・M可以很快就辨識出圖畫中的內容。(23)這再一次說明了，似乎有某些東西存入他的記憶中，儘管他否認自己曾經看過這些圖片。

H・M大部分的行為和經驗，有點像柯沙可夫症候群的患者。他「舊的」記憶逐漸萎縮，變成無止境的重複，而且故事的數目越來越有限。他會對前一刻經過的事隱約有些不安，卻沒人可以給他寬慰。跟許多柯沙可夫症候群的患者一樣，他會試著填補記憶裡的空缺。在他參與的最後幾次研究中，有一次某人問他眼鏡去哪兒了，H・M說在老人之家被偷了。事實上，他在幾年前接受了雷射手術，所以根本不再需要眼鏡。

即使是會深深刻印在一般人記憶裡的事件，在短短幾分鐘內，也會從H・M的記憶中抹去。在圖博開車接他進行一系列新實驗的幾天之後，有一天他們前方的車輛在大雨中打滑側翻。圖博趕緊下車查看這輛外觀已經凹陷的車子。車裡的一對母女飽受驚嚇，但並無大礙。警方在不久後趕到，側翻的車子被翻正，因淋雨而全身濕透的圖博也回到車上，和H・M待在車內。他們熱烈討論了這起車禍一陣子後，才繼續上路。十五分鐘後，圖博問H・M知不知道為什麼他會全身濕透。「因為你剛下車去跟別人問路。」H・M回答。(24)

對亨利・莫萊森來說，他這一生走過的歲月，既是空空如也，又是富饒多產。他的父親在一九六六年過世，母親則一直在家裡照顧他，直到一九八〇年以九十五歲高齡過世為止。最後，亨利搬進了老人之家，與另一名病患共用一個房間，中間以一片布簾隔開。

他在自己不知情的狀況下，也同樣對史克威爾的生涯作出重大貢獻。H・M成為越來越知名的神經學案例，讓史克威爾經常受邀針對手術與術後結果進行第一手報告。他有一篇論文的開頭是「我受邀對H・M進行簡單陳述，這位年輕人已成為記憶的心理生理學著名案例。」(25)

史克威爾並未因為亨利災難式的手術而名聲受損，其他數十位接受類似手術的默默無名病患更沒能對他造成任何影響。他繼續享受執業生涯的光彩，獲頒一個榮譽博士學位，並見證了一個為了表彰他而以他的姓名命名的神經學教授職位。神經外科學會的網站上，記載他是至少二十五個美國與其他海外地區神經學學會的榮譽會員或會長。一九八四年二月，他死於一場車禍中。

不在卻又無不在的大腦

每個時代，在處理神經學的寶藏上都有些不同的慣例。在哈佛大學的華倫解剖學博物館（Warren Anatomical Museum）裡，有個紀念鐵路工人菲尼斯・蓋吉（Phineas Gage）的展館。一八四八年，他在一場爆破意外中被鐵棍貫穿頭顱，幸運存活後，成了前額葉功能相關理論的活見證。他的頭骨與鐵棍是展館中最主要的展示品。

罹患失語症的補鞋匠路易・勒博涅（Louis Victor Leborgne），暱稱「談先生」7。一八六一年，他的左側前額葉出現損傷，讓法國醫師保羅・布若卡（Paul Broca）得以確認出腦部的「布若卡區」8。在巴黎的迪皮特朗博物館（Musée Dupuytren），勒博涅浸泡在酒精裡的大腦，讓他的生命得以不朽。

亨利．莫萊森的大腦則是不在卻又無不在。二〇〇九年二月十六日，從波士頓飛往聖地牙哥的班機上，雅各布．安內瑟坐在一個占據靠窗位置的塑膠盒旁，以免任何人和它錯身而過。(26)這個塑膠盒抵達大腦觀測站後，裡頭珍貴的內容物浸泡在明膠中幾個月，以使它在深度冷凍前先硬化。二〇〇九年十二月二日，距離亨利過世剛好一年，他的腦部接受了第二次、也是最後一次的手術。

這段持續五十三小時的過程，被透過網路播放。安內瑟和他的助理用切片機（microtome）垂直從與額頭平面平行的方向，由前而後依序將腦部切成二千四百零一片超薄的切片。切片的厚度為七十微米（千分之七公分）。二〇一〇年夏天，這些切片進行了尼氏染色（Nissl staining）的程序，以使細胞結構更加清晰可辨。此後，它們被逐一掃描，集合各測量數據成為視覺的圖像，轉化為一具虛擬的大腦，供人在網路上查詢。

安內瑟把這個計畫比喻為神經科學的「Google 地球」；從腦的各區到神經元，任何研究者都可以拉近放大到所需的細微程度。另一方面，他在訪問中曾提到，造訪其網站的訪客可能會希望拉近放大觀看亨利的「人生」。「我是用一種浪漫的角度看待它，覺得自己是在寫一本傳記。透過將他的腦部切片，並研究這些給予他生命體驗的細胞結構，我們將重訪他的人生。」(27)

比較沒那麼浪漫的問題是：安內瑟是如何取得亨利的腦？是誰允許他將大腦移取、切片，並且放上網路？柯爾金在二〇〇二年報告過，表示H．M已經同意她的要求，在死後捐出他的大腦供科學目的運用。(28)他的法定監護人，也就是那位遠房的姪子，也已經在同意書上簽名。一年後，柯爾金聽說

7　Monsieur Tan，因為他的語言功能喪失，只能發出單音節的「tan」。
8　Broca's area，主管語言訊息的處理、話語的產生。

安內瑟已經拿得補助金，以打造處理大腦和切片的設備，使他的實驗室成為最適合安置大腦的地點。

將亨利的大腦依照程序送往聖地牙哥的計畫，應該早在二〇〇六年便已經底定，因為那年夏天，安內瑟來到哈特福跟這位慷慨捐贈自己大腦的人共進了午餐。在加州，迎接亨利大腦的氣氛猶如一場慶功宴。一名同事對安內瑟高明的操作手法表達與有榮焉的驕傲：「安內瑟看到有研究機會就去努力爭取——簡直就是神不知鬼不覺。」[29]安內瑟有信心亨利的大腦能夠吸引其他捐贈者。樂於捐贈器官作科學研究的人，往往會對捐出自己的腦稍有猶豫。「我們對H．M大腦的處理方式，將會讓其他人更願意把案例託付給我們。讓你的腦變成這間圖書館裡的一本書，應該是一件美好的事。」[30]

捐贈大腦的意義

對於安內瑟亟欲推進的這門科學，亨利的大腦究竟能提供多少貢獻，其實仍有待討論。出現在網路上的，雖然是極為先進的虛擬模型，但是說到底，它畢竟只是個年邁、受損的大腦。早在一九九二年，核磁共振造影掃描就已經判讀出造成他記憶失調的腦部損傷確切位置。後來在聖地牙哥做出的新造影和切片則讓我們更清楚看到，海馬迴被切除的部分比史克威爾當初的圖示還多出許多。

亨利的大腦在聖地牙哥其實是為了不同的目的所用。大腦觀測站網頁的首頁上，可以看到一個邀請你點擊的連結：「幫助H．M計畫」。它會導引你進入一張有三個選項的俐落清單，讓你可以很輕鬆地有所付出。接著，第二個步驟開始，是關於切片的染色與掃描。這個時候，你可以捐出五十美元來贊助放置這些大腦切片的載玻璃（點擊「贊助載玻璃片」）。[31]

十九世紀時，不需要對蓋吉或是談先生尋求任何同意書。他們的頭骨和大腦直接被取來，並公開展示。亨利．莫萊森的大腦捐贈有經過正式的請求許可，柯爾金也確信他本人有意識地同意捐出自己的大腦。她的書上寫著：「他想要幫助其他人的願望將會被實現。」[32]不過，對一個一直忘記自己在做什麼的人來說，在你完成請求的動作後，他甚至已經忘了事情是如何起頭的。這樣的同意書到底有什麼價值？對於一個僅殘存少許過去記憶的人而言，「網際網路」或「線上」這類詞彙又有什麼意義？

可以確定的是，在虛擬實境的資料之外，H．M的生命會以其他形式存續下去。柯爾金在她的著作《永遠的現在式》（*The Permanent Present Tense*）中，將她與H．M在科學實驗中、私下相處間的互動，編織成一部記錄過去六十年來記憶神經心理學發展的精彩歷史。[33]她同時扮演研究者與守門員，其他科學家與H．M接觸前，都必須經過她的嚴格審查。她的回憶錄將改編成一部電影；電影版權已賣給製片人史考特．魯丁（Scott Rudin）與哥倫比亞電影公司，上映日期尚未公布。

第四章　忘記臉孔的人

想像一下，你現在正在電影院的售票口排隊，排在你後面的女子看起來好像有點眼熟。她友善地對你點頭。你在些許遲疑下，也對她回禮，同時在腦海中努力回想。她到底是誰？電影演到一半時，你突然想起來了。她是經常為你服務的麵包店店員。真尷尬，因為你多年來每個星期至少和她見面兩次。

我們一旦離開平常熟悉的背景環境，要把人認出來有時不是很容易。類似這樣的經驗，其實說明了一個顯而易見的事實。每次你看著那名女子，請她幫忙把全麥麵包切片，但你對她的臉孔的注意程度，遠比你想像中還要少，畢竟她的長相跟你在電影院排隊買票時看到的應該一模一樣才對。這麼說來，我們真的能肯定我們主要是靠臉孔來認人嗎？

有個一般稱為「臉盲症」的神經學問題，會讓人無法記得人們的臉孔。患者甚至無法認出天天和他們互動往來的人，比如同事或室友——當然，這裡指的是靠臉認不出來。大部分時候，有這種失調症的人都能正確認出他們認識的人，但他們依靠的線索是一般人在潛意識中才會使用的，例如服裝、髮型、聲音，或是在某個特定環境下應該會遇上某人的這類資訊，就好像憑著畫框來辨認一幅畫一樣。

也許一直以來都有人無法辨識臉孔。不過，這種失調症正式確認的時間，只能追溯到一九四七年。而且它和許多神經學上的發現一樣，是第二次世界大戰導致的後果。

二戰的腦損傷案例：士兵S

二次大戰期間，德國西南部大後方的小鎮溫南登（Winnenden）設立了收容腦部受損傷患的診療所。大部分病患是從前線戰場直接被送過來，可能是頭部受到槍傷，或是被砲彈碎片擊中。他們抵達診療所時，往往子彈或金屬碎片都還留在頭部。

這批人當中，有一位代號S的二十四歲的士兵。一九四四年三月十八日，他被砲彈炸傷。手術紀錄顯示，已經從他的腦中取出分別有五十芬尼硬幣[9]和五馬克硬幣大小的金屬碎片，所在位置大約與耳朵同高，有些骨頭碎片進入了後腦的枕葉（occipital lobe）。他的腦部兩邊都受到嚴重傷害。

士兵S由神經學家約希姆．博達默（Joachim Bodamer）負責治療。博達默很清楚在前線的生活狀況，因為他自己也曾在德軍對俄國、法國的前線軍醫院服役。他在溫南登處理的那些病患中，有時要待上幾個月、甚至幾年才能順利出院，讓他有機會觀察他們的長期進展。

就大多數病例而言，損傷的部分多半已無能為力。博達默主要處理的是腦部損傷導致的失調症與障礙。這包括了一長串以字母 a 開頭的神經系統問題清單：amnesia（失憶）、aphasia（失語）、agnosia（失認）、alexia（失讀）、agraphia（失寫）。戰爭結束兩年後，他發表了三個軍人罹患失調症的案例，這些案例在過去神經學教科書上從未被提及：他們都喪失了辨識臉孔的能力。(1)他將這個

9　德國舊幣值單位，一〇〇芬尼等於一馬克。

失調症命名為「prosopagnosia」（臉盲症，又譯「臉孔失認症」），字源來自希臘文prosopon，（臉孔），以及agnosia（認知喪失）。當中最重要的案例是「士兵S」。

認不出自己的臉

博達默關於士兵S的報告，是觀察力與利用有限資源進行實驗的傑出典範。一開始引發其研究動機的，必然是這個失調症特有的選擇性。病患的專注力、智力與動作技能（motor skill）都沒有出現明顯的問題。他的記憶力完好，因此無法從臉孔辨認出認識的人，顯然不是源自記憶的缺失。這個失調症主要影響的是他的視覺。

在士兵S的眼中，所有事物都是黑白的，「就像在電影裡一樣」。(2)他仍記得顏色，甚至會夢到彩色的夢，但是每一次醒來，就失望地發現自己又回到沉悶、灰暗的世界。這種情況再也不會改變。他可以辨認出腦部受傷前就認得的東西，卻無法將新的物件銘記在腦中。他很難將各個細部組成整體的印象。他可以在一張加油站的照片中，認出往來的汽車、行人、招牌，卻無法理解那些顧客到底在做什麼。他看電影時，只能認真地聽旁白來理解劇情。當他欣賞一部介紹博登湖（Bodensee）上一座小島的鄉村生活電影時，因為全片只有音樂配樂，導致他完全無法了解電影的內容。

博達默確信自己發現的是一種新的失調症，靠的是連士兵S自己也幾乎沒有察覺的一些症狀。士兵S很快就發展出補償性的技巧和策略，也因此幾乎未察覺自己已無法依據臉孔來認人。一直等到博達默對他進行一連串的測試後，才清楚看出他的失調症全貌。

士兵S會把臉孔看成臉孔，所以他對於分辨個別的構成元素並沒有障礙。他分得出鼻子、眼睛與臉上的皺紋，問題在於他缺乏把它們湊在一起、認知個別臉孔特有形貌的能力。他甚至能夠觀察出表情的變化，只是無法解讀出它們的意義，所以無法看出某人是正在生氣或是微笑。

有一天，博達默讓他坐在一面鏡子前面。士兵S一開始以為那是一幅畫，但他很快就發現自己的錯誤，也明白看著他的那張面孔必然是自己的臉。他專注盯著鏡子裡的影像很長一段時間，卻仍無法辨認出來。幾個月後，鏡子中的臉孔對他而言依舊陌生。他說，如果他對著鏡子看得夠久，好像可以對自己臉孔產生模糊的回憶。

博達默要求病房裡的其他人與士兵S一起站在鏡子前面，接下來，他要求士兵S講話或大笑，其他人則保持靜止不動。即使在這種情況下，他還是無法從眾人之中分辨出自己的臉。

博達默有一次來看他時，帶了一幅杜勒（Albrecht Dürer）的畫作。那是一名頭戴絨帽、穿毛皮外套的老人肖像。士兵S看出這是一張臉，指出鼻子和眼睛的位置，但是他無法辨別畫中的人究竟是男是女、是老是少。博達默告訴他，這是一個戴絨帽的老人肖像。幾天之後，他又拿同一幅畫給士兵S看，這次士兵S立刻答出來：「前幾天看過的戴著絨帽的老人。」當博達默問他如何得知的，士兵S指指他的帽子。他對於畫中的臉孔沒有絲毫的記憶。再下一次的訪問時，博達默又一次帶著這幅畫，這次他把帽子與外套的部分遮住。士兵S說，他從沒見過這張臉孔。(3)

詭異的失調

士兵S的失調症很詭異，他仍記得父母與姊妹的臉孔，但是當他們去探望他時，他還是認不出來。與他住在同一間病房好幾個月的病友，對他而言依然陌生。他是藉由鼻梁上的眼鏡，辨認出每天巡視病房的醫師。如果醫師把眼鏡取下，士兵S就無法從眾人中找出他。

博達默發現，這些情況同樣也出現在他對動物形貌的記憶。當他拿一張長毛狗的照片給士兵S看，他會說那是一個人，「只是頭髮長得很好笑。」即使後來博達默告訴他那是一隻狗，他還是看不出來：「看起來還是沒什麼不同，但它有可能是一隻狗。它看起來很好笑。」(4)博達默和他一起翻閱一整本都是動物的攝影集，結果士兵S認不出任何一張。真實生活中的情況一樣好不到哪兒去。有一天，他站在一頭佩帶索具拉車的動物前面好一陣子，無法判斷牠到底是牛還是馬。直到他轉到動物的側邊，才看出這是一匹馬。

對自己的殘障，士兵S應付得相當好。他在日常生活中幾乎不會認錯人——只不過他採用的是臉孔之外的特徵。他最重要的線索有時是人們的穿著，有時是眼鏡或髮型，但主要還是依靠說話的聲音，或是個人會發出的獨特聲響。他這方面的能力後來發展得極為嫻熟。從大廳的腳步聲、甚至是門把轉動的方式，他就可以認出是誰走進房裡。不過，有些意外的事件讓他痛苦地了解到自己的問題。當他獲准外出離開醫院時，他有一次在街上迎面遇到了母親，卻沒有認出她。

博達默的紀錄中，另一個讓人遺憾的後遺症是，由於士兵S再也無法理解面部的表情，因此他的臉上也不再有表情。他有著一成不變、冰冷的神情，這似乎暗示了導致表情生成的神經元機制，和理解表情意義的機制是同一套。即使是風景也一樣。受傷之前，士兵S是個熱愛大自然的人，如今大自然也失去它們的表情。對他而言，再也沒有所謂可愛或可憎的風景。

博達默認為，臉盲症必然是非常獨特的腦部損傷所造成，而損傷的位置在枕葉。士兵S的一些自我觀察，讓博達默作出這個結論。有幾次，士兵S視野中的物體輪廓開始出現顫抖和閃動，持續大約十分鐘左右。所有東西彷彿都在震動。博達默對這種現象非常熟悉，這是癲癇患者後腦部出現放電時會有的現象。他從文獻中知道，這個情況在實驗中以電極刺激枕葉表面時也會出現。奇怪的是，在士兵S的案例裡，臉孔的輪廓不會出現這類的顫動。

另一項指出這是極為獨特的腦部損傷類型的證據，來自士兵S另一次獲准外出時的不幸意外。按照規定，他外出時必須向軍方單位報告。當他去報告時，因為沒有向一名軍官敬禮而遭到斥責。他向軍官道歉，說明自己是因為腦部受傷，但這名軍官對他的解釋並不滿意。雙方一陣爭執後，士兵S變得非常激動。事件經過十五分鐘後，突然間，在士兵S眼中，他身邊所有人的臉孔都變成一片雪白。這些臉龐失去所有反差，眼睛和鼻孔成了白色背景下深深的黑洞。但當時他看到的其他物件，卻沒有任何改變。

綜合這兩個觀察結果，說明了所謂的雙分離現象（double dissociation）：一種功能受到損害，另一個功能則依舊完好，反之亦然。在神經學上，這是說明功能獨立性的常見論點，代表每個功能在大腦中有它「自己的」基質（substrate）。

「你是卡爾嗎？」

博達默在他的論文裡，後續補充了另外兩個臉盲症的病例，一個是在東普魯士前線受傷的中尉A，另一個是在諾曼第被砲彈碎片擊中後腦的下士B。中尉A和士兵S一樣，可以從人們在走廊上走路的腳步聲，辨認出不同的人。他和士兵S一樣，會專注看著鏡子裡的映像，卻看不出自己在哪裡。他和士兵S一樣，也是被實驗的對象，讓人得以一窺復健診所中的生活面貌。

護士長說，她嚴重懷疑中尉A是否真的認不出臉孔，因為他每次見到她都會打招呼，即使雙方隔著大老遠也不例外。博達默為此做了實驗。他請護士長與病房另一位護士靜靜站在中尉A面前。這兩位女性長得完全不一樣，而且年齡相差了二十歲。中尉A來回仔細端詳兩個人幾分鐘，還是無法判斷哪一個是護士長。這個護士長最後忍不住笑了出來，中尉A看到她潔白的美齒，終於認出她來，實驗這才宣告結束。

不過，換成是自己的老婆時，情況又是如何呢？中尉A自然認定自己可以認出來。接下來就是新的實驗。博達默請中尉A的妻子穿上護士的服裝，找了幾位身高大致相同的護士，請她們在中尉A面前站成一列。中尉A徐徐走過這些沉默、眼睛直視前方的女性面前，仔細研究她們的面孔，但是當他走過妻子面前時，完全沒有辨識出來。他往回走觀察了第二次，還是沒有在妻子前停下腳步。最後，他是從眼角餘光，在她眼中看出一種模糊的熟悉感。

博達默查閱的文獻中，有幾個病患無法辨識面孔，但他們同時也有一些其他的問題。有些人無法辨識物體，或是有記憶失調的症狀。有一名女子無法分辨自己的女兒和女傭，儘管女兒的身高比女傭高了一個頭。她只能靠聲音分辨自己的丈夫，因此必須對房間裡的男士逐一詢問「你是卡爾嗎？」[5]博達默認為他自己的病患案例的特別之處在於，他們唯一不正常的只有這個特定的失調，而非無法辨識型態或記憶力喪失這種更廣泛的失能。

博達默對士兵S、中尉A和下士B的記錄，是他對神經科學文獻所作的最後貢獻。除了習醫，他同時也追隨雅斯培（Karl Jasper）研究哲學。他學術生涯的後半段，主要在鑽研有存在主義傾向的技術哲學（philosophy of technology）。一九八五年，博達默辭世，享壽七十五歲。

臉盲：錯把太太當帽子

同一年，奧立佛・薩克斯（Oliver Sacks）出版了《錯把太太當帽子的人》（*The Man Who Mistook His Wife for a Hat*）這本書。（6）書名源自作者與一名音樂學家暨音樂學校教師「皮博士」（Dr P.）相處下得到的經驗。皮博士已經無法從臉孔認出他的學生，但只要他們一說話或是開口唱歌，他就立刻能知道誰是誰。他與薩克斯進行完第一次訪談後，他沒有拿起自己的帽子，反倒是抓住妻子的頭，想把它放到自己的頭上。「他太太對這種事好像已經習以為常。」（7）

在一篇後記裡，薩克斯提到，他一直到完成了這本書，才發現這個案例並非獨一無二，才知道許多人都有這種失調症，被記錄在各種不同語言的文獻中，而且這個失調症還有一個名稱。連薩克斯這樣一名訓練有素且經驗豐富的神經學家，都沒有聽過「臉盲症」這個名稱。這說明了博達默的研究已經淡出神經學的集體記憶。

任何人只要願意翻查早期的文獻，就可以找出幾十個相關的案例研究。不過，它們是以多種語言寫成的，學者彼此間也鮮少交換研究心得。德國作者引述德文的資料，法國的科學家則只用法文，雖然有瑞士的研究者偶然會同時引述德國和法國科學家的研究，但這些研究論文幾乎都沒有傳到英語系國家研究者的手中。如今，這種情況已有所改變。基本上，目前所有的研究都是以英文發表。近年來唯一必列在參考書目中的德文資料，就是博達默寫於一九四七年的〈臉盲症〉（Die Prosopagnosie）。

現在我們很清楚，博達默從一開始就明白，這是一個在極早期便已出現問題的發展過程，「忘記」臉孔是它的最終結果。他的病患們忘了臉孔，不同於一般人忘了某人名字或某件事的情況。問題在於，臉孔從未進入他們的記憶之中。根本沒有東西可以讓他們從記憶中召喚。博達默也明白，這種缺陷與眼睛或視覺神經無關。它必須回推到大腦，在那個負責把視覺刺激整合為形態（pattern）、並將它跟在記憶深處與形態相關的認知連結起來的區域。它的腦損傷部位，在於顳葉或枕葉。這麼說來，目前通行的「臉盲」（face blind）一詞或許是一種誤導：我們是用眼睛去「看」，但是要靠後腦才能把看到的臉「認出來」。

愛麗絲與矮胖子

臉盲症有兩種主要形式，區別在於視覺刺激處理出錯的階段不一樣。「統覺性臉孔失認症」（apperceptive prosopagnosia）的病患，喪失將臉部各個元素統合的能力。這是面部辨識過程中的「早期」缺陷。有這種失調症的病患，無法看出兩張照片裡的臉孔是否為同一張臉。和皮博士一樣，士兵S與A中尉罹患的必然也是統覺性臉孔失認症。

相反的，「聯想性臉孔失認症」（associative prosopagnosia）的病患，可以從不同照片中看出它們是否是同一張臉，卻無法把這臉孔與他們記憶中所知的臉孔，以及對這個人的相關認知連結在一起。熟悉的面孔並未從他們的記憶裡消失，只是他們無法從記憶裡召喚回想出來。

病患與他們認識的人在日常互動時，這兩種失調症表現出來的是相同情況。

英國神經學家拉納（A. J. Larner）從路易斯．卡羅（Lewis Carroll）一八七一年所寫的《愛麗絲鏡中奇遇》中，愛麗絲與矮胖子[10]會面的那段情節，看出了第二種面部辨識能力失能的初期症狀。[8]

愛麗絲與矮胖子進行一段不太愉快的對話後，她覺得自己該走了。

於是她站起身，伸出手。「再會了，有機會下次見！」她盡可能展現出愉快的口氣。「如果我們真的再見到面，我應該也不會認得妳。」矮胖子用不太滿意的口氣回答，伸出一根手指頭和她握手。「妳和其他人長得一模一樣。」

「通常是看臉來分辨的。」愛麗絲若有所思地說。

「這就是我要抱怨的。」矮胖子說。「妳的臉就長得跟所有人一樣——兩個眼睛——這麼的——」（他用大拇指在空中比畫它們的位置）「鼻子在中間，嘴巴在下面。總是都長這樣。假如說，妳的兩個眼睛都長在鼻子的同一邊——或是嘴巴長在上面——那也許還**有點**幫助。」

這裡，我們看到一顆蛋在抱怨所有人類的臉孔彼此有多麼相像。

許多年來，臉盲症一直被視為是一種後天的失調症，因為意外——例如中風、腦部缺氧，或是像皮博士一樣，在診斷中發現腫瘤——導致腦部受損而造成的。不過，一九七六年之後，逐漸有一些病例出爐，有些臉盲症的人完全診察不出腦部受損的跡象，也有人從小就有無法辨識臉孔的問題。

先天性臉孔失認症

過去十年來的研究，讓我們得以理解，這種失調症也有先天的形式，被稱為「發展性臉孔失認症」（developmental prosopagnosia）。由於它是與生俱來的問題，因此往往未被注意，甚至連孩子本身也

10　Humpty Dumpty，英國童謠裡長像蛋形的角色，也有譯「蛋頭先生」。

沒有察覺。通常是發生了一些意外事件，才讓缺乏面部辨識能力的問題曝光。

例如，一名五歲男童在托兒所裡咬了經常欺負他的另一名男童，不過，當他受到托兒所教職員的責罰時，他卻無法肯定自己咬的是否就時常欺負他的人。又或是，一名六歲女童在熱鬧的商店裡和母親走散了，開始問每一個路過身邊的女性是否是她的母親。

二〇〇三年，一篇論文總結了目前的最新研究，將發展性臉孔失認症形容為「相當罕見的情況」。[9]依目前估計，大約有百分之二的人對面孔辨識有困難，達到需接受臉盲症診療的程度。網際網路在此扮演了重要角色。美國哈佛大學與英國倫敦學院大學共同架設了這個主題的相關網站（www.faceblind.org），從發現自己有類似症狀的人當中，搜集到出乎預期數量的回應。研究人員與這些人聯繫，並從研究中發現：許多發展性臉孔失認症的案例，他們的其他家族成員也有同樣的問題。這顯示可能有遺傳因素會選擇性地阻斷臉部的記憶。[10]

發展性臉孔失認症或許有助於釐清幾個關於自閉症的面向，因為被診斷具有自閉症的人，也有辨識面孔的問題，並且會用較不尋常的方式觀察人臉。[11]兩者彼此相關是毋庸置疑的，問題是：究竟是什麼樣的關聯？是否自閉症的兒童有辨識面孔的問題，因此缺乏重要的社交聯繫工具，以至於更加重他們自閉症的情況？抑或是反過來，因為他們社會取向（social orientation）的缺乏，以至於他們在面部辨識能力關鍵期受到的刺激不足，所以無法順利發展？

對於可以正常辨識面孔的人來說，很難想像沒有這種能力的人的世界。我們在一定的程度上會自動記住人的面孔。它發生在無意識中，而且由於它的機能如此強大，幾乎每個人都可以毫不費力就看出畫家朱佩賽・阿爾欽博多（Guiseppe Arcimboldo, c. 1527-93）著名畫作中的臉孔，儘管在這幅畫裡，圖書館員的臉是由書本所組成，臉孔則是用蔬菜、水果或魚拼湊而成。患有臉盲症的人，看到這類的畫像是全然無能為力，只能看出一堆草莓、蘋果和成串的葡萄。

不過，阿爾欽博多還有一幅畫名為《蔬菜的畫像》（*Portrait with Vegetables*），又名《蔬果商》（*The Green Grocer*），可以讓毫無辨識面孔困難的人，體驗一下具有這種能力障礙的人的世界。我們在當中看到裝滿了洋蔥、胡蘿蔔、其他根莖蔬果和菜葉的大碗。不論我們注視這幅畫多久，也看不出其中的臉孔。我們經歷了暫時性的臉盲。而當我們把這幅畫上下反轉，圖中的臉孔就會立刻浮現。

鮮為人知的困擾

認不得臉孔，或者說，「忘記了」認識的臉孔（在旁觀者看來是如此），對一個人的社交生活可能產生深遠的影響。臉盲症不像色盲或是讀寫障礙那麼廣為人知，因此當尷尬的狀況出現時，通常無法靠簡單說明這種失調症就能順利化解。在與這些病患的訪談過程中發現，他們的狀況迫使他們在日常生活中作出調整。(12)

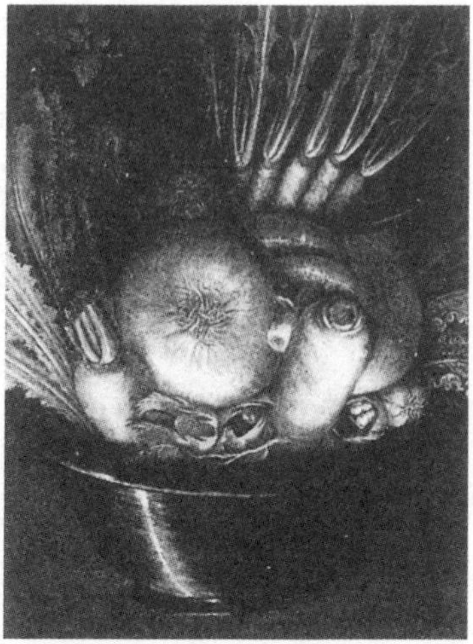

朱佩賽·阿爾欽博多，《蔬菜的畫像》（又名《蔬果商》），約一五九〇年。

他們需要面對 的風險是，可能會對著熟識的同事自我介紹，或是加入了一群陌生人的團體，只因為誤認他們是熟人。有些人在人群中會驚慌失措，擔心自己會與同行的夥伴走失，而且無法再把他們找回來。也有人提到了擔心自己到幼兒園裡會接錯孩子，把別人的小孩接回家。跟某個認識的人擦肩而過卻沒有打招呼，則會被解讀為冷漠或是傲慢。

大部分有臉盲症的人都發展出一套技巧，以避免發生類似的結果。有些人走在街上時，會避免與人有視線接觸。有些人在必要情況下，會對每個人都熱情打招呼。有時，他們會交代伴侶在遇到任何熟人時，要馬上說出對方的名字。有這類情況的人往往會避開社交的場合，因為他們覺得害羞和缺乏安全感。我們無從得知這是他們個性上的特質，還是過往經驗所導致的結果。

我們目前對於這種臉盲的症狀仍無能為力，既沒有治療的方法，也沒有藥物可用。專家們多半會建議病患，把重點放在處理它帶來的後果，因為許多人傾向不想讓別人知道自己的狀況，但這只會讓事情變得更糟。

第一個被記錄在醫學文獻上的臉盲症病例是在一八四四年，由家庭醫師亞瑟．威根（Arthur Wigan）所記錄。他建議病人公開自己的狀況，相信朋友和家人會對自己展現體諒。[13]到目前為止，這仍是最好的建議。

第五章　記憶開始走下坡，然後墮入深淵

人們之所以記住阿茲海默（Alois Alzheimer, 1864-1915）與柯沙可夫這兩人，都是因為他們的姓氏被冠在嚴重的記憶失調症上，其中又以神經病理學家阿茲海默較為知名。

一九〇六年，阿茲海默描述自己曾在法蘭克福的醫學機構中照顧過一位女性，她在過去幾年中，已經忘了所有自己經歷過的事。這位女士過世後，阿茲海默在她的腦部發現蛋白質沉澱物阻斷了腦細胞之間的溝通，並因此造成她出現記憶失調症。如今，所有失智症的案例中，有四分之三都與阿茲海默症有關。關於阿茲海默的傳記，也有多本著作出版。(1)

柯沙可夫則較少為人知，直到今天尚未有關於他的傳記出現，一般大眾對他的認識，也僅限於認定以其姓氏命名的失調症是由酒精中毒所引發。然而，這一點其實並非完全正確。(2)

一八五四年，謝爾蓋．柯沙可夫出生於俄羅斯的古西赫魯斯塔利內（Gus-Khrustalny）。他在醫學院畢業之後，專研神經學與精神病學，最後成為莫斯科一家精神科醫院院長。一八八七年，他以酒精中毒對心理與生理影響的研究，獲得博士學位。之後幾年，他同時在俄文、德文與法文期刊上，針對他稱為「多發性神經炎精神症」（polyneuritic psychosis）的主題發表了論文。

柯沙可夫症候群

polyneuritic 這個字的意思是多重性的神經發炎，名詞為「多發性神經炎」（polyneuritis），psychosis 則是指病患的急性精神錯亂（confusion）與定向力障礙（disorientation）。這種失調症至少在初期階段，會伴隨著「假性回憶」（pseudo-reminiscence）。病患會編造各種經驗，並認定它們確實發生過。這種虛構記憶的「虛談」（confabulation）現象，至今仍是柯沙可夫症候群最鮮明的特色。柯沙可夫症候群的神經受損表現方式，可能有複視（double vision）、步伐不穩、抽筋、麻痺，以及反射損傷。這些身體方面的症狀，有時可能會讓一些同時出現的心理缺陷被忽略，其中包括對最近發生的事完全喪失回想能力。這個病症往往以一次重大發作為開端：

柯沙可夫（一八五四～一九〇〇）。

病患無法讓自己擺脫強迫性的焦慮思緒。他覺得某件可怕的事即將發生——可能是死亡，或是某種疾病突然發作，或是他自己也不清楚的事情。他很害怕獨處，不斷要求別人陪在身旁。他發出呻吟，悲嘆抱怨自己的命運。他有時會出現瘋狂吼叫、歇斯底里般的發作。在這段期間，病人會出現反覆無常、怒罵周遭的人、朝家人丟東西、捶打胸口等行徑。

激動的狀況在夜間特別嚴重；病患經常徹

夜不眠，並擾亂其他人的睡眠；他們會出現不斷呼叫別人幫忙、命令某個人陪伴自己、幫他們調整位置或是取悅他們之類的狀況。(3)

當激動的情緒稍退，病患恢復了自制力。他們可以重新整理思緒，一會兒後，進入寡言冷漠的狀態。有時候他們會覺得一切正常，記憶力卻無法回復。他們對於發作後所發生的事，似乎不存在任何記憶。

問題不在酒精本身

一八四九年，瑞典醫師馬格努斯·胡斯（Magnus Huss）提出「酒精中毒」這個說法。就柯沙可夫所言，胡斯觀察到長期酒精濫用與記憶失調症之間的關聯。但根據柯沙可夫自己的研究，沒有酒精中毒病史的人也可能出現同樣的症狀。

柯沙可夫記述了一些因為傷寒、肺結核，或產褥熱所導致的神經損傷，以及因為砷、鉛、一氧化碳或穀物污染中毒所引發的病例，致病的原因顯然是某種物質進入血液中，造成了神經損害。一八九七年，在柯沙可夫主持的一場醫學會議中，他在柏林的同事佛萊德里希·裘里（Friedrich Jolly）提議，以柯沙可夫的姓氏為這個症候群命名。這個失調症僅限於對記憶的損害，關於它的成因問題則暫時不作結論，但所有醫師都認為，它應該是出於某種尚未查明的感染。

發現柯沙可夫症候群成因的過程是典型的意外。一八九〇年代，荷屬東印度地區發生了一場騷動，不論當地島民或荷蘭殖民者，罹患腳氣病（beriberi）的人數不斷增加，這種疾病造成的神經系統損傷與柯沙可夫描述的多發性神經炎一模一樣。它同樣會影響感官的認知，並造成肌肉無力，而且正在危害當地部隊的軍力。當局決定在巴達維亞[11]設立實驗室，由軍醫官克里斯提安．艾克曼（Christian Eijkman）負責主持。

艾克曼發現，實驗室裡供作實驗用的雞也全感染了腳氣病，不久後卻都康復了。他後來發現，原來是伙房新來的廚子覺得用煮過的白米餵雞過於浪費，所以改用當地的糙米來餵雞。進一步實驗後，艾克曼發現，雞會生病不是因為白米內含的東西，而是因為白米缺少某種物質。這種物質顯然在稻穀脫殼的過程中，被一併除去了。腳氣病不是傳染病，而是一種營養缺乏症。此一論點在控制組的實驗之後——這次的實驗對象是監獄裡的爪哇人——得到醫學界的證實。

一九一一年，波蘭生理學家卡西米爾．方克（Casimir Funk）成功抽離出用來治療鳥類多發性神經炎的物質：硫胺（thiamine）。一九三六年，人工合成的硫胺被成功開發出來，今天我們一般稱作維生素B1。

柯沙可夫的有生之年，未能看到這段發展。一九〇〇年，他死於心臟衰竭，僅享年四十六歲。不過，他已經指出腳氣病與「他的」症候群之間有所關連。實際上，它是長期缺乏維生素B1造成的結果，雖然往往是因為酒精中毒而發作，只是問題不在酒精本身，而是不正常的飲食習慣。如果連續六至七個星期完全沒有攝取維生素B1，就可能導致嚴重的記憶問題。

其他與酒精中毒完全不同的發作因素，也可能導致同樣的缺乏症。在文獻紀錄中，柯沙可夫症候群的症狀也曾出現在縮胃手術、厭食症、絕食與消化道疾病之後。這些案例都必須盡快為病患補充維生素B1。

雙向的記憶喪失

嚴格來說，柯沙可夫症候群病患所經歷的記憶喪失，有兩種截然不同的類型，差別在於時間行進的方向。「順行性遺忘」意味著病患無法銘記新的信息，記憶喪失的方向是往前進的：病患未來的所有經歷，都不會進入記憶中。相對之下，「逆行性遺忘」影響的是病患的過去，病患對於經歷過的事物不復記憶。這兩種遺忘的分界線，落在腦部損傷發生的那一刻，被遺忘的事物不是發生在腦傷發生之前，就是腦傷之後。

又或者是，兩種兼具。純粹的順行性或逆行性遺忘並不多見。不論是受傷或生病所造成的腦部損害，大部分多少都混雜兩種形式的失憶，有時是永久性的，有時只是暫時的。兩邊的腦都接受過強烈電擊治療的抑鬱症病患，對於銘記新的記憶往往會有問題，同時也可能喪失部分過去的記憶，有時可能影響及過去三、四年的記憶。

至於腦部損傷造成的記憶失調，往往也會朝時間的兩個方向進行。最常出現綜合兩種記憶喪失形式的主要病患族群，除了失智症患者，就是柯沙可夫症候群的病患了。在他們的日常生活中，順行性遺忘的情況會比較明顯。他們無法把自己剛剛經驗到的事、說過的話、做過的事儲存起來，以待稍後回憶，甚至連幾分鐘都不行，因此他們會不斷重複說同樣的故事，或問同樣的問題，或是認不出才離開一下子的人。

他們往往能還能保留對比較遙遠過去的記憶，因此仍記得高中學過的事，可以描述自己青少年時期的經驗，並保有自己專業的知識。他們似乎仍能掌握所有這一類事情，構成他們長篇故事的基礎，

11 Batavia，即今日的印尼雅加達。

而且通常是逐字逐句地重複，因此往往給人「出問題的只有罹患柯沙可夫症候群之後的記憶」這種印象。

病患的日常生活不只有受到無止盡的重複所影響。柯沙可夫診療過一名四十六歲的女子。她在傷寒治痊癒之後，留下嚴重的記憶失調症狀。她不只變得健忘，較早期的記憶也同樣受影響。柯沙可夫寫到，她的內心「被某種空虛盤據」。(4)

她患病後的第二年，這種空虛再度肆虐起來，不幸的是，這次並非記憶喪失的問題，而是「假性回憶」。她認定丈夫必然與城裡的一些女性有婚外情。柯沙可夫形容她的丈夫是位「稍有年歲、受人尊敬的醫生」，而且毫無值得懷疑的理由，她卻無論如何都無法被說服。她丈夫從她指控的一些細節推敲得出，他曾經跟太太提過自己認識的一名年輕單身漢的風流行徑，她卻將此轉化為對他的「記憶」。

不久後，這名女子開始「回憶」一些丈夫背叛她的其他事件。她描述的所有情境，都可以追溯到她讀過的小說情節。她的丈夫不知該怎麼辦，尤其是她除了這方面以外，其他的神智一切正常。問題在於，這名女子再也無法將她內心所想的連結到真實的來源。面對任何從她「記憶」中出現的事物，她都無能為力。

遺忘的時間梯度

要對柯沙可夫症候群病患的記憶進行實驗性研究，執行起來會很複雜。他們的症狀通常在長期酒精中毒之後才出現，因此酒精中毒的柯沙可夫症候群病患的實驗組，必須與酗酒但是沒有罹患柯沙可夫症候群的控制組進行比較。這樣的人選不少，只是要說服他們參與記憶實驗並不容易。

另一個問題在於，研究者對實驗對象過去的記憶所知有限。研究者可以嘗試評估實驗對象遺忘的程度和範圍，但是他們必須有相當程度地確定，那些似乎被病患忘記的事，在他們罹患柯沙可夫症候群之前真的仍存在記憶裡。

許多實驗採用的測試方式，是拿一些一九五〇年代、六〇年代或七〇年代知名人物的照片給這些人看，但是沒人可以確定實驗對象對一位明星的記憶，到底是來自五〇年代這個明星的電影上映時，還是一九七〇年代他的作品在電視上重播的時候。另外，完全認不出某人也不必然代表遺忘，有可能是實驗對象本身對電影就沒有特別感興趣。

順行性遺忘的研究則簡單許多。實驗者可以提供幾件需要記住的物件——一串單字、照片、一個故事——過一會兒後，再測試他們記住的東西有多少。即使病患記得的很少，實驗至少也提供了機會，來研究不同類型信息的記憶保存能力是否受損同樣嚴重。

心理學的頭號定律也適用於此：研究的數量與實驗的可行性成正比。相對於順行性遺忘的眾多實驗，逆行性遺忘的相關實驗非常少見。

但不論如何，也不是完全沒有人投入。除了辨識名人面孔之外，可以問的問題還包括重大的新聞事件、電視節目，以及眾所熟悉的嗓音。實驗結果顯示，柯沙可夫症候群的病患較善於重製「老」的記憶，而非較近期的事件，只是他們的記憶仍比控制組的表現要遜色許多。還有些時候，他們對遙遠過去的記憶看起來似乎完好無缺，但實際上大部分也已不復存在。

第二種實驗結果是，遺忘顯示出一種時間梯度（temporal gradient）。事件發生的時間距離目前越近，記憶消失的機會就越大。即使喪失記憶的時期涵蓋過去三十年，對於發生在三十年前與十年前的事，能夠記得的比例還是有明顯差異。

柯沙可夫症候群的病患，可以從照片中認出某個明星剛出道時的樣子，卻認不出他較晚期的模樣。他們也可以認出某個在四十年前走紅的名人，卻認不出十年前最紅的國際巨星。(5)這個梯度同時也同時意味著所謂記憶「缺口」（gap）的說法並不正確，除了或許可以這麼說：越是接近現在的時期，記憶的缺口就越來越多。

越近期的記憶越多缺口

造成柯沙可夫症候群病患遺忘的成因，目前已經有共識，就是硫胺（維生素B1）不足。酶對於腦細胞的葡萄糖代謝作用、維持細胞膜完整，以及包覆細胞突軸的髓鞘都非常重要，而它需要依賴硫胺。人體內絕大部分可用的硫胺幾乎都被腦部攝取，這代表供應一旦被阻斷，很快就會出現問題；刺激的傳導效率會降低，細胞組織開始退化，某些腦部結構明顯可見萎縮。磁振造影掃描顯示，海馬迴可能消失百分之十的容量。不過，仍然有許多有待解釋的部分。沒有記憶問題的酗酒者，也可能出現同樣的腦部異常，而海馬迴萎縮的作用也無法簡單話論斷。海馬迴牽涉到記憶的儲存，因此它的損壞或許可以解釋柯沙可夫症候群病患的順行性遺忘，但是重製早期記憶的實際工作，顯然未必需要完整健全的海馬迴。亨利．莫萊森的海馬迴大部分都被移除，他卻仍能回想起一些童年的記憶。

這個神經生理學理論引發了一個令人困惑的問題：為何是越近期的記憶越可能喪失？一度曾有人認為，有些呈現逆行性遺忘的情況，實際上是已經出現一段時間的順行性遺忘。(6)

酒精會影響神經組織，因此也會影響銘記記憶的能力。病患在柯沙可夫症候群急性階段之前的長期酒精中毒病史期間，也許記憶運作的表現就已經越來越差，因此多年後似乎開始出現缺口，但其實其記憶儲存的量早在不斷縮減。進行性的腦部損傷，或許可以解釋記憶的時間梯度。因此，後期發展出柯沙可夫症候群的酒精中毒者，也許不是事件從他們的記憶中被抹去，而是在過去這段時間裡，他們的記憶「被記錄下來的東西」已經越來越少。

P．Z教授的遺忘曲線

一九八〇年代初期，這個假說面臨了一位教授的考驗。他並非研究者，而是病患兼實驗參與者，以字首縮寫P．Z為代號來稱呼。(7)他出生於一九一六年，三十歲開始重度酗酒，但仍在某個科學領域取得卓越地位。他發表過數百篇論文和一些權威著作，擔任重要期刊的編輯委員、主辦研討會、教學、指導博士論文，並在世界各地發表演說。一九七九年，他出版了自傳。兩年後，六十五歲的他遭遇一次重大的發作，最終出現了急性記憶喪失，被診斷出罹患柯沙可夫症候群。他決定以自身的病例參與記憶研究。

試驗首先證實了原本便已極明顯的事實：P．Z罹患了順行性遺忘。他無法記憶「脖子和鹽」等這種成對出現的字串，也記不住數字組合或幾何圖案。逆行性遺忘的測試——辨識名人臉孔——也同樣顯示記憶遭受嚴重損害，儘管他還能回憶起幾個一九三〇年代和四〇年代的知名人物。

P．Z在科學領域的卓越地位與曾經出過自傳的事實，讓研究者得以開發一套針對他的測試。他們列了七十五位「知名科學家」的名單，這些人名大部分來自P．Z的自傳，包括他親近的同事、共同編輯、共同作者，以及一些他應該很熟悉的人。名單裡的人分成三類，依照他們作出最重要科學貢獻的時間分為一九六五年左右、之前、之後。

P・Z被要求根據每個名字說出這些人的專門領域與最重要的貢獻，研究者則依據他的答案給予〇、一、二的分數。比如，他知道某人的專業領域，但想不出他的研究貢獻為一分。一位與P・Z相同年紀的同事自願擔任控制組，接受相同的測驗。他也是卓越的科學家，但過去沒有酗酒史。如此一來可以清楚比較測試的結果。整體而言，雖然名單裡都是他赫赫有名的同儕，P・Z能記得的比控制組要少了許多。

對他而言，「一九六五年之後」這一組的人名幾乎不具任何意義，但「一九六五年之前」的人名他也忘了不少。但最令人不解的是，在他一九八一年病情發作之前，也不過短短幾年時間而已，他還能在自傳裡談論關於這些人的種種事情。

研究者根據他的這本自傳，又設計了一套測驗，觀察他對於與家人的共同經驗、學術研討會發生的事件、重大研究成果，以及出版的書籍還有多少記憶。測驗的結果可謂一目瞭然。

按照時間來區分——這次是根據他的年齡——正確答案的百分比呈現快速的衰退。即使是在他未滿十五歲前，記憶相對較不受影響的時期，他答對的比例也不到百分之七十。最大的轉折點出現在一九四〇年和五〇年之間，這時候P・Z是二十五到三十五歲，也是他開始重度酗酒的時候。他對這段時期的問題能回答正確答案的比例，只略微超過百分之四十而已。圖表上的最低點出現在一九六〇年。對於四十五歲到六十五歲這二十年間的事情，他一無所知。再提醒一次，測驗中提出的問題，是根據P・Z罹患柯沙可夫症候群之前沒幾年撰寫在書裡的內容。

一般以為，自傳性記憶受到如此嚴重損害的病人，其保存在語意記憶裡的專業知識仍能大致保存下來，這也促使研究人員對P．Z進行第三項（可能也是最讓人心碎的）實驗。他們從P．Z的論文與著作中，挑出三十五個學術專有名詞來要求他定義，並提供盡可能詳盡的說明和舉例。實驗的控制組也同樣接受了測驗。悲哀的是，一些過去P．Z曾經非常熟稔的術語，如今對他已不具任何意義。

P．Z的相關研究，為原本頗為簡化的兩種記憶類型區別——順行性遺忘和逆行性遺忘——導入一種較入微的觀點。他銘記新記憶的功能再也無法運作，提取過去記憶的功能也受到嚴重影響，雖然他的語意記憶比自傳性記憶還要好很多，但內容也大幅縮減。從最後一個試驗所顯示的結果來看，他恐怕無法通過自己論文研究的口試。

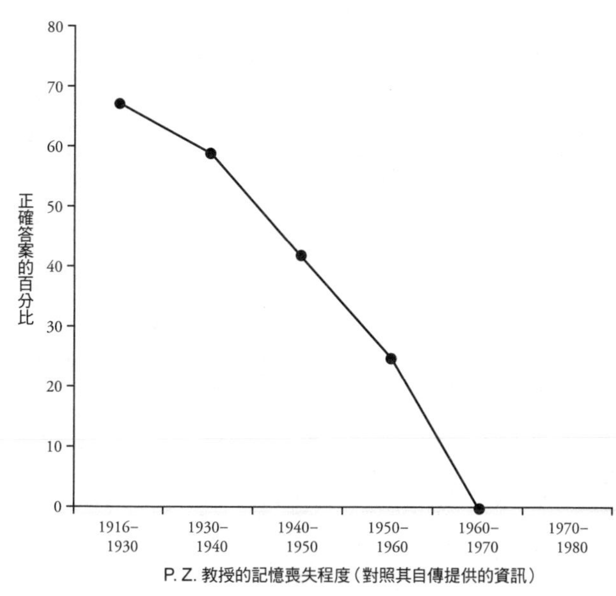

P. Z. 教授的記憶喪失程度（對照其自傳提供的資訊）

過去認為逆行性遺忘是未外顯的順行性遺忘，是長期酒精中毒以致記憶持續惡化的結果，如今這種觀點似乎有點站不住腳。P．Z的例子中，當然也存在著時間梯度，但是在確診的幾年之前，P．Z的記憶依舊可以提取無礙。一旦過了急性發作的臨界點，他的許多個記憶之門就同時關上。這正是柯沙可夫症候群如此棘手的原因。它一開始只是走下坡，接下來是直接墮入無底深淵。

克拉帕瑞德效應

對P．Z的相關實驗，完全專注在單一實驗對象上，這與柯沙可夫在一個世紀前所做的案例研究有些類似。他對病患背景進行深度研究，試圖準確說明病患究竟記住與忘記了哪些東西。柯沙可夫的觀察結果和在P．Z身上做的試驗一樣，都讓人不禁對順行性遺忘和逆行性遺忘的簡單劃分有所質疑。柯沙可夫的結論是，即使是銘記記憶的能力出現嚴重且明顯不可回復的損壞，這兩種記憶也絕未被完全摧毀。

當他去探視病患並詢問知不知道他是誰，病患會說不知道，但如果他到走廊上待幾分鐘後再回到房內，病患對待他的方式就不會像對待全然的陌生人一樣。經過幾次探視後，他不需要再跟病患解釋他是醫生，只是病患還是會堅持從來沒有見過他。顯然有些東西還是被儲存了下來，儘管不是存在病患可以有意識地去提取的記憶裡。

類似的觀察結果也在其他研究得到印證。在日內瓦的貝雷爾精神療養院（Asile Bel-Air），神經學家愛德華．克拉帕瑞德（Édouard Claparède）早期曾試圖針對這類「無意識記憶」提出實驗證據。

一九〇〇年，罹患柯沙可夫症候群的四十七歲女子被送到療養院，她仍記得許多早年習得的知識，比如一些歐洲國家的首都，但是她有嚴重的順行性遺忘。對她而言，每天照顧她的護士仍是陌生人（「女士，請問妳貴姓？」），照顧她好幾年的醫師也一樣。(8)

克拉帕瑞德忍不住想拿她宣稱自己不知道的事，與她實際上應該知道的事來比對一下。她說不出廁所在哪裡，前往廁所時卻不會出現遲疑；她說自己認不出療養院走廊和病房的位置，卻能毫無困難地在裡頭走動。在一次的日常探視中，克拉帕瑞德藏了一根圖釘在手中。他們握手時，女子被刺了一下，但是很快就忘了這件事。隔天早上，醫生再次對她伸出手，這次他手中沒有圖釘，她卻很快反射性地收回自己的手。問她為什麼不願意和醫生握手，她有些困惑地回答：「難道我沒有把手縮回來的權利嗎？」當克拉帕瑞德進一步詢問，她回答：

「會不會是因為你手裡藏了圖釘？」

「為什麼妳會懷疑我想用釘子扎妳？」

「我只是剛好想到而已，有些人會把圖釘藏在手裡。」(9)

她想都沒想過，自己閃過的念頭其實存在她的記憶裡。這個研究結果——經驗被儲存下來，儘管有時它會持續影響想法和經驗，卻無法從意識的心智中取得——後來就被稱為克拉帕瑞德效應（Claparède effect），是一九八五年被稱為「內隱記憶」（implicit memory）理論的一部分。(10)克拉帕瑞德的研究經過半世紀之後，對亨利・莫萊森進行的測試顯示，病患即使有嚴重的順行性遺忘，卻仍有可能學會一些技能。以H・M為例，他可以畫出鏡像，或是無意識地獲得關於人或地點的消息。同樣的，逆行性遺忘患者留存的記憶，可能比他能想起來的還多。這可以從一件因腦膜炎導致嚴重記憶喪失的警察病例中看出。(11)

他不記得在哪裡度蜜月，對自己三名子女的出生、他的職業、住過的房子、開的車子，以及對朋友的記憶也完全喪失。對於自己在軍中服役的過去，他只記得部隊曾駐紮在埃及，但不記得在那裡做過什麼、經驗過什麼事。基本上，腦膜炎已抹去他的所有記憶。當他要進行腦部磁振造影掃描時，克拉帕瑞德效應開始發揮作用。由於他開始驚慌地大叫，檢查被迫中止。後來他說，滑進隧道的感覺，「就像是進到金字塔。」(12)

在柯沙可夫的年代，自傳性記憶、語意記憶、克拉帕瑞德效應、內隱記憶這些術語都還沒有出現，但是日內瓦女子、亨利·莫萊森或是英國警察這些案例的研究發現，應該可以更強化他的信念：即使是損壞最嚴重的記憶，仍有些東西被保留下來，某些無法忘記、卻也無法記起來的事。

第六章　無意識的剽竊

一八六五年，儒勒・凡爾納（Jules Verne）的小說《從地球到月球》（*From the Earth to the Moon*）初版問世。故事裡，三名男子進入太空艙，利用史上最大的大砲把自己發射到月球。[1]太空艙裡的設備頗舒適，有躺椅，牆上有明亮的煤氣燈，還有可供他們暢飲幾個月的白蘭地。他們帶了兩隻獵犬同行，以便在月球上有不時之需。

不幸的是，其中一隻名叫「衛星」的狗，在發射過程中，頭部遭到意外撞擊，開始沒頭沒腦地嚎叫。第二早上，牠倒臥在地板上，已經死亡。真教人難過。但是該怎麼處理屍體呢？可不能打開艙門把它丟出去，因為他們不能讓空氣散逸出去。然而，一直和屍體待在一起也不是辦法。於是，他們決定冒險一試：由兩個人快速拉開地板上的艙口，第三個人趕緊把「衛星」送進太空墳場。

接下來的事超出他們的預期。幾天之後，其中一人望向窗外，驚恐地發現小狗還在。他們忘了，任何丟到太空中的東西，會繼續在你的身邊飄盪。然後，在極不走運的巧合下，死去的狗又從艙門飄了進來。

有些人就像那隻狗一樣。你在生命中將他們封鎖，希望再也不相見，不想再與他們有任何瓜葛，但是他們就是會以某個方式再度出現，永遠也擺脫不掉。

喬治・哈里遜剽竊事件

我好幾次想在文章裡使用狗在太空中飄浮的譬喻，但始終擺脫不掉自己可能已在某處看過這種說法的不安感。會不會是魯迪・高斯布魯克[12]的文章裡曾經用過？我始終沒有找到它曾經出現在任何地方。(2)但我真的很希望可以盡量避免剽竊，即使只是無心之過。

使用這個譬喻，可能讓我成為「潛隱記憶」這個奇特遺忘症下的受害者。潛隱記憶，是你從別人那裡聽到或讀到某個想法，事後再次想起完全相同的想法時，卻已經忘了這不是自己的點子。它指的是被隱藏的記憶。這其實是常見的現象。人們可能非常肯定自己想出了一個解決方案，但其實那是另一個同事以前在會議上提出來的。

「衛星」的遺體被投入太空墳場。

當一份整形手術期刊將早已是外科醫師訓練其中一環的內容當成「全新」技術來刊載，潛隱記憶當年曾是被提出的其中一種解釋。(3)日常中較常見到的例子，可能是你以為自己發明了新的雞尾酒調法、自創了某個雙關語，或是想出一套籃球訓練方法。(4)在職場上，如果我們會不時「想出」別人的好點子，可能會引發衝突。

潛隱記憶最著名的例子，和披頭四吉他手喬治・哈里遜（George Harrison）有關。一九六九年，他寫下《我至愛的上主》（*My Sweet Lord*）這首歌，在世界各地的排行榜上稱王。「亮音」唱片公司（Bright Tunes）隨後對他寄出存證信函，指出這首歌與一九六三年雪紡合唱團（The Chiffons）的冠軍歌曲《他好帥》（*He Is So Fine*）極為類似。亮音唱片指控哈里遜剽竊，認為這兩首歌的旋律基本上一模一樣。哈里遜承認自己聽過雪紡合唱團的這首歌，但是否認自己剽竊。

法院的法官——或許他對精神分析頗有涉獵——作出了判決，其遣詞用字為哈里遜保留了一些顏面。他說，這應該是「哈里遜先生剽竊了潛意識裡的記憶的無心之過」。[5]然而，不論有意或無意，剽竊就是剽竊。哈里遜被判支付超過五十萬美元的版權費。為了一勞永逸解決問題，哈里遜後來買下《他好帥》的版權。任何人在YouTube點選《他好帥》，都可以邊聽邊哼著《我至愛的上主》的歌詞而不覺得有違和感。

過去二十年來的心理學文獻中，潛隱記憶已經等同於「無意識剽竊」，但這會稍微造成誤導。無意識的剽竊或許是潛隱記憶造成的，但是兩者指的並非同一件事。將兩者畫上等號，其實對有豐富發展史的潛隱記憶不大公平。

靈媒的記憶

一九〇〇年左右曾出現一系列獨特的觀察與研究，想為這個主題找出解釋和一個適當名稱，其資料大部分搜集自靈媒的降靈會或臨終病人的病榻。

12 Rudy Kousbroek，荷蘭當代作家。

一八九四年十二月，日內瓦心理學教授提奧多・福魯諾（Théodore Flournoy）會見了絲綢店店員伊蓮娜・史密斯（Hélène Smith），她同時也是一位靈媒。福魯諾參加了一系列降靈會，希望找出靈媒接收和傳遞的訊息是否來自超自然。

在「附靈」的狀態下，這名女子談到自己在火星上的日子。她說起梵文，並用古法語跟來自瑪麗王后（Marie-Antounette）宮廷裡的人對話。有時候，在出神的狀態下，她會說出某個遺失物可以在哪裡找到。一九〇〇年，福魯諾發表他的研究報告，(6)也讓兩人原本友好的關係戛然而止。

福魯諾相信，靈媒揭示的所有話語都可以從心理歷程加以解釋，前提是她本身並非有意識地利用它們。毫無疑問，史密斯本人不是有心欺瞞或作假，只是她說的每一件事，來源都是她的大腦。

有一天，她弄丟了一枚她非常喜愛、有紀念價值的胸針，還在報紙的尋找失物欄刊登了啟事，但沒有得到回應。十天後，在一次神靈附身的過程中，她得到了尋找胸針的明確指示：班恩街一旁那顆白色石頭往西一公尺。參加降靈會的所有人全部起身，提著燈籠在白石頭旁找到了那枚胸針。

對福魯諾而言，這是個潛隱記憶的案例——這也是該名詞頭一次在心理學文獻上出現。(7)史密斯必然是在無意識裡知道胸針掉在地上，但只有當她在附靈的狀態下，這個記憶才能穿透到她意識的心智。她對法王路易十六的宮廷可以提供鉅細靡遺的描述，也可用潛隱記憶來解釋；清醒狀態下的她，無法提取小時候讀過的百科全書與歷史書籍，只有進入出神狀態時，她才會想起。

福魯諾認為，這類潛隱記憶的例子，證實了英國古典學家佛雷德利・梅耶斯（Frederic Myers）的理論。梅耶斯是心靈研究學會（Society for Psychical Research）在一八八二年成立時的創始人之一，他將人類的心智區分為「閾下自我」（subliminal self，即潛在意識的自我）與「閾上自我」（supraliminal self，即有意識的自我），而只有在「閾限」（limen）之上的事物，才能進入人的意識。「閾下」這個詞，是梅耶斯在心理學名詞上較為人知的貢獻，在一些討論閾下訊息（subliminal message）的理論中仍可以看到，指的是過於短促或微弱的刺激，雖然無法被有意識地觀察到，但仍可穿透心智。

福魯諾寫到，靈媒史密斯出現的狀況，正是梅耶斯那些案例的完美憑證，「其閾下感知的記憶（亦即立即被記錄下來、未觸及正常人格的記憶），會以正常睡眠中的夢境啟示，或是以其他類似的自動形式出現。」(8)至於梅耶斯，在一九〇三年曾以「被閾上自我遺忘的那些事件之潛沉或閾下記憶」來為潛隱記憶下定義。(9)

被遺忘的記憶穿透意識

除了心理學者之外，醫生也觀察到一些似乎只有潛隱記憶才能解釋的案例。一九〇二年，醫師亨利．弗里伯恩（Henry Freeborn）在《柳葉刀》醫學期刊上，描述了一起七十歲女性的案例，她在一次發燒出現譫妄現象後，突然開始說起印度斯坦語，而她從四歲之後就沒聽過、也不記得自己曾說過這種語言。(10)等她恢復健康後，又回復到過去，無法再掌握這個語言。

弗里伯恩的一位同事說這讓他想起英國詩人柯立芝（Samuel Taylor Coleridge）曾經寫過，一名不識字的德國女傭在發燒時，曾經連續背誦希臘文和希伯來文好幾小時，後來才發現她年輕時曾在一名學者家中工作，這位學者平時有大聲朗誦的習慣。所有的這一類案例，「遺忘的記憶」會再一次穿透意識，只不過通常只出現很短暫的時間。

在這個階段，潛隱記憶跟抄襲、剽竊尚無關聯。它只被用來解釋某些看似超自然，實際上產自回憶，唯有在非尋常情況下——像是做夢、恍惚、譫妄——才會進入意識的一些現象。在二十世紀，超心理學（parapsychology）已經被主流的心理學視為偏鋒，潛隱記憶的概念卻被保留下來，認為記憶可能自意識消失，之後再重新出現時已不被當成記憶。

精神分析學家在發展有關遺忘過程的理論時，熱切擁抱潛隱記憶的概念，例如佛洛伊德，最早於一九〇一年就已經開始這麼做。他在《日常生活之精神病理學》（*The Psychopathology of Everyday Life*）一書中提到，激發他的是一個與自己有關的潛隱記憶案例。他告訴朋友懷赫姆・弗里斯（Wilhelm Fliess）自己如何歸結出所有人在生命開始時都是雙性的，弗里斯用很受傷的口氣回應說：「這是兩年半前，我們在布列斯勞（Breslau）晚上散步時，我跟你說的。在那之前你應該沒聽過。」[11]佛洛伊德不記得他們有過那樣的對話，但是他在那個星期突然又想起來。

佛洛伊德在他的書裡，用帶著善意的口吻寫道：「這次事件之後，我在閱讀醫學文獻時，每當我讀到一些引述的概念應該和我有關、卻沒提到我的名字時，就變得比較能諒解了。」[12]佛洛伊德素來以強烈捍衛自己概念的原創性聞名，如此一來似乎不太符合他的這種形象。

在精神分析學派裡，潛隱記憶反而變得更神祕。一本出版於一九三四年的心理學辭典，將它定義為「一種記憶的狀況，其最初的經驗已因無意識的動機而遺忘，隨後再出現時，成為看似缺乏記憶屬性的新創造物。」[13]於是，說到這裡，除了遺忘之外，「無意識的動機」也有加以解釋的必要了。

潛隱記憶的實驗

一九八九年，美國心理學家亞倫・布朗（Alan Brown）和達納・墨菲（Dana Murphy）試圖透過實驗來掌握潛隱記憶。他們發展的研究方法，後來成了研究者仿效的模式。[14]在第一期的實驗裡，實驗參與者被要求發想一些點子。典型的模式是，他們透過腦力激盪，提出對於諸如醫學診斷這一類複雜問題的解決方法。在幾個星期或幾個月後的第二期實驗中，實驗參與者必須指出自己在前一次會面時提出了什麼點子。在第三期、同時也是最後一次的實驗裡，他們必須想出不曾被提出的解決辦法。

過去二十幾年來，這類實驗已經進行過幾十次。每一次實驗中，參與者在第二期的實驗裡，往往會把其他人的想法當成自己的主張提出來。在第三期實驗裡，他們經常會提出自認是創新的概念，但實際上，過去已經有某位實驗參與者提出過。會造成這樣的結果，原因不光是弄不清楚某個想法的所有人是誰，因為實驗參與者有時候也會誤把自己的想法當成是別人提出的，儘管它發生的次數跟把別人的構想誤當成是自己的相比，少到幾乎可以忽略不計。

這些全部都是真實不假的反應。即使實驗參與者正確說出某個點子是誰想出來的，就可以贏得可觀的獎金(而且在事前就知道)，他們依然不時會把其他人提出的想法當成自己的原創。[15]誠實無欺不等於客觀無私。最後，幾乎不可避免的結果是，每個人都覺得潛隱記憶主要是同儕的問題。那些經常眼睜睜看著自己的創見被其他人偷走的人，想必會感覺自己就像個被一群盜賊包圍的正直之人。

這類實驗的基本形式，借自較早期針對「來源失憶」（source amnesia）進行的實驗。來源失憶，意指忘記你記得的事物的源頭。它可能代表你會跟一堆人說你剛聽到的精彩八卦，最後甚至說給原本告訴你八卦的人聽（這時你才突然想到，他跟你說的時候還特別交代你別告訴別人）。它和潛隱記憶有些不同。來源失憶是你忘記了聽到或讀到的事物來源為何，但是你確實知道**它有個源頭**。但是在純粹、真實的潛隱記憶案例中，你是連來源都忘了。那些聰明的計畫、偉大的發明、突然間剛好想到的好點子，其實是源自你的記憶，只是你沒有認出來。

忘記是哪裡來的或是誰說的，跟你想出來的是別人的主意，這兩者之間確實是有一段距離。但研究顯示，造成來源失憶的因素，同樣也會增加潛隱記憶的可能性。而且，間隔的時間越久，就更可能發生潛隱記憶的情況。假如來源相似，例如他們彼此是同學，則潛隱記憶的情況也會更尋常。就連性別也有關係：女性比較容易把其他女性的主意占為己有，男性則是較針對男性。

另外還有所謂的「依次失真效應」（next-in-line effect）：在腦力激盪的討論會上，在你前面發言的那一位，他的主意被你「偷走」的風險會稍微高一些，這或許是因為你在聽取他的報告時，你也正在構思自己要報告的內容。在混亂場合中提出的意見，例如在腦力激盪的討論會上，或是程序混亂的會議裡，日後將別人意見據為己有的可能性也會高一些。

最可能導致潛隱記憶出現機率增加的情況，是邀請實驗參與者對已經提出的意見作改進。[16]世上沒有什麼比起來點小補充或是毫不起眼的修改，更能快速、有效地驅逐某個想法的真正發想人。即使相隔不過幾個星期，再怎麼微小的建言也足以讓你相信你修改的想法是自己想出來的。

「他們偷了我的歌！」

這些元素在「田野」——發生在實驗室之外，但是有可靠的紀錄——的潛隱記憶案例中，也都能看到。一九九〇年代，一個曾受潛隱記憶影響的案例是吉他手史提芬．范（Steve Vai）。他在十九歲出道時，加入法蘭克．札帕（Frank Zappa）的樂團，後來單飛，並且不時在巡迴表演的樂團中，擔任特邀演出的吉他手。

根據史提芬・范的解釋，他在巡迴演唱的過程中，一直在為自己的下一張專輯準備材料。[17]所以他會陸續寫下一整疊的樂譜，回家後再重新整理出可用的。在他錄製《火焰花園》（*Fire Garden*,1996）這張專輯時，看到一段似曾相識的樂譜，心想也許自己過去演奏過。樂譜是用他自己的筆跡寫成的。史提芬・范決定把它放入專輯的《火焰花園組曲》中。

錄音完成後，他將專輯寄給一位朋友。對方很快有回應：「啊，我聽到你錄了音樂劇《棋局》（*Chess*）裡的那首歌：《曼谷》（*Bangkok*）。」史提芬・范非常驚訝：「你在說什麼？曼谷？棋局？我從來沒聽過！」但是他朋友非常篤定：「那是從音樂劇裡來的，作曲者是提姆・萊斯（Tim Rice）還有阿巴合唱團（Abba）其中一位作曲家，叫什麼名字來著？」史提芬・范心裡想著：「呃。好吧！那應該是他們偷了**我的**歌！」不過，他還是馬上衝去找那張唱片來聽。「我簡直嚇呆了。就是這首歌。」確實是同一首歌，由阿巴合唱團主唱兼作曲者比約恩・奧瓦爾斯（Björn Ulvaeus）所作。

「為什麼會發生這種事？」史提芬・范自問，然後他想起來了。他與范・海倫（Van Halen）樂團同台演出時，樂團的主唱大衛・李・羅斯（David Lee Roth）曾經交給他一卷錄音帶，裡頭是他希望在中間換景時演奏的音樂。史提芬・范曾經把裡頭的樂譜記下來，但也是僅止於此。當時他記下來的手稿，最後跟其他樂譜放在了一起。

史提芬・范應該好好感謝他的朋友，讓他躲過了類似像喬治・哈里遜的尷尬困境。由於《火焰花園》的母帶已經錄製完成，要把《曼谷》拿掉為時已晚，因此他別無選擇，只好向阿巴合唱團那位「叫什麼名字來著」的音樂人徵求許可，並支付了版權費。

這例子說明了，即使像史提芬・范這樣正直可敬的人，也可能在環境的捉弄下陷於不義。打從一開始，錄音帶裡音樂的來源就不清楚；在聽過錄音帶幾次後，音樂無疑已深植在他的腦海中，再加上還有他自己手寫的樂譜。好幾個月之後，當他重新翻閱樂譜手稿時，這首歌曲與其他手稿的音樂來源不一樣這件事，已經遁入了背景。史提芬・范最後的結論是：「我以為我只是在我寫的音樂裡加一點東西而已。」

正如我們前面所見的例子，這正是通向無意識剽竊的致命道路。我相信他的說法。

潛隱記憶的真相

當然，找出構成潛隱記憶的因素，不等於解釋了它的成因。實際上到底發生了什麼事？

想像一下，你上星期在為了某個複雜問題而召開的會議裡，提出了一個明智的解決辦法。然後，大家繼續討論，沒有人搭理你的點子，另一個同事提出不同的解決方式，最後的決議是先試試看他的辦法。接著在下一次開會討論時，大家發現同事的方法顯然不管用。幸運的是，又有另一位同事提出不同的點子——一個更好的點子，絕妙的點子：你上次提過的那個點子。你環視會議桌邊的眾人。恐怖的是，除了你自己，根本沒人發現那本來是你的點子。同事們的腦袋倒底是怎麼回事？

類似這樣的例子，是兩種不同類型記憶——語意記憶，以及自傳性記憶——之間的微妙差異造成的結果。語意記憶包含的內容，是往往被我們稱為「知識」而非回憶的東西，例如知道「孵化」這個詞的意義、明白「共同遺囑」是什麼，或是分隔英國和法國中間的水域叫做什麼。一旦你獲取了這個知識，大部分情況下，你不會記得是在什麼情況下學會的。很少人說得出自己是如何或何時知道斯德哥爾摩是瑞典的首都。

自傳性記憶處理的，則是我們經驗過的事物。這類型的記憶記錄了當時的環境，或至少可以說是很努力想記住當時的環境。經過一段時間，什麼都有可能被忘記，但你通常還是可以記得某件事發生在哪裡，或當時有誰在那裡，是發生在白天或晚上，在家裡，在戶外，還是在工作時。從自傳性記憶回想起的記憶，通常包含它的場景。

你前一次開會時提出的點子，在同事們的自傳性記憶中只存在很短的時間，只是他們對開會提案建議那段回憶的一小部分，而你提出的解決方法本身，則是進入他們的語意記憶。由於你只是個快速消散的場景，於是只有你的點子跟他們對於解決這個問題的所有相關知識連結在一起。

因此，潛隱記憶不僅是記憶失能造成的後果。它的出現，是因為某個部分的記憶——在你同事的例子中是語意記憶，在喬治哈里遜與史提芬．范的例子中則是音樂記憶——極端有效地被獲取。由於兩種記憶處理過程的差異性，導致了潛隱記憶的出現。從更廣的演化角度來看，這樣的安排有其道理。面對問題時，只記得聰明的好點子**是誰**想出來的，對個人或群體的生存不會特別有幫助，但是能記得那個好點子**是什麼**，卻可能有無可比擬的價值。

第七章　雙腦理論
——神經學的伽利略

英國家庭醫師亞瑟．威根憑著一個概念與一本書建立起他的聲名，但是當他於一八四七年過世後，這一切很快就遁入了陰影。他提出的概念是：左半腦與右半腦並非一個器官的兩個部分，而是兩個獨立的腦，各有其情緒、思想和衝動。他寫的書叫做《心智的二元性》（*The Duality of the Mind*），他在其中竭盡所能搜集了不論本質為神經科學或精神科學的資料，以佐證他的概念。（1）該書在一八四四年出版，短暫吸引了醫學界的注意。

但它同樣很快就遁入陰影。首先，威根的肖像不曾存在。他留下來個人物件只有一封短信，以及一個留在皇家外科醫學院（Royal College of Surgeons）註冊簿上的簽名。他的姓名沒有出現在該時代的書信、日記或傳記中。他沒有留下最後的遺言，我們甚至不知道他葬在何處。甚至，連他的書也同樣被陰影吞沒。一八四四年出版的原版書存留至今極少，全英國只有劍橋大學保存了一本，是古董書商用天價拍賣的收藏品。（2）

更深的陰影籠罩著他的兩個腦的理論。對這本書比較好的反應是語多保留，更常見的是貶抑與嘲諷。在第一回不到十二篇的評論之後，再也沒人提到這本書。威根的概念得以保存下來，是以歷史上奇人異事的形式，成為神經學教科書上偶然的注腳。他的著作所開闢的道路，不僅布滿荒煙蔓草，幾乎連路跡都難以尋覓。

一九六九年，《心智的二元性》這本書出了件怪事。突然之間，它上頭的書燈被人打開了，幾隻手匆匆翻閱了書頁，然後突然間，書燈又被關掉。當時，美國神經學家羅傑・史貝里（Roger Sperry）進行了一系列的「裂腦」（split brains）實驗。以外科手術分割大腦的實驗顯示，兩個半腦在一定程度上各有其功能。史貝里指導的一名弟子約瑟夫・博根（Joseph Bogen）相信自己從研究中看出威根是腦半球分工理論的先行者，(3)使得威根儼然從一名幻想家變身為先驅，只不過這重啟爐灶的聲名極其短暫。在匆匆查驗後，人們很快就明白威根所謂的「雙腦」意義全然不同。《心智的二元性》再度被束之高閣。

當一邊的腦出了問題

簡單來說，這就是威根與其理論的故事。他的書現在就在我的桌上，在檯燈照映下度過了三個夜晚，而且是讓人樂在其中的三個夜晚。他對精神病學案例研究的語調充滿同情，猶如奧立佛・薩克斯的文章一樣引人入勝，書中的自傳部分也頗感動人心。威根非常敏銳地觀察自身腦海中發生的事，同時也有勇氣與讀者分享，即便是讓他最感痛苦的事。他那些病患的故事，證明了在他多年的行醫生涯中，他一直很認真專注地觀察著。

但是你一旦開始閱讀，最令人不忍釋卷的是他讓你看到：只要你對一個想法有足夠的信念，就能為它找出一套秩序。威根在前言向讀者坦言，他在過去四分之一個世紀以來，對於自己的兩個半腦理論，從原本的猜想到最後堅定的信念，幾乎每天都變得更加成熟。作為一名讀者，你會察覺到有什麼很不一樣的事情正在發展中。「雙腦」已經成為威根理解自己、理解世界的唯一方式。

威根開始相信，兩個半腦各自有它們的記憶。不過，兩個記憶的存在，不單代表它有雙重的容量。兩邊的腦不能互通有無，因此也代表雙重的記憶流失。兩邊的腦各自選擇、詮釋並記錄下它們自己的判斷，同時各自按照自己的法則遺忘。一邊腦的活動與經驗，和另一邊並不相同。如果兩個腦同時健康無損，則兩邊記憶的偏差仍在可掌握的範圍；等於兩者同時進行簿記，但不會出現重大出入。唯有當一邊的腦出現某種程度的損傷——或是兩邊的腦同時生病——問題才會浮現。這時，生病的腦可能出現反叛的行為，而健康的腦則試圖奪下領導權，這對於腦的表現與經驗都會產生災難性的後果。

威根引用的證據，多半具有陰鬱的背景，例如無緣由的嗜血凶殺、不可理喻的人格變化、幻覺，或是病患突然心生淫穢的衝動。這些其實都是生病的腦所造成，只是在病發以前，是由另一邊健康、意志力強大、品行良好的腦進行安全控管。一些看似被遺忘（其實根本不存在記憶中）的事物會突然出現在意識中，也是同樣的道理。威根藉由「雙腦」的劃分試圖為病理學現象找出一套秩序，預示了兩個世代之後一道不同軸線的出現：意識與無意識之間的區別。

特立獨行的外科醫生

我們對威根的生平所知甚少。對他主要的認識，來自他用筆名路克·羅登（Luke Roden）為《啟明雜誌》（*The Illuminated Magazine*）撰寫的幾篇文章，出版時間在一八四三年到一八四五年之間。(4)

我們從文章裡讀到，威根在十八世紀的最後一個星期搬到倫敦，當時他十五歲。他應該是在南倫敦的克羅伊登（Croydon）一位執業醫師底下見習了三年，不過，威根對自己習醫的訓練過程始終甚少論及。在《心智的二元性》裡，他承認缺乏正式的學科訓練帶給他很多困難，但他基本上仍將之視為一個優點，因為這麼一來，他不會有承襲教授們固執偏見的風險。

用我們現在的流行術語來說，或許年輕的威根有反抗權威的心態。對於較年長、有經驗的醫師們提供的良好建議，他似乎一直聽不太進去。他在《心智的二元性》裡提到，當他還是見習醫師時，英國曾發生狂犬病大流行。(5) 當時建議被狗咬傷的人，要把傷口附近的肉盡可能大範圍切除。威根本人曾經多次處理過這樣的傷口，卻漸漸感到不以為然，因為根據他自己推演出的結論，狂犬病根本不存在。

他不斷投書給報紙的編輯委員會，解釋狂犬病就和過去的巫術一樣，其實是一種迷信。由於沒有人相信他的說法，他提議進行一個實驗：他自願讓患了狂犬病的狗來咬自己。實驗的一切都已準備就緒，他甚至用繃帶綁住自己的手臂，只露出一小塊手臂要讓狗咬。直到最後一刻，他才被勸退，打消實驗的念頭。

一八〇七年，威根成為皇家外科醫學院的成員。他與倫敦的家庭醫師威廉・克里夫蘭（William Cleveland）共同執業，並在一八一三年與他的女兒莉蒂亞（Lydia）結婚，生了兩個兒子。威根在克里夫蘭醫師去世後，接掌執業。

一八二九年，他們一家人搬到了布萊頓（Brighton），當時這裡是個發展快速的海濱度假城市，許多倫敦中產階級經常為了健康因素到這裡旅遊。威根除了開業幫人看病，也設立了一個免費的藥局，施贈藥品給社會底層最貧窮的民眾。根據《布萊頓公報》（*Brighton Gazette*）當時刊登的廣告，藥局每天開放一個小時，但是「過於骯髒的人」會被拒絕。這個慈善義行後來證實不是個好主意，因為它耗費不少成本開銷，但威根仍固執地繼續開放免費的藥局。到了一八三五年，威根終究還是破產了，但他仍持續收費看診到一八四一年。五十六歲時，他從執業醫師的工作上退休。

此後幾年，威根到法國與義大利旅遊，拜訪了瘋人院和監獄，還寫了一本關於布萊頓的書。這段期間，他在自己的名字旁悄悄加上「醫學博士」（M.D.）的頭銜，但沒人能找到他的醫學博士資格是從哪兒來的。一八四三年，他在開始撰寫《心智的二元性》。這本書在他即將邁入六十歲的一八四四年出版。

十九世紀的伽利略

醫學界幾乎異口同聲對他書中過於聒絮的風格提出批評，有人形容它就像「嘮叨不休」的六十歲老人會寫的東西。這種寫作風格透露了「這是出自一位老紳士之手。拿有爭議的主題來大做文章，就是他的新工作」。(6)醫學期刊《柳葉刀》認為，威根提出的主題不論對個人或是一個世代來說，都太過龐大。

《美國精神病學期刊》（*American Journal of Insanity*）上，一位不具名的評論者指出威根以二十個假設來概述自己的理論。他評論威根對於「雙腦」的一些最重要說法都不新，因為顱相學（phrenology）已經都提過了。至於其他部分的說法，雖然是新的，很可惜毫無根據。他說威根不只無法建立其主張的真實性，甚至書裡也沒有太多支持論據的說法。不過，這名評論者在結論中表示他很喜歡讀這本書，因為書中只有一小部分篇幅是作者的古怪想法，其他的一大部分，「作者引證了非常有趣的行為和案例來闡明他的理論，儘管我們往往看不出理論和案例之間的關聯。」(7)簡單來說，評論者深受吸引，但是不信服。

評論家們其實不無道理。威根的風格確實像個充滿熱情的業餘愛好者。他一點也不在意自己岔開重點漫談，最後才又滿心雀躍地拉回來說「不過，這裡要提一下……」(8)他三番四次提到自己的理論將為神經學帶來革命，以及將會遭遇醫學界那些具學術地位的人抗拒。他拿伽利略來比喻自己，這個比喻在兩百年前就具有和今天同樣的意思：身為一個無師自通的自學者，他革命性的主張會遭遇世人的質疑。從他的字裡行間，我們也可以察覺到威根對自己專業地位的不安感。身為「外科醫師」，他的地位屬於醫學界的最底層，只比藥劑師略高一籌。

《心智的二元性》出版後，威根進一步尋找他的證據。他旅行到拿坡里、薩丁尼亞和倫巴底，拜訪荷蘭和其他地方的精神病院、監獄，旁觀驗屍過程與參觀解剖室。他在旅行途中，拜訪了「上百位歐洲一流人才」，就自己的「雙腦」理論與他們交換意見。回顧這一切時，他說：「經過我一番解釋之後，我不記得他們當中有任何人沒有改變他們原先抱持的反對意見。」(9)

威根在精神上始終泰然自若，生命的最後幾年卻飽受孤寂與病痛所苦。他的妻子在《心智的二元性》出版的那一年過世。一八四七年十一月某一天，他站得太靠近攝政街附近的露天污水溝，之後開始覺得身體不適。他的朋友佛布斯・溫斯洛醫師（Dr Forbes Winslow）邀請他到自己位於倫敦郊區漢默史密斯（Hammersmith）的家中暫住。威根在那裡待了幾天之後，又不聽勸告堅持回倫敦參加一場餐聚。這是他最後一次不聽從別人的善意忠言，隔天他就發高燒了。一八四七年十二月七日，他因為支氣管感染而過世。

兩個腦，一個意識

當我們說到這個控制我們思想、行動與感受，重量大約一千兩百到一千三百公克的神經組織時，在英文裡，我們會同時用到「腦」（brain）的單數形和複數形。人們可能會說「Feel free to pick my brain」（歡迎採納我的意見／單數），或是「I racked my brains」（我絞盡了腦汁／複數）。不走運的朋友可能會染上「an illness that affected his brain」（影響他腦部的疾病／單數），或是被逼得想要「blow his brains out」（朝自己腦子轟一槍／複數）。

語言反映了解剖學上的不確定。到底腦是像心臟一樣，是個單數形式的器官，還是像眼睛或腎臟一樣，是個成對的器官呢？如果我們從頭顱上方往下看，可以看到兩個對稱的半腦分別在中央溝（central groove）的兩邊。只有當我們輕輕地把兩個半腦挪開，才會看到一條把它們綁在一起的腦質：那就是胼胝體。它是動物界中，神經組織的最大繫帶。

在威根看來，胼胝體並不是連結，而是一個分界。他指出，在一個腦水腫的男性病例中，顱內液體的壓力阻斷了連結組織。解剖驗屍時，他們發現兩個腦半球已經完全分離，各自被擠壓到顱腔的兩邊。這對他的智力沒有產生影響，因此胼胝體看來似乎是個「無足輕重的器官」。(10)

威根第一次開始思考一般說的腦有兩個半球的理論，是因為三十年前的一起事件。一名大約十二歲的小男孩想偷襲鳥巢，結果失去平衡從樹上摔下來，頭部撞到一截鐵軌的鋒利側邊。這次撞擊破壞了他一部分的腦。威根盡可能為他包紮傷口，讓他很驚訝的是，小男孩隔天早上就完全意識清醒，沒感覺疼痛，幾個星期後就康復了，也看不出留下任何不好的後遺症。(11)在此之後，威根又碰上了其他幾個病患的案例，他們整個腦半球都萎縮了，智力功能的表現卻仍然正常。這似乎讓人忍不住要下結論：兩邊的腦各自有著獨立的意識。

如果兩邊的腦各自可維持獨立、有意識的生命，那麼接下來的問題是：為什麼我們沒有雙重的意識？為什麼我們清楚知道只有一串思緒、一系列的聯想、一套感官的知覺？威根的回答是，兩個半腦的其中之一，通常是左半腦，在正常情況下扮演著主導的角色，另一邊則是附屬的角色。負責指揮的那一邊的腦，決定了我們的心智與行動。

兩邊的腦通常會有自然的分工。威根諸多觀察與發現的共通主題是化「雙」為簡。英王喬治四世可以一邊拿筆簽署文件，同時繼續討論國家大事。在倫敦的任何一家銀行，你都可以看到銀行職員一邊說話，一邊計算加總長串的數字。威根寫到，在焦慮和緊張時，他會忍不住計算自己踱步的步數，即使身旁有其他人一邊與他進行對話，而一旦他放鬆下來，這種奇怪的能力便又消失。

所有這些現象都可以和「雙腦」理論完美配合。一邊的腦做一件事，另一邊的腦做另一件事。如果智力較高的腦在煩惱某件事，附屬的另一邊就有機會把它奇特的能力與衝動施展在我們正在面對的這件事上。我們在同時間能做的事僅限於兩件，這絕非偶然。即使是英王喬治四世，也沒有辦法一邊簽署文字、一邊跟人談話，同時間又在想像任何的第三件事。

「雙腦」對威根來說，也解釋了一些更冷僻的現象。為什麼數學家很少陷入瘋狂？這個學科所需要的極度專注力，必須靠兩邊的腦同時專注在同一件事上才能辦到。兩邊的腦都必須處在最佳狀況；任何一邊有些微的先天上弱點，都會讓人不適合當數學家。更進一步來說，數學運算會提高主導的那個半腦既有的宰制力，甚至到達絕對獨裁的地步。一段時間過後，附屬的半腦已經沒有任何衝動可以穿透數學家的意識。

遺憾的是，藝術家身上的情況就完全不同了。他們刻意培養自己與眾不同的概念和幻想。為了發揮想像力，藝術家會放下控制理性思想的韁繩，結果一段時間後，理性的韁繩已無法重新拾回。他們天生就不適合做專心一意的研究。他們有容易接受各種古怪念頭的傾向，也增加了他們變瘋狂的機會。

威根自己與其他人的大腦狀態，有諸多事物都可以藉這兩邊各自獨立的腦，以最自然的方式提出解釋。我們在快要入睡時，看到的那一連串連續快速而令人困惑的影像是怎麼來的？一邊的腦已經入睡並開始做夢，另一邊的腦則仍夠清醒，可以看到夢境的影像。神職人員被信仰不堅所折磨的內在衝突是怎麼來的？一邊的腦信主，另一邊則否。同一個人在不同時間為什麼會有巨大的行為表現差異？一邊的腦勇敢，另一邊的腦怯懦。

土星上最近有什麼消息？

根據威跟的理論，我們往往只有在一邊的腦因為疾病、衰竭或嚴重壓力而受到影響時，才會注意到自己的頭裡有兩個腦的存在。有些時候，健康的那一個器官，其宰制能力可以暫時隱藏另一邊的悲慘狀況。

威根提到與法國精神科醫師菲利浦．皮涅爾（Philippe Pinel）相關的一次經驗。皮涅爾與其他幾名同事一起對某位病患進行檢查，確認他是否已復原到足以出院的程度。這名男子對詢問他的各種問題都能條理分明地回答。同意他出院的文件已經準備好，並交給他簽名。當皮涅爾瀏覽他簽署的文件時，發現了他在上頭的簽名是「主耶穌基督」。(12)

威根在愛丁堡也遇過類似案例。一名因為精神病而被限制行動的男子，為了讓自己順利出院，決定訴諸法律。他被准許在法院裡代表自己發言，在漫長詢問之後，也看不出他有任何瘋狂的跡象，似乎可以獲准出院。就在法庭即將宣判時，有位因意外耽擱而遲到的證人終於趕到法庭，隨意問了他一句：「土星上最近有什麼消息？」面對如此直接的問題，受損的半腦似乎無法再保持沉默，而健康的半腦也無力再應付。「那名男子立即再度陷入胡言亂語。」(13)

精神不正常的人，經常會說一些冗長、不知所云的故事，但威根認為只有第一次聽到才會覺得它不知所云。他把其中一個故事逐字逐句記錄下來，將句子按順序編為一到十，並請他的讀者先看奇數句，接著再看偶數句。

奇數的部分，病患說了一連串充滿不滿但意義連貫的話。他描述自己被送入精神病院，以及在裡頭經歷的羞辱，他說自己是具有身分地位的紳士，家族世系可以往上追溯十代，卻被騙上自己的馬車，以為要去旅館，卻被送來這種地方，而且還是已經服侍他二十年的車伕駕車把他帶來的，然後他就雙手雙腳被人綁在一張床上。一名肥胖的管家是這裡唯一客氣對待他的人。

偶數句的部分則是他的妄想。他宣稱自己是太陽之子，要讓瘟疫降臨世間，讓泉井枯乾，讓森林陷入火海，使裡頭的雛鳥不能存活。顯然，這名不幸男子令人困惑的長篇獨白，實際上是健康的腦和生病的腦之間井然有序的對話。(14)

生理影響品格

在威根看來，所有的醫師，即使是聲譽卓著如維多利亞女王的私人醫師亨利．霍蘭德爵士（Sir

Henry Holland），都誤將我們大腦的狀態視為較高等與較低等功能之間的戰鬥。霍蘭德對於威廉・海德・沃拉斯登（William Hyde Wollaston）生前最後幾個月的狀況，曾經提到這一點。這段漫長的臨終場景發生在一八二八年的年底。

沃拉斯登本身也受過醫學訓練，但是是以化學家、物理學家的身分聞名，為化學元素「銠」和「鈀」的發現者，並且因開發出處理白金礦的技術而致富。他在外出狩獵的途中，發現自己的指尖失去知覺。霍蘭德曾寫到，沃拉斯登每天都自行進行檢查，對病症的進展狀況做精確的紀錄，最後正確地歸結出，他半邊的腦部長了惡性腫瘤。霍蘭德的結論是，沃拉斯登大腦中較高等的功能在他生命最後那段期間仍維持正常無損。不過，威根從沃拉斯登臨終病榻的行為看來，卻不是這麼一回事：

> 自私自利，顯然不是心智中較高等的特質，卻比我們其他的情操都還持久。一直到臨死前的最後一刻，沃拉斯登才終於決定透露白金礦的致富祕密。實際上，他早已靠它獲取巨大的財富。我不得不將之視為自己的義務，把偉大人物的自私卑微記錄下來，作為對其他人的提醒，因此在此將事實付諸文字。(15)

沃拉斯登過世前不久，還發生另一件值得注意的事。當在場所有醫師都認為沃拉斯登「如此迫近死亡，理當已失去意識，且無法再言語時，他在板子上寫下一串數字並把數字加總，得出了正確的總和，藉此向他們發出自己依舊意識清楚的信號，也以此表達對其照顧的感謝。」(16)

按照威根的解釋，沃拉斯登只有一邊的腦在垂死的邊緣，儘管這最後也會造成兩個腦的死亡。仍舊能正常運作的與其說是「較高等」的功能，不如說是「較健康」的功能，也就是沒生病那一邊的腦的功能。算術能力倚靠的是健全的那個半腦，而且也是這一邊的腦不肯放手，將致富的祕密保留到最後一刻。

看起來，威根最擔心的，似乎是好的腦受到生病的腦影響時，我們的人生會轉向邪惡的方向，高貴品格會緩慢地流失殆盡。他充滿同情地描述一名男子在循規蹈矩的職業生涯裡，被擢升為一間大辦公室的負責人。他是一名鰥夫，而且子女都早夭。他受到部屬的敬愛，也待他們如父執輩。儘管他的薪資可觀，但是慷慨大方的個性導致他身無恆產。

在即將邁入六十歲時，他開始變得嘮叨不休。他原本講話謹慎而得體，如今出現奇怪的變化，即使旁人提醒勸告，效果也很有限。到最後，他說話的方式已經到了不堪入耳的地步，公司除了將他解僱之外別無選擇。他回家之後，收拾了幾件衣服，在口袋裡放了一些零錢，接著就開始漫無目的遊蕩。沒人知道他去了哪裡。三個月後，他被發現死在遙遠的窮鄉僻壤，可能是為了取暖而躺在一個糞堆上。他的直接死因是過度飢餓，但切開他的頭顱後，發現他左半邊的腦出現明顯的腦軟化現象（softening），右半邊的腦也同樣受到影響。

威根認為造成腦部衰退的確切原因很難判斷，或許是右腦發動叛變，或是左腦本身失去了權力。又或者是，兩種情況同時發生。不過，這位從年輕時代就培養出高度自制力的卓越紳士，必然有很長一段時間隱瞞自己受疾病肆虐的程度。「在競賽真正結束之前，我們可能經歷許多的奮鬥和勝利，而他最後終於敗給了低劣激情的全面衝動。」(17)

幽靈出現了

不論案例和症狀再怎麼怪誕，威根都不會放過。他把專注傾聽病患的談話視為醫師的天職，並且充分信賴他們的說法，一直到稍後對病因提出解釋時，他才會作出判斷。我們應該感謝他這種研究方法，因為在《心智的二元性》裡，可以見到早期對失調症的一些描述，而主流科學界要到之後才會嚴肅看待它們。

威根也把他的理論應用在一些見諸報章的幻覺親身經驗描述，提到了柏林書商克里斯多夫・尼克萊（Cristoph Nicolai）的案例。有一天，尼克萊驚恐萬分地看到「一個已經過世的人」站在面前，距離僅有十步之遙。他的太太和他在同一個房間裡，卻什麼也沒看到，於是趕緊幫他找來一位醫生。經過大約七分鐘，這個「人」消失了。到了傍晚，他又再度出現。這時候尼克萊已經明白，這必然是自己腦中產生的東西。

往後幾個月，類似的幽靈經常出現在他面前，有時是還活著的人，有時則是死人。他們總是隨意出現，但不會帶給他恐懼。他很清楚真實與幻象的差別：「我清清楚楚知道，哪些時候是感覺門被打開，然後有幽靈進來，哪些時候又是門真的被打開，然後有人進來。」(18)

波斯塔克醫師（Dr Bostock）在發燒且筋疲力竭時，也會看到類似的幽靈。它們隨著他視線的移動而移動，他也同樣懷疑它們只是他想像力的產物。後來習慣之後，他把他們當成消遣娛樂的來源：「感覺上像是一堆的物體，主要是人臉，或尺寸小一號的人物。他們出現在我的眼前，然後逐一消失，像是一整排獎章上的那種圓形浮雕。」(19)

這些無害的幻覺，讓人想到瑞士自然學家查爾斯・邦納（Charles Bonnet）在一七六〇年描述過的圖像。他的觀察很快就被人遺忘，直到一九三六年才又被日內瓦的神經學家喬治・德・莫希爾（Georges de Morsier）重新發現，並將之命名為「邦納症候群」（Charles Bonnet syndrome）。[20]它被歸因於腦的刺激不足，開始產生彷彿體驗到「來自外在」的視覺刺激。

當然這並非威根提出的解釋。在他看來，兩邊的腦顯然同時間在運作。其中一邊，也就是生病的腦，它的觀察能力必定受到了干擾，因此開始處理一些不存在的刺激。而健康的腦很快就判斷出實際上沒有看到任何東西，這解釋了驚嚇平息後的安心感。健康的腦可以完全有效阻止該作用發生，卻沒有這麼做，因為在它隔壁的腦產生的模糊影像讓它覺得有趣。

選擇性遺忘

邦納的說法在威根之先，但是就我們所知，威根是注意到一種高度選擇性遺忘的第一人。有一天，一名發生奇怪症狀的中年男子出現在他的診療室。這名男子不論如何努力，就是無法記住人們的面孔。他記住後，馬上又會忘了。即使他坐下來跟某個人談了一個小時，隔天還是沒辦法認出他們的臉。

威根寫到，中年男子的工作需要與人維持良好關係，但是這個不幸的殘疾，讓他花很多時間在「冒犯別人和跟別人道歉」。[21]當他遇到認識的人，只有當他們先開口說話時，他才能認出他們。他認為自己的問題出在眼睛上，並擔心自己最後會瞎掉。威根可以跟他保證毋須擔心失明的問題，但除此之外，威根也無能為力。這種失調症必然源自腦部。

男子決定違背威根給他的建議，盡可能隱瞞自己的殘疾。但威根相信，公開坦承問題，才是與疏離的朋友重新建立關係的好辦法。正如我們在〈忘記臉孔的人〉那一章所看到的，這種如今稱為臉盲症或「臉孔失認症」的失調，要到一九四七年才會獲得神經醫學文獻的確認。(22)

威根沒有提到忘記臉孔與他的「雙腦」理論之間的關聯，我們也完全不明白為何他不這麼做。因為如果這個失調症是兩個腦其中之一出了問題，另一邊的腦應該可以接管工作才對。或許威根認為這個人的兩個腦同時受損了。

過去二十年來，我們逐漸明白，大約有半數臉盲症的案例，確實是兩邊腦半球同時出現損害。如果損害只出現在其中一側，有問題的往往是右半腦。忘記臉孔會帶來苦果，它遠不只是單一功能喪失的問題而已，就如同威根這個病患的案例所示。我們主要是依靠臉孔，而不是他的穿著或走路姿勢，來從腦中提取對一個人的記憶。

解離：兩種記憶

威根把《心智的二元性》獻給了霍蘭德，他也是書中被引述的作者中唯一得到正面評價的。一八三九年，霍蘭德出版了《醫學筆記與省思》（*Medical Notes and Reflections*），其中一章名為〈論腦為雙重器官〉（On the brain as a double organ），討論到瘋狂是兩個半腦之間不和諧所致的可能性。(23)這和威根的意思不完全相同——對威根而言，腦並不是兩個半邊，而是獨立的兩個腦——卻是往正確方向邁進了一步。這位聲譽卓著的學會醫師得到了威根拐彎抹角的恭維，說他「作出了最精準而正確的理解，但是是在**一道與真理平行的直線上**，也因此而無法抵達真理。」(24)這裡的強調是威根自己加上的。

霍蘭德點出了看似可以鞏固「雙腦」理論的一些案例。例如一名年輕女子受到病痛侵襲，情況可能持續幾個小時，甚至幾天，而在這過程中，她似乎被另一個身分所接管。在這種狀況下，她看的書與她「正常」生活中喜歡看的書不同，等症狀結束後，她也完全記不得曾經讀過哪些書。她似乎也會存入不同的記憶。

威根自己也遇過這種兩個記憶互不相容的現象。他的病患經常會記得瘋狂如何逐步盤據他們的內心，而一旦完全被瘋狂控制，此時的經驗會存在另一種不同的記憶裡。康復之後，他們無法再回想起任何生病時曾有的記憶。

這種情況有時甚至會發生在神智清楚的狀態下。威根引用了約翰・康諾利醫師（Dr. John Conolly）描述的一個案例：一名男子想要開一張支票，卻一再寫錯他想寫的內容。寫出開頭幾個字後，那隻筆彷彿開始有了自己的生命。這種情況持續了半個小時。等他恢復清醒後，他看到自己原本打算寫「五十元，半年利息所得」，卻寫成了「五十元，透過 Bra- 的救贖」[25]他完全想不出這句話是什麼意思。

另一個更令人注意的現象，同時也是文獻紀錄較詳盡且在醫學界廣為人知的現象，則是關於人們不明原因地突然陷入極類似夢遊的狀態。他們可能持續這個狀況好幾個小時，在這段時間裡，仍繼續說話、寫字、唱歌或演奏樂器，看似神智完全清醒。但是當他們清醒後，對自己在夢遊狀態下經驗過的事，完全沒有任何記憶。而當他們再度進入那個狀態，又立刻可以回想起他們前一次症狀發作時的所有經驗，反倒是神智清醒時的記憶已經消失。

威根寫到，這通常被稱為「雙重意識」（double consciousness），但他個人比較喜歡用「代換意識」

（alternate consciousness），因為就某種意義上來說，這個人是由兩個個體所組成。(26)

兩個腎臟可以同時做兩倍的腎臟的工作，不過，這種簡單的數學運算不適用於威根的兩個記憶。這裡的雙份比較像是對半分，因為一邊的腦並不知道另一邊記得什麼事。威根的「代換意識」在當今可能被診斷為解離症，正式名稱是「解離性身分障礙」（dissociative identity disorder, DID），以及更早之前，在一九八〇年代的診斷中常用的「多重人格疾患」（multiple personality disorder, MPD）。

正式的多重人格疾患診斷的判別標準之一，是病患無法記得重要的個人資訊，而且這類的記憶喪失無法歸類為單純的失憶。在大部分病例中，其他的人格或是「代換者」有各自的記憶（這類的診斷如今雖已很少見，但還沒有完全消失）。它和威根的「代換意識」案例之間有一個差別在於，多重人格疾患或解離性身分障礙可能涉及任何數量的代換者。就這點來看，「雙腦」的理論隱含了某種程度的節制。

無人聞問的伽利略

威根用溢美之詞來形容自身著作的重要性。綁在柱子上的動物，如果繩索增長一半，牠自由活動的範圍就增加一倍。威根說，他對於腦和心靈的研究，不過就是在類似的鎖鍊上，額外多加了幾個勾環。稍後，他又把自己的理論比喻為第一條鐵路線：在未來交錯縱橫的鐵路網絡中，它永遠都會是主要幹道。這個比喻是非常聰明的選擇，因為當時英國的鐵路網正在高速擴展。

與威根同時代的人如果看過他的著作，他們的看法恐怕跟他很不一樣。威根基本上被「正統的」科學界所忽視。不論他曾經拜訪的「上百位歐洲一流人才」到底是哪些人，這些人的研究裡也找不到他的名字。

《心智的二元性》以用詞奔放的恭維向霍蘭德致敬，只是他即使感到榮幸，也從未曾顯露出來。退休家庭醫師和皇室的私人御醫之間，社會階級有天差地遠之遙。威根絲毫沒有今日我們所謂「人脈串連」的天分。他的主張並非被人們刻意主動忽視，而是根本不被注意。只有他忠心的好友溫斯洛醫師在一八四九年寫了一篇文章談這位故友生前的研究，但他的文章標題是〈已故醫學博士阿佛瑞德・威根的未出版手稿〉（The unpublished mss of the late Alfred Wigan, M.D.）。[27]威根的名字是亞瑟，不是阿佛瑞德。

「裂腦」揭露真相

「裂腦」的研究——基於臨床研究目的，分割腦部胼胝體——重新引發了世人對威根著作的興趣，但沒有帶給他身後的聲名。胼胝體被威根視為兩個腦之間的隔籬，實際上它是左右半腦得以溝通聯絡的神經網絡。兩個半腦在處理感知、思考和行動的過程中，有密切的互動。罹患腦水腫而胼胝體裂成兩半的病例，實際上是「大自然的實驗」。威根的觀察結論是，這個分裂對病患的思考或行為沒有造成可察覺的後果，也算是正確。

近期的研究估算出，當胼胝體被完全切開，大約有兩億個神經元的連結被切斷。只有在實驗室的人為情境下進行的「裂腦」實驗中，我們才會看出左右半腦有某種程度的專業分工。[28]兩個半腦在相當大程度上，都表現出同樣的功能，如果一邊的腦確實有專門的司職，例如語言能力，則兩邊半腦必然有縝密的協同合作。腦部兩個半球在解剖學上呈現的對稱，完美表達了它們的功能性對稱。因此威根以為兩邊半腦可以各自開啟或關閉，或是有各自的記憶和想法，並非事實。

威根希望自己的理論被人接受之後，可以有助人們用更多的善意，來對待終生那些必須對自己兩個腦其中之一時時戒慎之人。這些人儘管費盡工夫自我警惕，卻仍不時會失去掌控，因而「犯下與他們大部分人生和整體性格不一致的浮誇和愚蠢行為」。[29]他們在英勇奮鬥，只是外在看不出來。一直等到他們在戰鬥中落敗後，原本壓制、對抗的衝動才會顯露出來。這類人士值得我們同情和鼓勵，而非懲罰與羞辱。年輕人特別容易受其所害，因為他們尚未能訓練好自己健康的腦，來展露管理這類衝動所需的美德與意志。

威根自己寫到，他活得夠久，見識過年輕時犯下愚行和罪惡的人，因為家境寬裕而免於落得淒慘的下場。日後，他們搖身一變為光彩又有聲譽的人士，彷彿墮落的年輕時代不曾存在一樣。同樣的行為，如果發生在窮人身上，將落得不名譽的人生。

威根用階級關係和紀律來描述兩個腦之間的關係。主導的腦負責下達命令，負責控管並保持警戒，另一個腦則必須服從。在整本書裡，控制的韁繩不斷被放下又拿起，被放鬆又再拉緊。不過，主導的腦無法完全靠自己，它需要透過培育；教育和訓練的目的是要教導領導者如何領導。從這點來看，兩個腦的互動，複製了維多利亞時代對權威、控制和意志力的著迷。

一個世代之後，隨著左半腦損害導致語言失調症的證據出現，英國神經學家約翰・杰克森（John Hughlings Jackson）點名了左半腦「負責主導，是雙胞胎中的老大」。[30]一名失語症的病患，如果他的右半腦要產出任何語言，也只會是詛咒和罵人的髒話。如果左半腦能牢牢掌控思想的韁繩，對兩個半腦而言，都是好事。

威根著迷於紀律、自我控管，以及會掙脫它們而出的慾念和瘋狂，這也使他默默無聞地消失在維多利亞時代的暗流下，直到一八八六年有一本書出現，才讓他重新被人所認識。湊巧的是，這本書的出版商與《心智的二元性》相同。但不同於威根的著作，這本羅伯特．路易斯．史蒂文森（Robert Louis Stevenson）——他既非醫生，也不是精神科學家——所寫的小說《化身博士》（*The Strange Case of Dr Jekyll and Mr Hyde*），為我們對精神疾病的思考留下一個持久不衰的印記。

心靈劇場

想像在一座劇場中，坐在裡頭的觀眾熱切期待著即將帶給他們驚喜的演出。他們很自然會猜想接下來會看到什麼表演。有人看到布幕底下露出一隻裝飾著亮片的鞋子，因此猜想這場戲會以芭蕾舞開場。還有人看到一頂帽子的輪廓，於是預期待要上演的是悲劇。老經驗的劇場觀眾對這類的猜測比較有優勢，而威根正是這種劇場老觀眾。

> 我一直是密切關注的觀察者，也是這個偉大的心靈劇場的常客，因此在某些情況下，我會想像自己應該可以料想演出的本質。顱腔就是劇場的布幕，遮蔽了上演中的戲。不過，只要你密切注意自己的劇場，自己微觀的小世界，就能夠預料自己的演出，也可以敏銳地推測出其他人的。（31）

劇場這個譬喻，出現在威根書中一則案例研究的開頭。他在案例裡介紹了一位「親密友人」，不過，這個朋友的經驗卻和威根自己在布萊頓遭遇財務困境那一段日子極為類似，讓人很難不聯想這個朋友的經歷其實就是他片段的自傳——更特別的是，這位「朋友」也思索關於「雙腦」的革命性觀念。這一點也和他一模一樣。在威根的請求下，這位朋友同意將自己的經驗付諸文字記錄下來。(32)

這是關於一位熱誠、愛好真理之人的故事，他在一連串的災難與挫敗後陷入了困境，被推入我們能想像得到的最不堪境地。如今，他內心飽受痛苦折磨，認為自己已被視為喪失榮譽的人。儘管在心緒較平靜的時刻，他知道這只是他的妄想，朋友們待他依然充滿敬重，他還是擺脫不了自己彷彿曾經犯下重大罪行的感覺。

在這樣的精神狀態下，他清楚看到了自己眼前的未來：一個擠滿人的法庭、陪審團，以及對他的死刑宣判。在他心裡，他已經寫好一份乞求寬恕的訴狀，要遞交給女王與上、下議院。在此同時，他很清楚自己沒有犯下任何罪行，也知道這一切只是令人恐懼的幻想，但他感覺自己有如在一個深淵上方盤旋，只要他放鬆自己的韁繩片刻，就會落入瘋狂。

有一件事他無法理解，那就是和好友相聚、幾杯黃湯下肚後，他就會變得心情愉快，甚至可以說興高采烈。在這些時候，他喜歡聊自己豐富多樣的人生與工作中經驗過的各種事物。他身邊也常會聚集一堆人傾聽故事，或央求他再多說一些。但突然間，那些幻想再度浮上心頭，頃刻之間，有如布幕落下，遮去所有歡樂的場景：「我再也說不出話來，感覺彷彿全世界的眼光都看著我，悲慘可憐的我。生命中所有不愉快的事件一一浮現心頭。我試著回想任何比較愉快的事件或想法，卻徒勞無功。」(33)類似這樣的經驗，更強化了他的想法，認定有雙重身分存在自己的身體之內，兩者間的記憶無法交換。

一天晚上，他因為精神極度痛苦而必須獨處，於是一個人走向海邊。月光下，他走過了海灘。海浪的拍擊聲稍稍平復了他的心情，令他陷入沉思。等他回過神，發現自己竟然正在海浪間，眼看就要被帶走。他急忙涉水回到岸上。混身冰冷又受到驚嚇的他，發覺自己控制思想的能力開始消散。他看著海面上延伸至海平線、被月光照亮的粼粼波光，告訴自己：「那條閃耀的道路通向幸福，我應該追隨那條路。」

他走向一艘被拖到沙灘上的船，準備把船推入水，順著閃動的波光漂流而去，卻又突然意識到這個計畫的荒謬，轉身迅速跑開。同一時間，他再次感覺到一股想要回去船邊的強烈衝動。他聽到一個清楚的聲音重複著自己說過的話：「那條閃耀的道路通向幸福，我應該追隨那條路。」他發現自己不由自主地往船的方向走去。海水已經滿潮，現在要把船推入海中可說毫不費力。

最後是，他在絕望中趴倒在地上。一直到此刻，他才感覺自己已經安全擺脫那一分衝動。他躺在碎石礫的海灘上超過一個小時，才終於恢復冷靜回家，心裡很清楚：如果剛才坐船出海，他幾乎必死無疑。

在我們看不到的地方

我們永遠不會知道，威根是否曾經夜裡在沙灘上徘徊，對自己面臨破產的醜聞感到絕望，努力對抗結束生命的衝動。他的「朋友」說他寫下這段證詞，是希望那些盡一切努力在控制自己混亂大腦的人，可以感受到同情和悲憫。這也正是威根希望自己的書能達成的目的。

威根的兩個腦──一個健全而意志強大，另一個卑順而混亂；一個會斥責、安慰、有理解力，另一個充滿衝動、沉溺於感官──令我們好奇他究竟想驅除什麼樣的惡魔。全書接近結尾之處，他引用了十八世紀蘇格蘭詩人羅伯特．伯恩斯（Robert Burns）的兩行詩句。(34)

成就的事功可推算一二
但拒守的事功無從知曉

這兩句是詩的結語。伯恩斯這首詩是在批判偽善，以及我們經常對他人妄下斷語。威根在情感與情緒狀態的複雜計算中看到衝動與誘惑，並在為此番掙扎的結果作判決時將它們列入考量，而他的判決幾乎全數都是溫和的，並且充滿寬容之情，即使那場戰役最後以失敗告終。

閱讀《心智的二元性》，有時會讓人感覺彷彿坐在威根的診療室裡。在這裡，你的故事有人傾聽並理解，即使是你覺得令自己羞恥的事。威根找到很精確的用語：「每個人都知道自己的惡念，並且始終能加以壓抑。但是他不知道，他心目中那些純潔的鄰人當中，有哪些人也遭遇同樣的難題；他更無法知道，哪些人曾經放縱自己為惡的傾向，除了上帝之外，沒有其他人察覺到。」(35)

我們可以從「壓抑」（suppress）這個字眼看到一點跡象。半個世紀後，《心智的二元性》書中介紹的諸多現象被劃分到一道區分意識與無意識的軸線兩邊。到了這時候，神經學上的二分終於被我們拋開，即使我們長期以來一直努力不懈想證明它，包括佛洛伊德在內。意識與非意識，如今成了心理學上的二分法。

抗拒瘋狂

威根原本試圖理解左腦與右腦之間的互動，將它們置於水平的軸線上，其垂直軸線上的「高」與「低」是意識與無意識心靈的位置。較低層次的感情衝動需要加以克制，而它們是從無意識或甚至潛意識的深處所浮現，確實需要費很大的工夫才能將它們壓下。

在威根的書中，我們可以從字裡行間讀出，他已經觀察到那些必須被壓下的東西並非真正消失不見。在他那位差點在月光下隨著粼粼波光出海而去的「朋友」的故事裡，威根對於這個人的內心狀態有一段令人難忘的描述。他走在海灘上，內心困惑、充滿煩惱，感覺到一股想要大聲喊叫的衝動。他內心裡有種奇怪的感覺，覺得大叫會讓他比較舒坦，或許可以讓他在稍微放鬆之後，重新掌控自己。但他還是抗拒了這個衝動，擔心可能有負責海岸巡邏的守衛會聽到他的聲音。即使在大海的邊緣，在大半夜裡，身邊有陣陣呼嘯的海浪拍擊聲，他仍必須自制。

在面對絕望困惑的時候，他尋求慰藉的話語，朋友和家人卻是給他勸誡的警告和理性的建議。他無從回應。因為如果他試著作任何回應，他會立刻被席捲而去：

> 我感覺要開始講理會讓我陷入激動的狀態，而我失控的腦子將暴露無遺——我應該會發瘋！因此，就像徒勞地想逃出籠子、最後精疲力盡的鳥一樣，我收起了我的翅膀，在心跳劇烈、腦子麻木的狀態下躺了下來——不要再想——不要再思考——不要再理解——不要抱怨或反對，而是要忍受，ipse meum cor edens——默默地承受心底這一分折磨。(36)

第八章　潛抑的故事

——創傷、壓抑與遺忘

任何記憶心理學家，如果有機會對一般聽眾而非專業同儕演講，都知道在中場休息時，至少會被問到三個問題。一、記憶力有沒有辦法訓練？二、女性記憶的運作方式和男性有沒有差別？三、是否有所謂「被壓抑的記憶」？

我們不需在前兩個問題花費太多篇幅。目前對記憶力訓練已經有極廣泛的研究，只要說清楚想討論哪種類型的記憶，我們就有辦法向聽眾解釋什麼樣的訓練可以改善記憶。同樣的，有許多研究探討過性別的重要性，大致上認為：相對於個體之間的差異，性別之間的差異，幾乎是微不足道。對人類記憶的差異真正有興趣的人，針對男女不同來作比較，恐怕不會太有收穫。男女的記憶運作方式一模一樣，只不過他們會記得的東西原則上有所不同。

至於第三個問題呢？它的麻煩不是在於缺乏研究。至少過去一百年來，精神科和心理學的期刊都發表了關於潛抑（repression）的研究報告。這些研究可能產生相互矛盾的結論，但這不是太大的問題，因為心理學家早已習於面對互不相容的結果，而且經過一番分類和篩選之後，對於哪些論點較站得住腳，通常可以形成共識。

定義的難題

說到潛抑，卻是另外一回事。首先，雖然目前有許多通行的定義和企圖下定義的嘗試，但我們對潛抑的意圖、目的一無所知。即使求助於佛洛伊德——直到今天，他對心理學上與潛抑相關的概念，仍有強大影響力——也是無濟於事，因為他可能在前一篇報告和下一個論文之間，自己的定義也會變來變去。即使他在專門討論這個主題的論文裡提出生動的描述，希望讓讀者明白潛抑的確切定義，但他選擇的案例又極度多樣化，讓我們搞不清楚他用這個詞到底代表什麼意義。

另一個使問題變複雜的是，不論我們如何定義「潛抑」這個詞，它和其他像是「動機性遺忘」（motivated forgetting）、「心因性失憶症」（psychogenic amnesia）、「解離症」、「選擇性遺忘」等術語，在定義上都有或多或少重複。上述每一個詞，都會帶出某個用來解釋我們想像中記憶運作方式的比喻，例如阻斷、分裂、驅逐、截斷、壓抑、埋葬、隱藏。就算這些比喻沒有差異變化或是界定意義的問題，這當中還是存在一個近乎無解的問題。

基本上，每一個對潛抑的定義，幾乎都可以看到「創傷」、「無意識」的字眼。試圖定義這兩個詞，又會導致一套循環論證，像是「無意識是心智的一部分，與潛抑的創傷記憶有關」，或者是「潛抑是對創傷記憶的阻斷」。我們得到的是一個晦暗不明的概念，而它又卡在另外兩個同樣晦暗不明的概念之間。

在過去一個世紀裡，概念的含義出現改變的領域，不只有精神科學和心理學，同樣也出現在自然科學。一九六七年之前，一秒鐘的定義仍然是一個平均太陽日的八萬六千四百分之一，但之後它的定義與銫133原子釋放的電磁振動波連結在一起。如今，它的定義更加精細了，但至少它還是有一個定義存在，而且被研究者和他們的學術期刊共同認可。

儘管心理學和精神科學界的重要人物——以及他們所屬的專業機構——為了爭取主導地位在相互競爭，但這兩門學科依然缺乏中心的權威。《精神疾病診斷與統計手冊》（*Diagnostic and Statistical Manual of Mental Disorders*, DSM）出版於一九五二年，如今已修訂至第五版，代表著美國精神科醫師協會長期以來對統整術語和診斷所作的努力。不過，對歷史學家來說，《精神疾病診斷與統計手冊》的價值在於，它演示了理論取向與社會關係的不斷變化是如何使得達成廣泛共識成了不可能任務。

物理學家在思考一秒鐘的定義時，不需要考慮到物理科學領域外的其他人對一秒鐘會有什麼想法。臨床心理學和精神科學的立場則大不相同，因為他們的病患對創傷、無意識和潛抑之間關係的設想，對任何形式的治療都至關重要。

從上述觀點看來，在討論的一開始就為潛抑下定義，不論是採用既有的定義或是重新定義，都會造成誤導。定義會隨著理論和理論出現的時代而變，沾染上當時學術流派的色彩。這件事本身就是問題的一部分。去探討在科學性治療的實作中，過去或現在是如何運用潛抑這個概念，或許會更有成效。如此一來，問題會變得比較容易處理。潛抑是在什麼樣的理論或是實驗的情境脈絡下被發現的？它被認為的成因、被推定的影響是什麼？潛抑會帶來損害或是好處，以及它有可能反轉嗎？嘗試對這些問題提出解答，讓我們有機會觀察潛抑在實際生活上，也就是在它的棲地裡，是如何在發揮作用。

只是被壓抑，沒有被遺忘？

在與潛抑相關的漫長爭議史中，我挑選了三段故事。一九〇五年，佛洛伊德發表了「朵拉」（Dora）的病例史，這名年輕女子因為歇斯底里的症狀，參與了佛洛伊德的精神分析。按照佛洛伊德的解釋，她在不自知的情況下壓抑了各式各樣的事；對她進行分析，可以幫助她讓這些記憶再次浮上意識，以解決她出現的症狀。一百年後，「朵拉」成了佛洛伊德對潛抑概念的經典研究案例。

第二個案例是，大約在一九九〇年，美國出現了有關「復原記憶」的爭議。問題的爭議焦點在於，壓抑小時候遭受虐待的這段記憶，完全忘記自己曾經受虐十年、二十年或三十年之後，是否有可能透過治療來「復原」這些記憶。因為有些案例後來上了法庭，復原的記憶被提出來作為法庭上的證據，因此這個問題有必要加以回答。

第三個故事發生在差不多的時間，也同樣發生在美國。心理治療師法蘭欣・夏皮羅（Francine Shapiro）運用新技術治療創傷記憶，她的療法被稱為「眼動減敏與歷程更新療法」（eye movement desensitization and reprocessing, EMDR）。第一次看到它，可能會覺得它有些荒誕。病患被要求盡可能生動鮮明地回想自己的創傷記憶，並且在同一時間，讓眼睛視線隨著治療師的手或手指頭快速來回移動。這種方法被認為可以移除創傷回憶中的有害情緒，讓它變成較中性的意象儲存在記憶中。一些研究報告顯示它具有正面效用。在許多西方國家，ＥＭＤＲ與認知行為療法都被推薦用來治療與心理創傷相關的失調症。

我將這三個歷史背景差異極大的故事擺在一起，是為了說明「潛抑」這個特殊形式的遺忘——實際上，它被理解為**沒有被遺忘**——深植在大範圍的創傷和無意識的處理程序裡，也存在於那些認為「讓受壓抑記憶重新浮現」有其益處與必要性的觀念中。

佛洛伊德的經典案例：朵拉

十八歲的艾妲・鮑爾（Ida Bauer）已經連續十一個星期——而且是一星期的七天當中有六天——來到貝爾格斯巷十九號進行精神分析。這些療程有固定的程序。艾妲被請入診療室，躺在躺椅上說出腦中想到的任何事。靠近躺椅頭部這一側有一張扶手椅，佛洛伊德就坐在那裡，偶爾做一些筆記。一九九〇年最後一天，艾妲宣布她受夠了，要終止她的分析，並且即刻生效。佛洛伊德因為意外而感到不快，問艾妲是何時作決定的。艾妲說大約是兩個星期前。佛洛伊德心裡想，這是女傭離職前，必須事先告知雇主的期限。對他而言，正式的診療其實尚未真正開始。

佛洛伊德在新的一年最初幾個星期裡，幹勁十足地整理筆記，卻一直到一九〇五年的秋天，才準備好出版艾妲的案例報告。[1]它的書名是《朵拉：歇斯底里案例分析的片斷》（*Fragment of an Analysis of a Case of Hysteria*）。「片斷」指的不光是分析工作的突然中斷，也是因為佛洛伊德認為自己是遵循「那些發現者／挖掘者的典範。因為有他們，那些埋藏多時、珍貴無價的古代殘片遺跡才有幸重見天日」。[2]每一個分析，在某種程度上來說，都是在重建無意識中只浮現部分的事物。佛洛伊德在案例研究報告中，將艾妲化名為「朵拉」，這個名字也因為該案例而廣為人知。

朵拉是在父親菲利浦・鮑爾（Philipp Bauer）的指示下，前往接受佛洛伊德的治療。這位維也納的富有布商在婚前曾經感染梅毒，之後接受過佛洛伊德的治療。朵拉苦於難以治癒的緊張性咳嗽，有時甚至因此沒辦法說話。她的父親在她房間裡發現一封可能暗示有自殺意圖的書信，決定採取行動，帶她接受佛洛伊德的治療，希望能幫她「恢復理智」。[3]

朵拉是「花朵初綻芬芳的少女，外表聰慧迷人」。[4]當她講述自己的故事時，一幅盤根錯節的性關係圖像逐漸浮現。她父母的婚姻並不幸福（鮑爾把梅毒傳染給妻子），他們還與一對代號K的夫妻發展出密切的友誼。朵拉與K太太有許多共處的時間，她對K太太分享了自己最深藏的祕密。K太太與朵拉的父親發展出一段不倫戀情，不久後，相關人等都接受了這樣的情況。朵拉對於母親並未多加談論，只提到她有反覆清潔的強迫症。母女間的情感非常淡薄。

在K先生——後來確認他的身分是貿易代理商漢斯．傑倫卡（Hans Zellenka）——開始追求朵拉時，問題就此展開。他寫信給朵拉，並且送禮物與花束給她。朵拉十四歲時，他邀請朵拉到他的商店頂樓去觀看宗教慶典遊行，但是當她到達時，才發現店裡所有的職員都已經被支開，只剩他們兩人獨處。他把窗簾放下，突然把朵拉拉到身旁並親吻她的嘴唇。朵拉匆匆掙脫，急忙逃開。

兩年後，這兩家人一起到阿爾卑斯山度假。一次在湖邊散步時，K先生再度展開攻勢。他說他的妻子在他心中毫無分量。當朵拉理解到他正在暗示兩人可發展一段關係時，她朝K先生臉上打了一巴掌。回家之後，她立刻把情況一五一十告訴父母親。

不過，當K先生被叫來對質後，整個事件對朵拉而言卻是不幸的轉折。他激動地否認一切，說朵拉執迷於性慾；他的妻子曾告訴他，這個女孩向她打探關於他們愛情生活的種種私密問題，並且熱中於閱讀義大利神經學家保羅．曼特加薩（Paolo Mantegazza）所寫的《愛的生理學》（*Die Physiologie der Liebe*）。

K太太竟然附和丈夫的說法，這讓朵拉非常不滿，而她的父母親也同樣相信K先生。朵拉的說法被當成年輕少女的幻想。她感覺自己被父親送給了K先生，就如同K先生把妻子交給她父親一樣。從那一刻起，朵拉的症狀更加惡化。一九〇〇年十月，她被送到佛洛伊德那裡接受精神分析。

朵拉不抱任何期待。過去其他醫生的診療完全沒有緩解她的喉嚨問題，她也逐漸對所有從事醫療工作的人懷抱幾乎毫不掩飾的輕蔑態度。在分析過程中，她最在意的是讓佛洛伊德相信K先生的事件確實發生過。這一點她成功了。佛洛伊德是第一個相信她的人。他同時也認為自己可以治好在他看來是「歇斯底里症狀」的病痛：少女的緊張性咳嗽和喉嚨問題。

兩星期後，他就寫信給朋友弗里斯，說他認為這個病例沒有特別棘手之處，它可說已經被他「憑藉既有的開鎖工具順利地打開了」。(5)開鎖的鑰匙是性意識，佛洛伊德說，對性慾抱持鄙夷態度的人就沒辦法打開那道門。

房子著火了：朵拉的夢

此前一年，佛洛伊德已經出版了《夢的解析》。他相信朵拉的分析可以證明解析夢在治療上的價值。他解釋，夢「是精神素材可以到達意識的道路之一，由於其內容引發反對，才會在意識中被截斷和壓抑，並因此致病。簡而言之，夢是**可以躲避潛抑的路徑之一**。」(6)上述的強調句，是佛洛伊德在原文中就加上的。藉由解釋朵拉的夢，他洞悉了朵拉的潛抑內容，如果他能和朵拉分享他的洞見，她的症狀自然會消失。朵拉有一個夢境，連續三個晚上以同樣的形式出現：

> 一間房子著火了。父親站在我的床邊把我叫醒。我飛快穿好衣服。母親想停下來搶救她的珠寶盒，但是父親說：「我不能為了妳的珠寶盒讓我和我的兩個孩子被燒死。」我們匆匆走下樓，一到了屋外，我就醒了。(7)

在一段與朵拉的漫長對話中，佛洛伊德要求朵拉描述夢境出現時的時空情境，然後他提出他的詮釋。他詢問朵拉是否知道珠寶盒——德文是Schmuckkästchen——是指涉女性性器時常用的委婉用語。朵拉回答：「我就知道你會這麼說。」佛洛伊德則回應她：「這也就是說，妳本來就知道它代表的意思。」(8)

更進一步說，火是性行為的象徵；深夜大火中，需要搶救的是珠寶盒。在這不久之前，K先生曾送朵拉一個貴重的珠寶盒。佛洛伊德認為，朵拉這時的感覺——不，或許該說是她的慾望——必然是她應該把自己的「珠寶盒」獻給他。「這種念頭需要費很大功夫才能壓抑。」佛洛伊德對她解釋：「妳害怕K先生，不過……妳更害怕妳自己，以及妳覺得想屈從於他的誘惑。」(9)鎖被打開了。朵拉有強烈的性慾，性慾引發了罪惡感，因此必須予以壓抑。在夢裡，朵拉實際上是在懇求父親保護她，讓她抗拒誘惑，以免把自己交給K。

朵拉拒斥了這樣的詮釋。佛洛伊德在其他方面的詮釋，似乎也同樣令她不滿。在一次診療過程中，她無聊地把弄掛在腰間的布製錢包。幾天之前，佛洛伊德曾提到自慰的主題。他說，朵拉在還是孩子時，必定自慰過，而且他也毫不懷疑，這種自慰的衝動必然仍以一種潛抑的慾望存在。朵拉對此激烈爭辯，說從不記得自己曾經有過自慰的行為。

這一次，佛洛伊德看到她躺在躺椅上把玩著自己的錢包：將錢包拉開來，手指滑進裡頭再滑出，闔上錢包，然後又再打開它，手指伸進伸出。他指出朵拉正在模仿自己潛抑的慾望，並用驕傲的口吻補充說，他已經學會觀察每個人隱匿在最深處的象徵符號，因為「即使他們的嘴唇沉默，也可以用指尖閒聊。」(10)朵拉不發一語。那次之後，她再也不帶錢包出門。

另一個類似的詮釋，讓朵拉的緊張性咳嗽消失了。佛洛伊德宣稱，朵拉曾經幻想過她的父親與K夫人之間的關係，並且想像他們進行口交。同樣的，這些幻想也被壓抑了，但是在內心的封閉系統裡，它們仍會透過象徵的、身體上的路徑表現出來，特別像是咳嗽與喉嚨痛。和錢包事件一樣，朵拉這次也是克制自己，對於詮釋不作回應。在那之後，她也幾乎很少咳嗽了。

朵拉的人生

如果你有留意，可以看到實在有太多東西被壓抑了。當朵拉告訴佛洛伊德那場在商店裡突如其來的吻，她說自己「仍然可以感覺到上半身被K先生擁抱時感受到的壓力。」佛洛伊德聲稱，她一開始感覺到的是大不相同的東西：

我相信，在這男子激情擁抱她的時候，她感覺到的不只是唇上的親吻，同時，也感覺到他勃起的性器壓迫她的身體。這種感覺令她反感；在她的記憶中，它被否定、被壓抑，被壓迫在她胸膛這個較沒有罪惡感的感受所替代。它是從潛抑的源頭所引發的過度強烈反應。(11)

佛洛伊德相信，朵拉對擁抱的激烈反應，正是她雖然已十四歲、卻仍然「徹頭徹尾歇斯底里」的證明。佛洛伊德認識K先生。他「仍相當年輕，而且有討人喜歡的外貌」，他的擁抱對「健康的女孩」會引發「性器的官能感受」。(12)朵拉這種厭惡的情緒，顯然是出現了「情緒的逆轉」——這一類反轉，實際上是被隱藏的歇斯底里表現。

佛洛伊德告訴弗里斯，他的朵拉研究是「到目前為止，我寫過最精妙的東西。」[13]很少人認同他這個看法。朵拉當時必然覺得，佛洛伊德的所有詮釋都是對她的攻擊，他的每個詮釋都是從性出發，由一個年齡與她的父親和K先生大致相仿的男子施強加在她身上。[14]姑且不提其他，佛洛伊德還歸因於她對K夫人無意識的同性之愛、對K先生無意識的愛，以及對父親的戀父情結。由於他進行分析的目的，是要透過揭露受壓抑的情感來驅除病患的歇斯底里症狀，因此佛洛伊德把這一切都與朵拉分享。

對於朵拉突然決定終止分析，佛洛伊德感覺受到傷害，但他對此也有一個解釋：她必然是將K先生與她父親的身分投射到他身上了。終止她的精神分析，是在報復這兩名男子在她身上做的事。這一點，他或許是正確的。

後來，朵拉又去見了佛洛伊德一次，在她突然離去的十五個月之後。一九〇一年五月，K夫婦的一個孩子過世了。朵拉前去向他們致哀，並且有機會與K先生和K夫人開誠布公。她告訴K夫人，「我知道妳和我的父親有婚外情。」[15]對方並未否認。K先生也承認，在湖邊散步時，他曾經對她有所企圖。在某種程度上，他們的坦誠化解了一些陰霾。最後這一次會面之後，佛洛伊德與她從此失去聯絡。

二十多年後，一九二二年秋天的某日，菲力克斯．德意志醫師（Felix Deutsch）被請去診察一名有嚴重頭痛的病患。艾妲．鮑爾開口說了一長串她的婚姻問題：丈夫對她不忠，兒子遺棄了她，每個男人都是自大狂。接下來，她提到她的童年。她的父親曾經對她母親不忠，而她父親情婦的丈夫曾經對她不軌。

德意志是佛洛伊德的私人醫師，支持精神分析，也熟悉它的經典文獻。他小心謹慎地提到那個案例研究。沒錯，她就是佛洛伊德的「朵拉」。[16]她也知道自己的經典文獻。

艾妲的健康狀況依舊沒有好轉。她不時咳嗽、偏頭痛、呼吸急促。一九二〇年代，她擔任橋牌教師，並成為大師級的橋牌選手，K夫人則是她的搭檔。納粹德國併吞奧地利之後，如今已是寡婦的她嘗試移民美國，終於在一九三九年來到美國，但也被迫放棄原先的所有財產。生活困頓加上健康越來越惡化，她只在紐約多活了幾年。一九四五年，艾妲·鮑爾因為腸癌過世。

大師的自畫像

佛洛伊德的案例研究，相當於精神分析方法的展示，也讓醫師與精神科專家之外的廣大民眾，有機會一窺他對於性慾、記憶與潛抑抱持的看法。佛洛伊德始終特別將非專業的一般讀者放在心上。他的敘述讀起來與其說是案例的病史，更像是心理小說。

不過，佛洛伊德提供每個案例的同時，也提供了一幅自我的畫像。讀者們看到的是勤奮工作的他，熱切把握機會將病患呈現給他的讀者。他提出問題、指出病徵、建議診斷、大聲說出內心的想法、分析、解釋——比起其他地方，他在此似乎較沒有自覺：他本人也成了被觀察的對象。特別是他的案例研究，就像鏡中的映影一樣，也展示了驅使佛洛伊德的內在動機。文字中不時浮現他隱含的主張、盲點和未明言的假設。「朵拉」的案例比其他案例更是明顯。

「朵拉」的案例被許多人拿來分析與研究。[17]法國心理學家雅各·拉岡（Jacques Lacan）相信，佛洛伊德將自己認同於陽剛的K先生，因此當他突然被要求結束分析時，他的驚訝程度不亞於K在湖邊散步時遭到掌摑。同樣的，在女性主義的詮釋中，佛洛伊德才是被分析的對象，被視為陷入男性幻想的可憐蟲，以為當年齡較長的男子對少女表達「性趣」時，會讓她感受到肉慾的需求。也有人指出，佛洛伊德宣稱「健康的女孩子」在男性追求時會受到挑逗，其實隱含了他異性戀男性的偏見。

法國作家愛蓮・西蘇（Hélène Cixous）則比眾人更進一步。她拒絕將朵拉視為受害者。在她的劇作《朵拉的肖像》（*Portrait de Dora*）裡，朵拉才是真正的英雄。(18)透過歇斯底里，朵拉站上了所有人都想驅離她的位置：受關注的中心。她打破按照她父親與K先生的期望所量身打造的存在秩序，當她的父親試圖透過佛洛伊德讓她恢復理智時，她用自己的方式面對，駁斥他的分析、捍衛自己的祕密，就如同她在夢中守住自己的處女貞操一樣。十一個星期之後，她丟下滿心困惑的佛洛伊德，就如同當初她在阿爾卑斯山的湖邊離開K一樣。

這類的回應，就一定程度來說，是在叫這位創始人坐到那張躺椅上躺下，接受別人的分析。他內心最深處的想法感受，被人依據他自己制定的原則——認同、壓抑和投射——進行解讀詮釋。坐在躺椅靠近頭這一側的分析師，從佛洛伊德那裡學會了如何傾聽。一個人的遣詞用字、猶疑、前後不一、說溜嘴、夢境——上述每一項或其中任一都可以是線索。沒有任何一種精神科理論的意識形態會像精神分析這般，招來如此多的批評；也沒有任何一種精神科理論，在自發的狀況下，提供它的批評者這麼多有用的工具。

佛洛伊德如是說

記憶最終是精神分析施展身手的原始材料。不過，佛洛伊德最主要觀察的，是被記憶遺漏的東西。它從回憶既往（anamnesis）開始。病患告訴他的一切，都不能只看它的表面意義。佛洛伊德在著手寫朵拉案例研究之前就解釋過，病患會因為恥辱或害羞，對過去的某些記憶沉默不言。其他有些記憶，則不會在分析時進入意識中；而有些真正被忘記的記憶，往往由編造出來的記憶取代。

因此，分析師應該持續注意「有意識的不真誠」（conscious disingenuousness）、「無意識的不真誠」（unconscious disingenuousness），以及「記憶的變造」（a falsification of memory）。[19]不過，在這些虛假與半虛假之中，有一件事要牢牢把握住：病患已經忘記的事——不論是哪一種意義的「忘記」——重要性絕對不下於他記得的事。這些缺口可以提供成功重建的線索。佛洛伊德會提到考古遺跡的挖掘，並非毫無緣由。

佛洛伊德將潛抑視為三角形中的一角，另外兩角則是歇斯底里與創傷。在朵拉的案例中，K先生對她有所企圖所隱含的對立衝突，成了潛抑的創傷，在此同時，她也壓抑了自身對他的慾望。不過，潛抑的事物並不會因此就消失。隱藏於無意識的創傷或是禁止的慾望，可能引發身體上乍看似乎難以解釋的怪異不適。佛洛伊德寫到，他的病患身上的歇斯底里症狀，是「他們最私密和潛抑慾望的表現。」[20]

反過來看，精神分析的詮釋可以釐清潛抑的事物，並因此解決記憶的喪失。把無意識的想法轉化為有意識的想法，既可以解除症狀，最終也會解決記憶失調的問題。這個過程中，你幾乎無法期待病患的認可。事實上，抗拒和反對正好證明了分析師的做法是正確的。朵拉的案例也不例外。

對於玩錢包、緊張性咳嗽，以及想起K先生的擁抱時就產受上半身受到擠壓的感覺，朵拉以沉默或抗議來回應佛洛伊德的詮釋，但是佛洛伊德對她的否認毫不在意。「當潛抑的想法第一次在有意識的感知中被提出時，病患說『不』的反應，只是揭露了這個潛抑的存在與其嚴重性；事實上，他的反應等於潛抑強度的測量計。」[21]好的分析師必須在某種程度上具備不會受影響的泰然自若。

讓不受歡迎的客人離開你家客廳

在古典精神分析中，病患放棄對自己心智的主控，轉而將之交給分析師；基於其如何導引出無意識和無意識中潛抑事物的專業知識，分析師了解病患的程度甚至勝過病患自己。分析師掌握一套象徵的語言，能夠詮釋夢、明白說溜嘴的源頭為何。即使病患已經忘了某件事，分析師可以從遺忘留下的缺口形狀，猜測被遺漏的元素原本應有的樣貌。

這些詮釋，其實是許許多多的假設，這一點連佛洛伊德本人也承認。它們需要予以驗證——但是要依據什麼？不是依據病患本身的說詞。病患對某個詮釋的抗拒，不能證明分析師是錯的，因此，病患對詮釋的同意，自然也無法被視為其有效性的證明。如果朵拉的「不」可以被解釋為「是的」，那麼「是的」也沒有任何分量。

佛洛伊德的理論如今被視為無法驗證為真，但他本人也意不在此。對佛洛伊德而言，與病患分享分析的結果後，歇斯底里的病痛消失，說明了分析是正確的。佛洛伊德對朵拉說明了引發她咳嗽的潛抑幻想之後，朵拉的緊張性咳嗽就停止了。這想必讓坐在扶手椅上的佛洛伊德心滿意足地往後一靠吧。

不過，這種形式的肯定，也留下未解的問題。不管是朵拉的案例或其他人的例子，就算身體的病痛在分析師提出詮釋之後消失了，也不能證明它的消失是因為那一套解釋。反過來看，當某個病痛持續不能解除，同樣也不肯定分析師對病痛起源的解釋就是錯誤的。

對於精神分析解釋的真實性，我們還可以再加上另一點質疑，那就是：關於潛抑的確實細節，我們並不清楚。佛洛伊德不是發現潛抑的人，這個術語也不是他發明的。他的傳記作家恩尼斯特・瓊斯（Ernest Jones）表示，一八二四年，哲學家約翰・弗里德里希・赫爾巴特（Johann Friedrich Herbart）曾在文章中指出，Verdrängung（潛抑）是從意識中排除那些與既存於此的概念相衝突的想法。[22]佛洛伊德引介了這個詞的特定意義，但是在他漫長的學術生涯裡，他的定義也並非始終完全一致。

在一九一五年的〈潛抑〉（Die Verdrängung）一文中，佛洛伊德盡其所能以相對較不複雜的方式，提出他的概念。他用斜體字強調，潛抑的本質「簡單來說是把某件事移開，並讓它與意識保持一段距離」。[23]因為被壓抑的東西必定得跑去別處，「無意識」與「潛抑」互相定義了彼此：沒有「無意識」，創傷或是被禁止的慾望就無法從意識離開。顯然為了想釐清這一點，佛洛伊德用了一整串的比喻來談論潛抑。

他在同一篇文章中寫到，可以把潛抑想像成「讓不受歡迎的客人離開你家客廳」。你甚至可能想在門口安排一個守衛阻止他回來。佛洛伊德在其他地方形容潛抑是「驅逐」、「刻意的遺忘」、「分裂」、「解離」（dissociation）、「壓制」、「阻絕」、「禁止的念頭」、「迴避的念頭」、「注意力的抑制」，以及「排除在外」。門口的「守衛」，在其他的比喻中被形容為「監控」（censor）。[24]我們不能苛責佛洛伊德使用比喻，但它們彼此都有所差異，每個比喻都激起範圍各自有些微差異的聯想。「解離」和「分裂」似乎意味著通往意識的通道已經消失，被壓抑的事物已無法回復。相反的，「守衛」暗示了有意識的心智需要保護，以防不受歡迎的客人不斷嘗試再次進入客廳；而「監控」表示需隨時警戒，避免被繞道攻入。

關於潛抑最適當的定義，至今仍持續有所爭論，儘管它們的爭議逐漸從執業的精神分析師觀點之間的差異，移轉到歷史學家對於佛洛伊德這個概念工具的詮釋。主要的重點包括，性慾的排除或連結問題、對於潛抑之事物試圖通過監控所使用的象徵式語言的詮釋，以及解離與潛抑二者之間差異的更精確區分。關於潛抑的最激進問題，要很晚之後才會出現，那就是：潛抑是否真的存在？

潛抑真的存在嗎？

「現在應該差不多是慶祝『潛抑』這個字百週年紀念的時候了。」一九九四年，法律心理學家漢斯．柯洛姆貝格（Hans Crombag）與彼德．范．柯本（Peter van Koppen）如此表示，感覺是個歷史時刻的到來。[25]這兩位作者從一個全新的角度發表了文章，針對潛抑這個持續不斷的辯論主題提出疑問。這是該文開頭的第一句話。

有些問題已經被提出相當一段時間了：潛抑是否真的存在？創傷事件是否真的會被驅趕出意識之外？它們不論如何都會從無意識持續影響我們的行為和經驗嗎？記憶經過潛抑之後，會成為意識中被「分裂」出去的部分嗎？治療師可以使用催眠或是夢的分析等特殊技術來復原「遺忘的記憶」嗎？記憶的研究者對上述每個問題都已提供相當多的不同解答。二十多年來，其爭議激烈的程度，有如激烈的壕溝攻防戰。

柯洛姆貝格與范．柯本提出的問題，第一眼看上去似乎並非直接相關。他們想要知道人們是否**相信**潛抑存在。他們找出答案的方法似乎有點太過簡單：用一份問卷。它或者可以當成「湯瑪斯定律」（Thomas theorem）的一種應用：「如果定義某個情況是真的，則結果也會為真。」[26]柯洛姆貝格與范．柯本認為，即使潛抑並不存在，因為我們認定它確實存在，因此它仍會影響我們涉及潛抑相關狀況時的處理方式。他們很快就著手實際研究。

假設一名女子透過治療後，相信自己在童年時期曾遭受虐待，因此提出控訴。對於受虐，她已經忘了很長一段時間。它受到潛抑，但如今遺忘的記憶被「復原」了，她希望加害人受到法律的制裁。假如檢察官決定追查這個案件，將出現一個複雜的情況。嫌疑犯否認指控，而且沒有人證。法官必須決定復原的記憶是否能被接受為證據，他可能傳喚一位專家證人。這時候，情況又會變得更加複雜。

如果法官邀請的是馬斯垂克大學的哈拉德．梅克巴赫（Harald Merckelbach）或英內克．魏瑟爾（Ineke Wessel）這類的記憶研究者，他們會解釋，至目前為止，沒有人在實驗室的控制條件下成功證明了類似的「潛抑」。(27)

不過，如果法官決定傳喚的是同一所大學的伯娜丁．安辛克（Bernardine Ensink），她會作證指出，她自己的研究顯示，在童年嚴重受虐的女性，三個人當中就有一人會在一段時間內忘記受虐的事，因此「復原」不必然表示記憶不是真的。(28)

面對相互衝突的專家意見，法官只能憑藉自己既有的信念來做作判決。因此，知道法官——還有律師、檢察官、其他從事法律相關人員——**相信**潛抑的存在到什麼樣的程度，就變得非常重要。

柯洛姆貝格和范．柯本在他們的問卷裡，提出了兩個要求回答「是」或「否」的問題：

你是否相信「潛抑」（長時間之後遺忘創傷事件）會發生？

你是否認為自己有可能壓抑了對創傷事件的記憶？(29)

有一組問卷的回答者是一百三十四位馬斯垂克大學法學院的學生和教職員，姑且稱為「法律組」。另一組是人數相同的「心理組」，由心理學家、補救教育學家（remedial educationalist）、小兒科醫師，以及其他參與青少年性虐待研討會議的照護工作者。

在法律組中，有百分之八十七的人相信潛抑會發生。心理組的比例還要更高一些，有百分之九十五。因此，梅克巴赫和魏瑟爾的主張，在同行之間，至少在這一群特殊的同行之間，是屬於少數人的意見。

不過，真正讓人驚訝的，是對第二個問題的回答。只有百分之五十六的法律組人士，以及百分之四十七的心理組人士，認為自己可能潛抑了某些東西。這是個值得玩味的結果。似乎有大約一半的受訪者相信，潛抑是其他人會做的事，但是不大可能發生在自己身上。從這個角度來看，絕大多數人對於潛抑是否存在，都肯定回答「是」，但是他們當中只有一半的人，相信潛抑是人類記憶的普遍特質。

在一個稍後進行的研究中，梅克巴赫和魏瑟爾觀察了心理治療師的觀點，確認了其中有百分之九十六的人相信潛抑會發生，還有百分之八十四的人相信它會引發心理的問題。(30)

在實際的法庭案例中也出現了佐證，只是它非關潛抑，而是關於「相信潛抑與否」。一九九五年，記憶心理學家威廉・亞伯特・華格納爾（Willem Albert Wagenaar）以專家證人的身分出席了一場民事案件審判。一名女子指控在三十一年前曾遭哥哥性侵，要求五萬荷蘭幣的損害賠償。(31)當時她年僅四歲，她的哥哥則比她大八歲。

華格納爾表示，正反雙方都可以找到觀點來支持他們對於「復原記憶」真實性所抱持的立場。其中一方會將它視為幾十年都無法尋回的記憶可以透過治療回想起來的證據，另一方則會從同樣的故事中看出這類記憶是「編造出來的」的證明。控辯雙方都動用了專家證人在法庭提供證據。

這正是柯洛姆貝格與范・柯本所勾勒的情境。這種情況下，只能看法官自己相信什麼，來決定兩個衝突的解釋哪一個是對的。判決之後，其中一方可以宣稱這個案例是支持其理論立場的佐證。華格納爾的結論是，它產生了災難性的循環論證：由理論導引出來的判決，成了提供理論支持的依據。這是湯瑪斯定理的明顯範例：信念會產生真實的後果。

柯洛姆貝格與范・柯本把潛抑描述為「非自主且突然地將創傷事件排除出自傳性記憶，導致長時間無法有意識地提取該事件的記憶。」(32)這個定義試圖含括今日對於「潛抑」的所有相關聯想，但是它也強調了自佛洛伊德在一百年前第一次描述潛抑以來的一個重大改變，那就是：它將潛抑的成因範圍限縮在創傷。

佛洛伊德相信，被禁止的慾望，以及罪惡感，這兩者也有可能被壓抑。潛抑與歇斯底里的關聯性——佛洛伊德認為後者同時是潛抑的成因與結果——在過去一百年已經完全消失。柯洛姆貝格與范・柯本提出的調查，企圖解釋為什麼了解未來將成為法官和律師的人如何看待潛抑這個概念是非常合理的。它精確反映了他們書寫那篇文章當時的時代氛圍。

一九九〇年代中期，關於「復原記憶」的爭議到達最高峰。在專業期刊與法庭內，對於創傷事件——實際上，通常是指性虐待——是否真能從記憶中被排除這麼久的時間、以至於看似已被遺忘，存在著激烈的衝突爭議。這類的衝突近來已經逐漸平息。

在荷蘭，一個於一九九四年由被控施虐的父母成立的研究小組，已經在二〇〇四年解散，原因是缺乏新的案例。不過，有關「錯誤記憶」（false memory）的網路資源，仍持續提供數百個網站的連結，反映了關於記憶、創傷與遺忘三者間的關係，持續超過十年的爭論有多麼激烈與密集。(33)如果我們希望關於潛抑是否確實存在的問題不至全然懸而未決，那些網站上彼此交鋒的意見或許能提供一些幫助。

復原記憶的案例：蘿拉

蘿拉．派斯利（Laura Pasley）在三十歲出頭時尋求協助。她從十歲開始就罹患了暴食症，她的體重過重，學業中輟，自認外貌醜陋、缺乏安全感。在教會牧師的建議下，她向心理治療師史帝夫（Steve）尋求諮詢。

第一次的諮詢療程中，史帝夫就問蘿拉是否曾遭受性虐待。她證實曾經有過。九歲時，有個男孩在泳池裡突然用手指插入她的體內。因為覺得尷尬，因此她從未告訴任何人。史帝夫說他問的不是這個。但她能記得的，似乎就是游泳池裡發生的事。史帝夫想找出內心更深處的東西，某種必須從她記憶最底層挖掘出來的東西。他對她解釋，飲食的失調症必定指向更嚴重的受虐。他們兩人必須一起探索出這個隱藏的創傷。

在接下來的幾次療程裡，蘿拉閉上眼睛坐下，傾聽史帝夫對她進行的治療。她對史帝夫所說的內容不大了解，但是史帝夫強調這不是問題，因為他是直接對她的無意識說話。療程的頻率增加了。她的保險公司拒絕再支付治療費用，因此蘿拉沒有車子代步，財務也出現問題。

有一天，她正在用吸塵器打掃時，腦中突然看見一個大約三歲的小男孩，正試圖用枕頭讓一個小嬰孩窒息的影像。下一次的療程中，史帝夫試圖讓她相信，她的哥哥曾企圖殺害她。透過催眠，她看到小時候坐在浴盆裡的自己，母親將指尖插入她的陰道。之後，她又回想到母親曾用衣架虐待她。隨著治療的進行，她的情況越加惡化，一度因為服藥過量而送醫治療。

接著，團體治療開始了。史帝夫安排了蘿拉和其他大約十位女性進行持續數小時的聚會，活動內容包括催眠、記憶片段閃回（flashback）與角色扮演。輪到蘿拉上台時，史帝夫不停對她吼叫，說她仍閉口不談自己最糟糕的事。其中一名女性描述了關於魔鬼儀式的記憶，開啟了另一串關於虐待與強暴的敘事。最後，蘿拉開始能夠「看見」輪暴和與動物性交的場景。

她再度因為服藥過量而送醫治療，而且出現失眠症狀。她持續暴食，體重增加將近五十公斤。經過四年的療程後，她的情況惡化到無以復加。當史帝夫告訴她，她做得不夠努力時，蘿拉終於受不了。她決定不再接受他的治療。

事情真正的轉折是在兩年後，她讀到一篇關於錯誤記憶症候群的文章。文章裡訪問了一對年長夫妻，他們被女兒指控以魔鬼儀式虐待她，而那個女兒剛好就是蘿拉團體治療小組的一員。蘿拉與這對老夫婦聯絡。她認為在治療小組中聽到的可怕故事，跟自己和這對友善的夫妻接觸後所得到的個人印象，完全無法聯想在一起。

漸漸地，她開始對自己過去曾提出的指控、記憶片段閃回的經驗感到懷疑。她說，就好像自己腦中突然打開了一盞燈。如今她明白過去發生在自己身上的事，於是決定對治療師提出控訴。史帝夫急忙尋求庭外和解，提出協議賠償，蘿拉也接受了。她感覺人生終於又重新回到自己的掌握中，暴食的症狀也停止了。

因復原記憶而受害

蘿拉・派斯利的故事，是馬克・潘德格拉斯特（Mark Pendergrast）所著《記憶的受害者》（*Victims of Memory*）書中諸多短文的其中一篇，作者本人也是被控亂倫的父親。(34)派斯利是最早一批收回受虐指控的人之一。在她之後，越來越多人開始相信自己受到了治療師的誤導，其中許多人也成功採取法律行動。雖然這些人有幾百人，但比起那些在治療過程中找回發生在很久之前的「記憶」，並與她們的父親、兄弟、男性長輩或其他人正面衝突，後來往往還提出正式訴訟的數萬名女性來說，她們的人數仍屬微不足道。

派斯利的案例不具有絕對的代表性。大部分處理類似她這種問題的治療師是女性，被指控的則幾乎永遠都是男性，通常是家庭成員之一。但是在其他方面，派斯利的故事是好幾萬人故事的濃縮精華版：一個有心理問題的女性接受診療；治療師暗示了性虐待的背景；「遺忘的記憶」透過催眠、夢的分析或回溯療法而浮現；這名女子相信自己曾受到性虐待，決定與加害者對質，如果對方仍在世就提出訴訟。它幾乎必然的結果，是對家庭關係無可彌補的傷害。

派斯利的案例讓我們清楚看到，用中性、不帶偏見的詞語述說這一類故事，幾乎是不可能的事，這也說明了關於「復原記憶」的辯論兩極化特質。「復原」這個詞同時暗示了挽救和療癒，意味著回想起遺忘多年的事是有可能的。

對此抱持懷疑的人，會用「假性記憶」（pseudo-memory）或「錯誤記憶」來稱呼它。一九九二年，美國那些被錯誤指控的父母，決定將他們成立的組織命名為「錯誤記憶症候群基金會」（False Memory Syndrome Foundation）。很遺憾，我們至今仍未找到一個中性的用詞來指稱它。許多論文的

作者為了表達中立性，選擇在文章標題上將兩者都納入。(35)

創傷與遺忘的戰場

許多不同學術領域、組織和學科都捲入了這場辯論：精神科學、臨床心理學、記憶研究與醫學。這些還只是最明顯會被牽扯到的其中幾個。每一個復原記憶的案例，不論當事人的遭遇如何親密和私密，都會在整個社會機構的網絡掀起漣漪，當中包括保險公司、雇主組織、醫院、心理健康服務、法律專業、兒童保護機構、政府經費支助的福利機構，以及受害者支援保護機構。

我們對於「復原記憶」這場運動的起源，似乎並無異議。它可以追溯到一九八八年艾倫·貝絲（Ellen Bass）和蘿拉·戴維斯（Laura Davis）合著的《錯不在妳》（*The Courage to Heal*）。兩位作者都是治療師，活躍於一個受性虐待婦女的草根運動中。(36)她們為懷疑自己是否在孩童時期曾經受虐的女性提供了一個檢查清單，當中的問題如下：

妳是否覺得自己很軟弱，像個受害者？
妳是否覺得自己與他人不同？
妳是否覺得自己很消極？
妳是否害怕成功？
妳是否經常感覺不知所措？

她們在書中直接向讀者對話，表示如果其中一題或多題的答案為「是」，就是妳幼年創傷經驗的指標，即使妳目前對這些事件不存在任何記憶。你對自己曾經受虐的經驗，一開始往往只是一種模糊的懷疑，一個內在的聲音。要認真傾聽它。兩位作者遇過的每一位存有這類模糊懷疑的人，稍後都會發現過去或多或少曾有受虐的經驗。沒有一個懷疑事後不得到證實。

要喚回被遺忘的記憶，催眠往往是有幫助的。不過，斷裂的連結也可以透過創造性療法（creative therapy）、回溯療法、夢的分析和身體導向療法（body-oriented therapy）予以回復。治療的最後重點，往往是正面對質，意思是找出加害者，並告知他們其作為曾經帶來的傷害。

不到兩年時間，美國成了記憶戰爭的場景——這裡的戰爭應該是複數形式，因為它有許多不同的戰場。網際網路是其中之一。治療團體、自助團體、收回指控者、工作坊、損害賠償評估顧問成立的數以千計網站，在虛擬的世界裡延燒戰火。法庭很快就變成專家爭鬥的舞台。在科學界，關於記憶、創傷和潛抑的書籍和文章數量呈指數型成長。這樣的大爆發該如何解釋？如果《錯不在妳》是引燃的火花，炸藥桶到底是打哪兒來的？

「復原記憶」運動給的答案很簡單：性虐待的情形，遠比我們原以為的還要普遍。它大部分影響的是女性，而專家的治療提供了安全的環境，讓受虐的記憶可以被「挖掘」出來。其他女性受到鼓舞而尋求協助，案例的成長因此不斷自我強化。不過，假設性虐待四處都會發生，為何復原記憶的運動在地理分布上有這麼高的選擇性？這種特殊模式背後有什麼社會因素？

普林斯頓大學的英國文學教授伊蓮·蕭華特（Elaine Showalter）曾試圖稍微跳脫時代因素，從歷史的角度來看待這場記憶的戰爭。[37]她的早期著作《女性疾病》（*The Female Malady*），是針對歇斯底里作為精神科診斷的歷史研究。[38]她將「復原記憶」運動的快速興起放在同一個範疇裡討論，並且將環繞著它出現的治療，看成正當化那些在當代實質上是社會與心理問題的實踐方法；這些問題，過去在女性身上稱之為歇斯底里症，在男性身上稱為精神衰弱症。她的論點中有一個重要面向，是關於歇斯底里症在現代社會中具有什麼樣的敘事特性。復原記憶的故事——包括波斯灣戰爭症候群或多重人格疾患的故事——可以透過網路、報紙和其他媒體快速擴散，有如流行病的病毒蔓延。書籍、電影、紀錄片提供了復原記憶的故事原型。過去從未曾聽過復原記憶的人，也開始熟悉它們所引發的心理問題，並關切自身的失調症是否也是因自己潛抑的事件所引起。

到美國進行教育訓練之旅的治療師們，正好在那裡學到復原記憶的療法。這個事實或許意味著，他們自己國家也會興起類似的運動。人們接下來訴說的故事，以及治療師接下來找尋的線索，彼此間將會非常相似。這裡同樣會出現一個危險的循環論證：這些故事彼此間的高度相似，可能會製造出一種「故事中的復原記憶是真的」印象。

復原記憶的議題造成了治療群體的立場分裂。類似貝絲與戴維斯提出的檢查清單，其可靠性從一開始就受到質疑，而且絕不是所有治療師都相信創傷記憶可以被掩埋，或是認為試圖挖掘它們具有治療上的價值。婦女運動也同樣出現分裂。協助受虐女性的行動深植於女性主義中，長期以來一直面對著大眾對於虐待的嚴重性和普遍性所抱持的被動態度。葛洛莉亞・斯泰納姆（Gloria Steinem）就是復原記憶運動的支持者之一，然而，也有女性主義者認為，根據假性記憶採取法律行動，對真正的受虐案件反而會造成損害。

無法在實驗室複製

記憶的科學研究一樣也成了戰場。一九九〇年，美國心理學家大衛・霍姆斯（David Holmes）寫到，他早在一九七四年便已作出結論，認為沒有可靠的證據可以支持潛抑存在，在那之後也沒有任何研究的發表讓他改變看法。(39)

一九三〇年代的實驗似乎顯示，和愉快的事件相比之下，人們在回想不愉快的事件時會較少描述細節。但稍後的研究發現，還有一個重要因素會決定我們的記憶有多詳細：事件發生時的情緒強烈程度。至少，在這個例子中，愉快的事件發生時是伴隨著更強烈的情緒。(40)

霍姆斯同時也提到，較近期的一些研究似乎顯示，我們辨認會引發緊張情緒的字詞，要比辨認中性的字詞花更多時間，彷彿我們會在知覺層面上抗拒某些字以保護自己。結果後來被人發現，實驗中所謂「引發緊張的字詞」是一些較罕用的字（比那些中性的字詞少見），這解釋了辨認兩者所需的時間差異。(41)

還有的研究使用模擬意外事件的幻燈片，希望能在控制條件的實驗室裡證明潛抑存在。(42)結果，同樣沒能找到潛抑的證明。

所有這些實驗告訴我們的重點是，創傷與潛抑的研究無法在實驗室裡進行。安辛克沒有說錯：對常在電視上看到各種刺激畫面的人來說，意外事故的創傷影像（幻燈片）到底能有什麼影響？。(43)臨床心理學家歐諾・范・德・哈特（Onno van der Hart）在挑戰梅克巴赫與魏瑟爾一篇關於復原記憶的文章時，有點惱怒地說著反話：「所有現象都不存在，除非能在實驗室中被複製。」(44)倫理學對於參與者在實驗中可以接受什麼類型的刺激設定了界線。即使是標準最寬鬆的倫理委員會也有其底線，以免實驗變得不堪。實驗當然不能製造逼真的創傷。

對許多門診醫師和治療師來說，實驗室裡的潛抑研究並無必要，因為他們每天執業時都會遇到。在診療室裡，他們為經歷創傷事件來尋求協助的人看診，而且他們通常要花很大的工夫，才能回想起對於事件的記憶。有些時候，它牽涉的不只是單一事件。記憶喪失的範圍可能更廣，涵蓋長期的侵害、虐待，或是在集中營度過的年月。范．德．哈特寫道：「綜合這些研究，證實了創傷事件確實會造成完全失憶。」[45]但他也指出這是臨床的研究結果，而若是從實驗心理學的觀點來看，可能會出現各式各樣的異議。在有關潛抑的爭議中，這確實是一個問題。一般而言，臨床心理學與實驗心理學的方法論是不同的型態。

臨床工作者通常是用案例研究來報告他們的發現，而實驗心理學家對這種形式的研究沒有太高的評價，從而提出一些疑問，例如單一個案具有多少代表性，因為它既不可能複製，而且除了負責的治療師兼研究者本身，其他人驗證研究結果的機會很有限。經常有人主張，這類型研究並非真正的科學。

實驗心理學家偏好的研究，擁有較大規模的實驗參與者和細心控制的實驗條件，卻因此招來旁人指責他們觀察的並非真實的創傷，對此他們也很難反駁。在復原記憶的辯論中，出現了常見的移轉（shift）：從事實的觀點差異，轉變成「什麼才能算是事實」的觀點差異。爭議的焦點轉到了關於判別標準、定義與方法的層次。

真實的創傷糾纏不休

科學唯一會遭遇到真實創傷的地方，是個人或是集體性重大災難發生之時，例如地震、空難、重大交通事故、火災、綁架、強盜或強暴事件等。它們被很隨意地概稱為「大自然的實驗」，讓研究者有機會充分觀察到記憶的「反應」。從這樣的創傷事件，我們能對潛抑與遺忘有多少了解？

令人震驚的事件會導致「解離」，以至於記憶「被分裂出去」、變得難以提取——這個理論目前尚未找到可以支持的佐證。有人曾對一百一十五名經歷過重大槍擊案件的警察進行調查，以研究他們對於事件的記憶有「潛抑」發生。[46]結果是否定的。事實上，這些人往往發現自己會在腦海中再次經歷該事件，並深受這些閃回的記憶困擾。這種現象在越戰退伍老兵，以及參與波斯灣戰爭的士兵身上，都可以發現。

奧許維茲集中營的倖存者，從不曾經歷任何可稱之為「解離」的經驗。他們的記憶似乎沒有發生潛抑。事實上，真要說的話，這類記憶會在不期然的時刻湧現，並造成不安的效應。[47]這不表示這一類記憶（如果有辦法確認的話）是被分毫不差地複製在意識中——創傷記憶中會出現改變或扭曲，正如其他任何的記憶一樣——而是在說它們並未被壓抑或遺忘。

在特別針對孩童進行的研究中——與復原記憶的爭議相關——也觀察到對於創傷大致相同的反應。十六名五歲到十歲的兒童曾經目睹父母遭人意圖殺害，對事件仍保有極鮮明的記憶，而且不時會重新想起，使他們一再體驗事件當下的感受。[48]類似的研究還有十位五到十七歲孩童曾目睹母親遭強暴，也都表示犯罪現場的景象不時會在腦海中浮現。[49]

復原記憶的研究，通常是從記憶殘存的片斷重建出來的東西出發，而這些片斷被視為實際事件的線索。上面提到的研究，則是從另一頭開始。那些困擾當事人或造成創傷的事件都有完整的紀錄，研究者從這些資料著手，調查該事件是如何被記憶或遺忘。[50]而不論是哪種研究，結論是共通的：某種程度的遺忘確實存在，以至於一些細節在記憶裡消失，然後記憶逐漸出現一些出入，但沒有記憶被潛抑或分裂。創傷給予記憶的指令，似乎是要它們反覆出現，而非壓抑它們。

EMDR：眼動減敏與歷程更新療法

消防員瑪莉塔（Marita）在二十四歲時，跟著小隊出勤前往一座失火的老教堂。她的隊長衝入約十公尺前的一條窄巷裡。就在這一刻，牆突然倒塌。隊長因無法即使脫身，當場罹難。瑪莉塔目睹了事件經過。這次的意外後，她對隊長產生了歉疚感，殉職的隊長是有家室的人，而她自己未育有子女，卻活了下來。由於過度恐懼，她無法繼續出勤，只能負責內勤工作。五年後，她仍然擺脫不了惡夢和對同事死亡種種細節的記憶，於是開始接受心理治療師的治療。

二〇〇九年，《眼動減敏與歷程更新療法案例》（*Casusboek EMDR*）於荷蘭出版，瑪莉塔是書中二十五個病例的第一個。[51]該書對於病患與治療師在眼動減敏與歷程更新治療中的進行程序，提供了清晰的概念。

在第一次療程中，治療師詢問瑪莉塔關於那次事件中最糟的記憶是什麼。她說了三項，治療師提議先處理第一個，也就是牆倒塌的影像，以及隨之而來的悲傷與無力感。在治療師要求下，瑪莉塔盡可能清楚地在心中回想當時的影像，讓她非常的不舒服。治療師要求她從〇到十的量尺中，說明她感到不適的程度，瑪莉塔的回答是九分（用EMDR的術語來說是SUD 9，代表九個自覺不適單位〔9 Subjective Units of Distress〕）。她戴上耳機，左右兩邊耳朵會輪流聽到滴答聲響。在此同時，她要說出想到這個記憶時帶給她的任何感受，以及身體因此出現什麼樣的感覺。

過程中，治療師會不時提出問題來打斷她，然後再度要求她專注回想回憶中的圖像。漸漸地，SUD降到了七分（「好像感覺呼吸變得不一樣」，接著變五分（「感覺就像在看不相干的人的照片」），再來是四分（「沒感覺，我覺得不好也不壞」），然後是〇分（「現在我可以平靜看著那個影像了」）。(52)

一個星期後，她說自己曾試著回想牆倒塌時的影像，但它已經變得較模糊，而且她覺得這麼做的時候情緒不再那麼激烈。接下來的幾次療程，其他的痛苦記憶也被處理了。四次的療程對她而言已經足夠。

EMDR是一套還在尋找理論依據的技術，連每天運用它的治療師也不明白它為何有效。儘管它的名稱就載明了眼睛的運動，但今天已有明確的共識認為，瑪莉塔案例中使用的滴答聲也同樣奏效。名稱中的「減敏」和「歷程更新」字眼，也同樣環繞著不確定性：沒有人真的明白它們對治療效果有何貢獻。

治療PTSD的成效

美國加州心理治療師法蘭欣．夏皮羅在一九八九年首次公開EMDR療法。(53)它起源自她有一次在公園散步，突然發覺自己正在回想一個不愉快的經驗，並發現自己在回想時，眼球也同時快速地來回左右移動，然後這些記憶似乎就失去了原本令人不快的情緒衝擊。她決定把它當成一個治療技巧，用在受創傷記憶所苦的病患上。她在一九八九年發表的論文是她的博士研究內容：在使用EMDR治療二十二個創傷後壓力疾患（post-traumatic stress disorder, PTSD）的病患後，最後他們全都痊癒了。

一九八〇年，創傷後壓力疾患第一次被納入第三版的《精神疾病診斷與統計手冊》，此後一直名列其中，只是內容稍作調整。目前診斷的標準指出，病人受到惡夢或記憶片段閃回的困擾，並且會嘗試盡可能避免與創傷相關的刺激。病患往往會同時傾向過度警戒和敏感，也就是「高警醒」（hyperarousal）狀態，可能導致睡眠和專注力的問題。ＥＭＤＲ療法的使用急速增加，是在被診斷為罹患創傷後壓力疾患的人數同樣快速增加的時代背景下。

這套技巧在當初設計時與如今的應用方式，有幾個重大差異。ＥＭＤＲ當中的Ｒ（歷程更新）是稍後在一九九一年才加上去的。夏皮羅一開始相信，眼球運動有助於加速減敏感。所謂減敏感，是治療創傷與恐懼症的傳統常見做法，透過將令人懼怕的刺激物不斷重複地露出——不論是實際的事件或是在想像中——達成逐漸降低焦慮的效果。

稍後夏皮羅開始相信，創傷事件的記憶被當作失能的資訊儲存在神經元的網絡中，而它可以啟動一個帶動調整的自然過程，只不過這個過程有時會卡住，或需要花費太長時間，快速動眼則可以加速歷程更新的時間。

另一個差異在於，ＥＭＤＲ今天已經體制化。在早期發表的文章裡，夏皮羅曾說，任何人只要願意花點工夫閱讀她一九八九年的文章，並遵照裡頭的說明，都可以學會應用這個技術。這個技術是如此簡單，不需要任何特別的專業知識。一年後，她似乎對原本的說法有些後悔。一九九〇年，她設立了ＥＭＤＲ研究院公司（EMDR Institute Inc.），提供兩天的訓練課程，並頒授ＥＭＤＲ療法的證書。不到一年之後，這套技術又變得更複雜，使用ＥＭＤＲ療法的人需要取得第二級證書的認證資格。課程參與者必須簽署一份聲明，承諾不把這套療法傳授他人。直到夏皮羅出版了自己的手冊後，這項

限制才被取消。(54)

如今在美國以外的地區，也有EMDR研究院。在英國，訓練與認證的工作交由「英國與愛爾蘭EMDR協會」（EMDR UK & Ireland Association）負責。只有參加過協會認可的課程之後，會員才有資格申請成為「EMDR歐洲區執業者」。目前英國有超過四百名治療師加入這個協會。

EMDR的各種變形

EMDR療法本身也有些改變，原因有部分出在為了解釋它為何有效。沒有人嚴肅看待夏皮羅自己的解釋：從來沒有人能明確指出那些「失能的網絡」到底在什麼位置，而眼球運動為何能促成「歷程更新」也依然不清楚。有人宣稱眼球運動複製了做夢時「快速動眼」現象，而快速動眼期的睡眠會強化白天時的記憶，抑或反過來將它們從記憶中移除（參見第二章）。

睡眠研究專家羅伯特．史提格（Robert Stickgold）認為，創傷造成快速眼動睡眠被剝奪，使得記憶的處理停滯。或許EMDR創造出類似快速眼動睡眠的類似條件，讓記憶得以被處理。(55)但實驗顯示，眼球改為上下移動也同樣有效，不論是睜著眼睛或甚至是閉著眼睛都可以。還有一點是，快速眼動睡眠期的眼球運動，比EMDR療法中像擋風玻璃雨刷一樣左右擺動的速度要快許多。然後人們很快就發現，眼球運動可以用耳機裡的滴答聲或手的拍擊聲來替代，只要確定是在身體兩側輪流拍擊即可。

根據《眼動減敏與歷程更新療法案例》，有一種「面對病患時常用的」解釋，將這個技術的效用歸功於腦半球之間溝通的改善。編輯們在書中表示，「這是因為腦部有較大的區域被啟動了，同時也因為左腦（理解）與右腦（情感）之間的溝通得到改善，創傷事件的處理因此可以進行得更快、更有效率。[56]接著，他們又說這個理論「長期而言未必能成立」，因為垂直的眼球運動雖然不會帶來左右腦較好的溝通，卻同樣具有效果。[57]

另一個較具說服力的解釋則是，工作記憶的有限容量，是產生治療成效的原因。如果不愉快的記憶被「載入」工作記憶裡，而這個記憶同時間要處理滴答聲、拍擊聲或左右搖晃的手指，創傷經驗就無法以非常鮮明、詳細的方式進入腦中。也因此，療程結束之後，它不會被深刻地存入長期記憶中。

遵循這個概念而進行的研究指出，從數字一千開始倒數、每次倒數七個數字，或甚至「正念呼吸」（mindful breathing），也都是分散注意力的有效方法——到這裡它已經和「雙邊溝通」理論沒有任何關係了。[58]工作記憶假說的一個預設，是擅長同時間多工作業的病患，將較難從EMDR療法中得到成效。從研究的結果來看，似乎確實是如此。[59]

《眼動減敏與歷程更新療法案例》的結論說：「目前為止所描述的理論，整體而言並無相互牴觸之處。」[60]這是個令人意外的結論，因為書裡的摘要就已經讓大家看到，EMDR療法的效力可以連結到天南地北的治療方式。水平眼球運動的用途一開始被說成對「歷程更新」極為關鍵，稍後變成是為了改善左、右半腦的溝通，接下來它又可以被垂直眼球運動所替代，或甚至根本不需要眼球的運動，然後左右兩側的輪流拍擊或滴答聲的效用又和數數字差不多，後者對左腦（理解）或右腦（情緒）沒有什麼特別的作用。「面對病患時常用的」解釋應該是「沒有人明確知道EMDR為何會有效」才對。

說到底，它是否真的有效？答案可能有各式各樣。毫無疑問的是，許多人藉由EMDR得到幫助，有時他們在這之前已經嘗試過各種療法都未見效果。成功治療的例子在EMDR的案例書籍和手冊中比比皆是。對於個別的病患而言，只要治療有效，沒有進一步研究的必要，但有些針對效應的研究比較了不同群組的病患——他們有類似症狀，但接受不同的治療方式（或仍在等待治療）——並試著判斷各組病患情況獲得改善的程度。

一種「遺忘的技術」？

卡蜜兒・德貝爾（Camille DeBell）與德尼絲・瓊斯（R. Deniece Jones）比較了觀察EMDR有效性的七份研究。她們的結論是：七份研究當中有四份認為，比起沒有治療、治療時沒有做眼球運動、要求病患談論創傷記憶的幾個實驗控制組，進行EMDR的小組取到較好的治療效果。(61)在其餘的三份研究中，EMDR也被證明和放鬆療法、「想像」療法同樣有效。

一個更大規模、針對六十一個關於創傷後壓力症候群病患治療效果的研究進行調查的後設分析指出，心理治療比藥物治療更為有效，而在所有的心理治療當中，行為療法與EMDR療法又最為有效。(62)二〇〇七年，舉足輕重的主流學術刊物《英國精神科期刊》（*British Journal of Psychiatry*）作出結論，認為這兩種治療法應被納入推薦的療法中。(63)

在問世二十年後，EMDR從當初純粹為了治療創傷後壓力症候群，到如今已走了相當遠的一段路。根據《眼動減敏與歷程更新療法案例》，成功使用這個療法治療的案例包括「不肯上床睡覺的四歲小女孩」、「患有嚴重的創傷後壓力症候群、被診斷有犯罪傾向並接近心神喪失的病患」、一名「過去十七年來有幻痛困擾」的女性、一個「祖母過世後出現吞嚥困難」的男孩、某個苦於「戒菸治療失敗」的病患，以及一位「有肥胖症和感情問題」的女性等。

在龐大的其他文獻裡，我們也看到ＥＭＤＲ曾有效治療了對公開演說的恐懼、對飛行的恐懼、強迫症、嚴重驚嚇、憂鬱症、長年鬱結，以及多重人格疾患。報告指出，這些應用的共同點在於，根據個別症狀或失調症，將某個造成強烈情緒衝擊的特定記憶圖像分離出來，是有可能做到的。當情緒的負擔被解除，這個圖像引發的病狀就消失了。

ＥＭＤＲ的相關文獻強調，它並非一種「遺忘的技術」。創傷記憶不會被抹除，而是除去依附於它的負面情緒之後再重新儲存。重新回到記憶裡的東西，不會再以記憶片段閃回或惡夢的形式困擾病患。創傷事件本身沒有被遺忘——卻也不是沒被忘記。

在《眼動減敏與歷程更新療法案例》裡，病患形容自己治療後的記憶時，多半是關於忘記了什麼，而非記得了什麼：「過去一直印在我的視網膜上的影像似乎就這麼消失了」、「一個痛苦的記憶被清除掉了」、「那個可怕的影像一點一點變模糊了」。一名治療師說，他的病患腦中的記憶「緩慢地消退。他對當時的狀況能記得的部分越來越少，不再有重新經驗事件的感覺」。(64) 消失、清除、消退——這些都是遺忘的用語。似乎對於病患本身而言，創傷事件至少有一部分被遺忘了。治療師的評估是正確的。

自傳性記憶不只是保存原始的資料，還保有每一件往事具有的情感性意義、一些讓它得以復甦的聯想，以及我們為記憶添加的色彩或具情感價值的東西。如果這些元素在ＥＭＤＲ治療中全都被移除，我們就無法宣稱那些麻煩的回憶沒被忘記，因為如果單就它無法再被提取的層面來說，它原初的形式確實已被遺忘。說ＥＭＤＲ療法不是遺忘的技術，等於沒有準確地體認到那些臨床心理學家比我們其他人更為理解的記憶元素。

有時，治療師也會間接承認，EMDR確實有抹除記憶的作用。十五歲自閉症少女吉亞（Gea）的遭遇就是一例。[65]她在兩個朋友慫恿下，在商店裡偷了一對耳環。當她被店員抓到她偷竊時，陷入驚慌的吉亞用一把剪刀攻擊店員，導致對方身受重傷。吉亞被送入少年監護所，隨後又轉到精神科病房。她不時做惡夢，腦海中經常浮現女店員滿身是血的畫面。她被診斷出創傷後壓力症候群，並在建議下以EMDR療法來減輕症狀。

接下來的討論很有趣。說到底，吉亞的創傷真的應該治療嗎？畢竟她的症狀「或許可以阻止她再犯下類似罪行，並提醒她自己曾經做出可怕行為。如此一來，她就會時時警惕自己。這難道是件壞事嗎？」[66]由於吉亞表現出對自己不當行為的理解，並深深後悔自責，所以最後決定還是幫助她減輕創傷記憶的痛苦。治療對她的行為也帶來了正面作用。

在這個特定案例中，提供治療似乎是個正確的決定。但如果有一名強暴犯，受害人飽受驚嚇的模樣始終在他的記憶中揮之不去，該如何處理？又或者是，一名搶匪經常做惡夢，夢見被用槍指著頭的受害人臉孔，該不該替他治療？創傷本身在定義上並不代表失能，而治療有可能去除它的提醒功能。我們不必在這裡討論這個倫理學上的爭議，但這個道德上的兩難問題，進一步證明了我們不能很簡單地說EMDR讓「記憶本身」完整無損。

找回與驅除

在經過一個世紀後，今天我們閱讀佛洛伊德的〈朵拉〉恐怕會忍不住搖頭。這份報告擺明了充滿性別主義，為一名成年男子在十四歲小女孩身上的為所欲為抹上正面的光彩。佛洛伊德一方面淡化了男性對朵拉的不軌企圖，一方面又拚命向朵拉詮釋她所經驗到的必然是對性慾的畏縮。毫無意外，這個案例比其他案例招來更多女性主義史學家的批評。光是認為朵拉生病了這件事，在今天看來都非同小可。

諷刺的是，協助受虐婦女最初是隨著女性主義運動而興起，但是關於復原記憶的治療觀點卻和精神分析如此相似。首先，它們使用相同的譬喻。女性在童年時期受到的虐待是暗藏的創傷，需要從佛洛伊德所說的「長期埋葬」之中解放出來。這是一個極費心力的過程，達成這個目的所運用的技巧源自精神分析：催眠、回溯至早期童年經驗、夢的分析。

在治療的一開始，浮現的不過是一些「殘缺的片斷」，需要花很多的工夫和創造力，才能從這些碎片中重建出潛抑之前的記憶。和精神分析一樣，這些病患完全沒有權力可言。蘿拉．派斯利無法回憶起任何發生在童年的受虐經驗，被治療師解釋為她壓抑了這些記憶的證據。這樣的故事同樣發生在成千上萬的女性身上。記憶的不存在被指向「否認」。病患越是強烈否認曾受到虐待，對治療師而言，就越合理相信進一步的挖掘可以產生結果。這表示，女性患者自身的判斷，對比治療師的懷疑，根本不值一哂。她的權力已被奪去。她的處境就和朵拉想不起自己曾經自慰時的情況一樣：當她說「不」時，實際上代表「是」——你只需要觀察她手指的動作就知道。

此外，復原記憶的治療師與精神分析師還有一個共同點是，他們都相信記憶光是被潛抑就可能引發傷害。它們在無意識中暫時隱匿無形所造成的問題太明顯了，不管是蘿拉暴食的飲食失調，或朵拉的喉嚨痛與咳嗽都是如此。它們的表現形式既有身體上的，同時也有象徵上的，必須經過治療師詮釋，因為病患本身不可能理解無意識的語言。

不過，它們最重要的相似之處，在於對有效治療的要素所抱持的看法上。佛洛伊德認為，精神分析之所以有療效是在於記憶的恢復，也就是解決記憶失調。藉由移除或緩解依附在被壓抑事物上的沉重情緒，佛洛伊德試圖讓記憶回到意識，以便使記憶逐漸消解。

這種在時間作用下自然消融的過程，只有當記憶被帶回意識後才會出現。在無意識中，它們會始終完整無損且充滿危險。同樣的情況，也發生在壓抑受虐記憶的婦女身上。她們復原的唯一機會，就是在治療師的協助下，面對創傷並填補記憶中可疑的黑洞。這條治療的路徑是由無意識通向意識，由隱藏到公開，由片斷到完整。

這一點，正是ＥＭＤＲ與它產生鮮明對比之處。因創傷後壓力症候群而尋求治療的人，他們會覺得痛苦，正是因為他們的記憶拒絕被壓抑，更不用說被忘記。恐怖事件的記憶片段閃回，有時會持續好幾年，痛苦的鮮明程度一如當初。許多病患恐怕巴不得有所謂潛抑的存在，這樣他們就不再需要治療。但是在實際上，他們需要ＥＭＤＲ療法來磨去記憶中的尖銳稜角，以較無痛苦感受的形式儲存。因此，創傷事件的記憶片段閃回，不像潛抑記憶會用象徵性的偽裝試圖偷偷摸摸溜回到意識。事件以原始、真實的形式被人一再地體驗，完全沒有分析詮釋的必要。

治療師存在之必要

朵拉接受了佛洛伊德十一個星期的分析療程——一週六天，每次一個小時——最後突然決定拒絕再繼續。佛洛伊德認為分析其實尚未真正開始。門鎖已經打開了，但是他現在需要將潛抑的事物小心翼翼地帶回她的意識。分析師與病患的互動通常持續好幾年，到今天仍是如此。ＥＭＤＲ療法則只需幾個小時，進行次數有限的幾次療程即可。

佛洛伊德可能會大搖其頭，不敢相信在這麼短的時間內，光靠兩根晃動的手指，一個創傷記憶就可以被轉化，其強烈的負面情緒可以被移除。在他自己的理論裡，這些情緒是潛抑的成因，將這些記憶從無意識中引誘出來，是一個耗時的過程。隨著近年來，醫療保險公司將精神分析從他們樂意支付的治療法清單上移除，這個結合內省與詮釋、需要持續數年的創傷處理方式，已經被快速解決方案取代。

創傷、潛抑與遺忘的關係，在過去一個世紀裡有著天南地北、令人詫異的不同詮釋方式：創傷有可能是潛抑的原因，或是潛抑不可能存在的原因；令人煩擾的記憶最後可能落入無意識，或可能固執地拒絕離開意識；創傷記憶必須費力地重建，以回復它的原初形式，如此才能成為透過司法途徑向加害者討回公道的證據，或是創傷記憶必須變得較朦朧不清後再被重新儲存；當創傷記憶在意識中出現時可能以象徵的性質展現，又或是真實得令人痛苦不堪。心理學或精神科學文獻中，不時會出現一些論文標題透露出作者某種程度的驚訝，像是〈研究證據改不了世人對記憶的觀念〉（What people believe about memory despite the research evidence）。[67]但我們不可能以此責怪「世人」，因為「研究證據」隨著學門不同而異，認定證據的標準也各異。

不管創傷、潛抑與遺忘在所有科學與臨床實務上是如何被分類與看待，可以確認的是，核心問題在治療師身上。病患會依賴精神分析師，是因為潛抑的事物試圖透過偽裝來通過監控。它們只有透過熟悉無意識祕密語言的人，才有辦法予以解釋：沒有分析師，就沒有對於創傷的洞察；沒有分析師，就沒有治療的希望。治療師與病患之間的這種關係，是所有與復原記憶相關案例的共同特色。病患已經遺忘受虐經驗，治療師則逐步協助他們將記憶帶回表層。就像朵拉的案例一樣，這牽涉到極費心力的重建過程，因為被掩埋的事物是以碎片、斷裂的形式浮現。

在創傷後壓力症候群的案例中，治療師不需要研究無意識的象徵語言或是學習考古學家的復原技術。既沒有東西需要詮釋，也沒有缺口需要填補，因為記憶展現在意識中時，已經十足鮮明而完整。但治療師仍然是不可或缺的，因為他掌控著讓記憶以較無害的形式重新儲存的技術。心理學與精神科學獲得新思維、新洞見的路徑，往往是蜿蜒而曲折的，偶爾見到如此簡單直接的方式，也是一件樂事。

第九章 「全面記憶」的神話

——人生經歷過的一切，會在腦中留下永不磨滅的痕跡？

在山裡意外死亡的人，遺體有時會被封存在冰河裡很長一段時間。早晨登上山頂的登山客，可能七、八十年後才能下山。比方說，一九二七年夏天，某名男子可能登上了一座四、五千公尺的高山，然後小坐片刻，或許是欣賞一下風景，或是吃個點心稍作休息。接下來出了點差錯。也許是他不小心睡著，結果在睡夢中被凍死。

隨著夜色降臨，天空開始降雪。以坐姿死亡的登山客無疑有段時間會突出於一片雪白的大地上，但最後雪掩蓋了他的腰部、肩膀、頭部，終於覆蓋住他整個人。他完全消失了。或許，後來在某個夏日，他的頭會再次從融化的雪堆中露出，但幾個月後又回歸冰封。冬天來臨，這個男子被深埋在大雪中，本來是兩公尺下，接著是七公尺，最後變成十公尺。下山的漫長旅程展開了。

冰河基本上是一條河，縮時攝影的影片讓這一點顯而易見：它蜿蜒回流，刻劃出灣口，擠壓穿過峽谷，溢流到河岸。落入冰河的屍體有時會擱淺在某個河灣處，十年後再繼續被河帶著走。一切都在緩慢、凍結的節奏中進行。

屍體會以什麼型態觸及河底？當冰河來到山腳下，它會是什麼樣子？這要看一路上發生了什麼事。在他漫長的旅程中，這個呈現坐姿的男子可能被頭頂上的冰層壓縮成一個侏儒，而另外某個從裂縫落入、被帶到冰河底部的人，可能在岩石的拍擊捶打下，變成瘦長的巨人。還有另一個則似乎保存得很完美，浮出時就和他當初落水時一模一樣，穿著有穗飾的燈籠褲，有時候登山裝備都還在身上，那是一九二〇年代才剛發明的新裝備啊，令人不禁為之激動。當身分被辨認出來時，他可能尚有親人在世，甚至還有孫子女。他們終於可以安葬這位年僅三十的祖父。

有時你會很直覺地想到：這一定可以拿來當成某件事的譬喻。但，可以是什麼事呢？

魯迪・庫斯布洛克（Rudy Kousbroek）把冰河中的屍體，拿來比喻時間對聲名的作用力。某些生前享有盛名的人，可能在半個世紀後不留半點痕跡。至於其他人，可能活著時無人聞問，卻隨著時間流逝而被尊為偉大人物。時間的錘鍊，會使一個人的形象變化到不復辨識。

時間對記憶的作用

時間對我們的記憶是否也會造成這種效果？我們的大腦是否像冰河一樣會衝撞、擠壓，會壓平、伸長，直到我們的某個記憶成了巨人，另一個記憶變成侏儒？答案是，不必然。如果我們的記憶真的系統性地欺騙我們，我們應該不會有回憶的能力才對。從整體來說，如果我們的記憶無法反映真實，它不可能在人類演化的歷史中發展成長。演化對無聊的舉動缺乏耐性。

當然，問題在於「不必然」。它代表會有例外。問題也不在例外本身，而在於當我們處理個別情況時，我們無力了解它是否屬於例外。我們的記憶有時的確會欺騙我們，這削弱了回憶的價值，否則我們會全心全意相信它——這種過度自信會在我們年齡漸長後被擊垮。任何敏銳的觀察者都察覺得到，某個記憶會在稍後不斷堆疊的其他記憶下被擠壓，從而出現了改變。關於時間對記憶的作用，有另一個違背直覺的觀點：歲月的累積有時對記憶具有保護作用，集結並守護它們不受扭曲。這種觀點的譬喻訴諸深度、埋藏和層疊。

一九〇二年，佛洛伊德與弟弟亞歷山大（Alexander Freud）拜訪了龐貝城。在那裡，他行走在自己的比喻上。[1]他在作品裡，多次把精神分析過程裡的追蹤創傷記憶，比喻成龐貝城的挖掘工作。公元七十九年，這個城市被掩埋在五公尺厚的火山灰底下，一直到十八世紀後半，才在人們小心翼翼挖掘下重見天日。這座城市直到接觸空氣、暴露在天候之中，才又重新出現自然的侵蝕現象。佛洛伊德寫到，龐貝城真正的摧毀，是在保護層被移除後才開始的。在精神分析過程裡，病患從深處挖掘的是完整無損的記憶，真實、未曾改變，長期由外表的「屏蔽記憶」（screen memory）所保護。進入無意識的記憶得以存留下來，正是因為它們被掩埋了。

在《夢的解析》裡，佛洛伊德隨興提出了一個比它還激進的理論。夢裡有時會浮現白日遺思；那些在清醒時刻發生的微不足道小事，似乎都被記錄了下來，即使當時我們完全不曾留意。這顯然證明了我們曾經做過或曾經體驗的事，沒有任何一個會被完全遺忘。我們的記憶是絕對的。

他表達了對於德國精神科醫師弗萊德利・舒茲（Friedrich Scholz）看法的支持。舒茲認為，夢境記憶告訴我們「心智上曾經擁有過的，不可能完全喪失。」[2]佛洛伊德和舒茲絕非特例。和他們同時代的許多與記憶領域相關的科學家——醫師、心理學家、神經學家、精神科學家——也同樣相信，每個感知、每個感官經驗，甚至每個想法、沉思或夢境，都會在腦中留下永遠無法刪除的痕跡。

所有曾經震動的弦都會持續迴響

一八五六年，美國生理學家暨攝影先驅約翰・威廉・德瑞普（John William Draper）寫到，那些將來自其他細胞的刺激捆束在一起的神經節細胞，儲存了我們所有經驗的永久紀錄。(3)這些痕跡以潛伏的形式存在，就像是已經感光但尚未處理的照相底片。

他把記憶看成是一個「無聲的畫廊」，牆上掛著的是「我們所有經驗的黑影輪廓」。白天期間，這些內在的圖像隱匿在清醒意識的眾多感官印象之中，無法被看見，但是當我們做夢時，或是因為發燒引起譫妄，尤其是在「瀕臨死亡的莊嚴時刻」，我們的心靈會轉向內觀，這些圖像就會變得清晰可辨。(4)

雖然柯沙可夫用的是不同的比喻，但他的說法幾乎一模一樣。即使是以其姓氏命名的嚴重記憶失調症，也無法抹除原本的痕跡。在病患的記憶中「所有曾經震動的弦都會持續迴響，所有曾經有過的念頭都蕩漾著輕柔的回音。」(5)

《夢的解析》裡，佛洛伊德引述並認同比利時哲學家暨心理學家約瑟夫・德爾博夫的看法。一八八五年，德博爾夫提到，我們的腦中「即使是最不重要的印象，也會留下不可更動的痕跡，而且無限期地可以被回復。」(6)在當時的文獻中，還可以找到更多例子。「全面記憶」的看法由來已久。

即使到了現代，這個看法依然很常見。一九八〇年，記憶心理學家夫妻檣伊麗莎白與喬佛瑞・羅夫特斯（Elizabeth and Geoffrey Loftus）向他們的實驗參與者提出兩種關於記憶的主張，要求他們選擇其中哪一個最能反映出他們自己對於記憶運作的看法：

我們遭遇過的一切都永久儲存在腦中，儘管有些特殊的細節無法再被提取。透過催眠或是其他特殊技巧，這些無法提取的細節最終仍可以回復。

我們遭遇中的一些細節可能在記憶中永久失去。這類的細節無法透過催眠或任何其他特殊技巧回復，因為它們已不復存在。(7)

絕大多數受訪者的回應是，他們相信所有我們經驗過的一切都儲存在腦中，而我們所謂的遺忘，實際上是指無法重新取得已經記錄下來的東西。一切都仍在那裡。教人吃驚的是，曾經研讀或是仍在研讀心理學的人當中，有百分之八十四的人支持第一個主張，非心理學領域的人支持第一個主張的比例則是百分之六十九。

為了佐證自己提出的答案，研究心理學的這些人有時會提到催眠，偶爾也會提到精神分析，但最主要的是加拿大神經外科醫師韋爾德．葛拉夫斯．潘菲德（Wilder Graves Penfield）進行的實驗。對於這套「大腦包含了我們所有經驗的完整紀錄」理論，潘菲德的貢獻比其他人都還要多。對德瑞普、佛洛伊德、柯沙可夫和所有十九世紀的其他學者而言，他們當時的研究管道有限，這套理論最多只是一種揣測。潘菲德使它成為經過實驗證實的假說。

燒焦的吐司

介紹加拿大歷史重要時刻的一分鐘電視系列短片《歷史一分鐘》（*The Heritage Minutes*），有一集介紹了潘菲德的研究。(8)故事一開始，氣氛很溫馨。那是一九三四年在蒙特婁的某天早晨。一名男子坐著在廚房餐桌前看報紙，他的妻子站在旁邊，手上拿著一個盤子，說她聞到了吐司燒焦的味道。丈夫漫不經心地回應說他沒聞到什麼味道。下一秒，盤子落地摔個粉碎，讓他嚇了一跳，但還是即時扶住了癲癇開始發作的妻子。

下一個鏡頭，她已經躺在手術台上。攝影鏡頭拉到外科醫師身上，他面前是個部分外露的腦。他手上拿著一支電極，正小心翼翼地觸碰大腦皮層。「每一次她癲癇發作，」他對著他的手術團隊說。「都會聞到吐司的燒焦味。如果我們能夠觸碰腦的表面引發這種嗅覺，就能找出癲癇的來源位置了。」

接下來的畫面有點令人震驚。鏡頭稍微往下移。突然間，我們在畫面上看到這名女子的臉。她的意識清楚！一個布簾隔在她的臉部與露出的腦之間。

「果德太太，妳有什麼感覺嗎？」外科醫師問。

「我看到了最美妙的光！」

他移動一下電極。

「現在覺得怎樣？」

「你是不是在我的手上澆冷水，潘菲德醫師？」

醫師沒有回答。

「現在發生什麼事？」她露出焦慮的神色。

「怎麼了，果德太太？」

「燒焦的吐司！潘菲德醫師，我聞到了吐司燒焦的味道！」

潘菲德和在場其他人交換一個眼神。找到位置了。接下來，我們聽到這名女子的一段旁白：「潘菲德醫師治好了我的癲癇，其他還有好幾百人。人們說他畫出了人腦的路線圖。我們稱他為『加拿大的偉人』！」

蒙特婁神經學研究院

該手術進行於一九三四年，潘菲德在同一年和妻子歸化加拿大。他是一八九一年出生於美國華盛頓州的斯波坎（Spokane），父親和祖父都是醫生。(9)他一開始研究哲學，但很快便轉而習醫。之後他前往牛津，在查爾斯・史考特・謝靈頓（Charles Scott Sherrington）的門下鑽研神經學。

一九二八年，他受邀到加拿大蒙特婁，接受麥吉爾大學（McGill University）醫學部門與維多利亞皇家醫院（Royal Victoria Hospital）共同聘任的工作。他的研究熱情是在一項剛要開始發展的領域：以外科手術治療癲癇症。接下來幾年間，他努力實現當初前來時心中就已經在構想的一項計畫，那就是打造可以一間可以讓最頂尖神經生理學家、神經外科醫師、神經病理學家共聚一堂，結合臨床工作與研究的研究機構。他從洛克斐勒基金會（Rockefeller Foundation）得到不少贊助，蒙特婁神經學研究院（Montreal Neurological Institute, MNI）終於在一九三四年正式成立。(10)

韋爾德・葛拉夫斯・潘菲德（一八九一～一九七六），攝於六十七歲時。

這棟八層樓建築的底下幾層是病房，每間病房可容納五十張病床。上面幾層是實驗室。位於治療樓層與研究樓層之間的五樓是手術室，也是蒙特婁神經學研究院的心臟。

這裡的「手術室」（operating theatre），確實如同我們熟悉的「劇場」（theatre）。手術台的周圍，有玻璃隔著的旁觀席，觀眾可以在此——幾乎就在潘菲德的背後——觀察手術進行的過程。手術台靠近頭部這一側，是赫伯特．雅士培（Herbert Jaspers）和他的儀器。雅士培是腦電圖儀（EEG）測量的權威。手術進行當中，他會直接從外露的腦部表層測量腦波。

旁觀席底下，有個攝影師的小隔間，他可以透過一面鏡子拍攝腦部的照片。另外還有一名速記員逐字記錄外科醫師的談話，以及一套呼叫鈴系統，讓潘菲德在有特別發現時可以通知團隊成員前來觀察。短短幾年內，蒙特婁神經學研究院儼然已發展為一個「卓越研究中心」（centre of excellence），雖然卓越研究中心當時還不存在。世界各地的專家會來蒙特婁參加不定期的研習。

蒙特婁程序

潘菲德在搬到蒙特婁之前，曾在被譽為歐洲神經學之王的德國神經外科醫師奧特佛烈德．福爾斯特（Otfrid Foerster）門下研習了六個月。潘菲德學習德文以方便溝通（不過他們見面之後，顯然是福爾斯特更想和潘菲德練習英文）。在布列斯勞，福爾斯特曾為一次大戰中腦部損傷導致癲癇的病患進行手術。潘菲德日後將觀察到的技術予以進一步改良，最後以「蒙特婁程序」（Montreal procedure）之名留名史冊。

首先，在刮除毛髮的頭皮上測量腦電波，以找尋癲癇在腦中發作的病灶位置。接下來，潘菲德在局部麻醉的狀況下移除病患的部分頭骨，讓腦的表面外露。此時，腦本身沒有感覺。病患的意識保持清醒，外科醫師以電極觸碰腦部，每次觸碰一個腦迴，電極不斷傳送每次兩伏特、持續五微秒的電流，病患則按照醫師的詢問，回答自己的感受。這是非比尋常的手術，需要病患對醫師有強烈的信心。潘菲德始終強調，蒙特婁程序在臨床應用上應該有所限制，例如只針對無法以藥物控制的癲癇症治療。

病患的感覺會隨著腦部碰觸部位不同而產生變化。刺激運動皮質（motor cortex），可能導致手腳指尖的麻癢或抖動；刺激感覺皮質（sensory cortex），會讓病患看到閃光、條紋或星星，聽到嗡嗡聲、敲擊聲或哨聲，聞到奇怪的氣味，或是感覺冷水滴在自己手上。病患的反應，由速記員記錄下來，潘菲德則用他放在腦膜上、編有號碼的小紙片來記錄他碰觸的位置。

接下來是拍照。當引發癲癇發作的刺激或是每次發作前固定會出現的感受發生時，真正的手術就可以開始了，通常的做法是將那個定點的少量腦質移除。潘菲德顯然也是「沒腦勝過壞腦」派的一員。

到了一九五〇年代初期，潘菲德已經執行數百次手術。他在罹患癲癇的腦部表面遊走時所做的詳細紀錄，逐漸成了人類腦部功能解剖和各類型癲癇症的標準處理法。[11]他對腦部拓撲學的貢獻功不可沒。許多人應該很熟悉潘菲德的小人圖畫（Penfield's homunculus）。他畫的人體圖，人體各部位的大小比例對應著它在腦中代表部位的大小：巨大的嘴唇、大舌頭、短腿、瘦小的手臂，以及一雙大手。在腦部造影技術興起之前，大部分腦部代表功能的知識，都要歸功於潘菲德有系統方法地追蹤大腦表層（同時也要感謝他那些病患們的勇氣）。

一九四〇年代，潘菲德已經建立起以外科手術治療癲癇的名聲。不過，他在神經外科之外的名聲，和他的臨床工作之間，沒有太大的關聯。除了關於癲癇和腦部拓撲學的論文、學術專書之外，他開始發表另一波的文章，當中所報告的發現，吸引了更廣泛大眾的注意。

腦海中的錄音機

根據我們對神經系統與其功能的既有了解，不難預期刺激感覺皮質和運動皮質所促發的反應。不過，某些病患在顳葉被刺激時，發生了奇特的反應。當腦的這個部分被電極碰觸時，病患回報的感覺是，他們過去似乎體驗過一模一樣的情景，或是相反過來，他們感覺彷彿一切變得陌生而不真實，有如在夢裡。有人突然看到幻覺一般、來自童年的清晰場景，或是聽到聲音。也有其他人，或是同樣的病患，在碰觸稍有不同的位置時，會聽到很清楚的歌聲，甚至清楚到可以跟著哼唱。

在潘菲德發表的好幾百篇針對顳葉刺激的報告裡，M．M是經典的案例。她是一名罹患癲癇的二十六歲女子，狀況已經無法透過藥物改善。[12]發作時，她一開始會出現既視感，有時會接著出現記憶片段閃回，彷彿自己又重新經歷某一段的人生，比如在某個火車站裡等火車到站。她接受了以「蒙特婁程序」為基礎的手術，醫師用電極刺激的部位被拍照記錄下來。

在編號十一號部位施予刺激，促發了聽覺的記憶。「是的，先生，我想我聽到有個母親在某個地方呼喊她的小男孩。這好像是幾年前發生過的事。」請她再進一步解釋時，她說：「是那時我家附近的某個鄰居。」[13]稍後，同一個部位再次受刺激時，她又聽到了熟悉的聲音，同樣的女子在呼喊，但這次不是在她住家附近，而是在一個鋸木廠。她帶著些許訝異補充說，她「以前很少到那個鋸木廠」。

在編號十三號部位施予刺激後，她說：「是的，我聽到了聲音。夜深了，附近在舉行嘉年華會——巡迴馬戲團之類的。」電極移開之後，她說：「我剛剛看到許多用來拖運動物的大馬車。」[14]碰觸編號十五號的部位，讓她感覺自己以前經歷過同樣的手術，而且清楚知道接下來會發生什麼事。刺激編號十七號的部位，讓她進入了一間辦公室。她看到一些辦公桌，有個男子手拿著鉛筆，坐在其中一張桌子前。如果潘菲德宣布要碰觸她的腦，但實際上沒有動作時，病患就沒有反應。如果他未事先提醒就刺激她的腦，病患就則會出現回應。她所「看到」和「聽到」的一切，似乎都是發生過的事物。

十九世紀，英國腦神經學家約翰·杰克森就已經發現，癲癇的病灶在顳葉會引發既視感與有如夢境般的體驗。他用了「夢幻狀態」（dreamy state）這個詞來形容它。不過，用電極觸碰腦部似乎也能啟動記憶的痕跡，則是一個新發現。

那些記憶對病患而言，比平常的記憶感覺要更清晰，而且詳細。當它涉及聲音時，病患會覺得好像在聽著腦子裡的一部錄音機在播放；它在沒被發現的情況下，錄下了他們聽過的一切。這感覺就像回想起「被遺忘的記憶」：一小段對話、在外頭玩耍的孩童、遠方的火車——一些在聽到當時幾乎就馬上遺忘的聲音。這些記憶如此鮮明，病患感覺彷彿是當下正在體驗，往往要等手術結束後，當他們與醫師對談時，才明白它們其實只是來自過去的一些片段。

潘菲德在解釋他的發現時，依據的是病患的經驗。腦的顳葉必然收錄了曾經引起他們注意的所有事物的報告（不論引發注意的時間有多麼短暫匆促），包含了他們曾經看過、聽過、思考過、夢過、想像過的一切——這是一個印象與經驗的巨大檔案室。潘菲德借用威廉·詹姆斯的用語，在《科學》期刊上解釋說，「意識流」（stream of consciousness）留下一道神經元的痕跡，可以在日後以電流重新啟動。(15)

事實上，他的理論還要更激進一些。有些時候，他啟動腦部特定部位的一個記憶後，必須將病患這個部位的腦切除，但是在手術之後，這個記憶依然存在。唯一合理的解釋是，大腦另一半邊的顳葉也記錄了一切。因此，我們的腦是在進行一套「複式簿記」。我們不只擁有一套絕對記憶（absolute memory），而是兩套。潘菲德用他那個時代的技術來比喻，宣稱腦儲存經驗「就像一部鋼絲錄音器（wire recorder）或是一台錄音機。」(16)

潘菲德沒有宣稱用電流啟動的記憶痕跡，跟那些從我們意識中浮現的——不論經過促發或未經促發——平常、自然的記憶一模一樣。顳葉上的痕跡，代表那些曾經以原本的形式經驗過的記憶，而重新啟動這些痕跡，按照我們現在的說法，是在「實時」（real time）下發生：一首曾經聽過的歌曲，以它原本的節奏被回想起來。

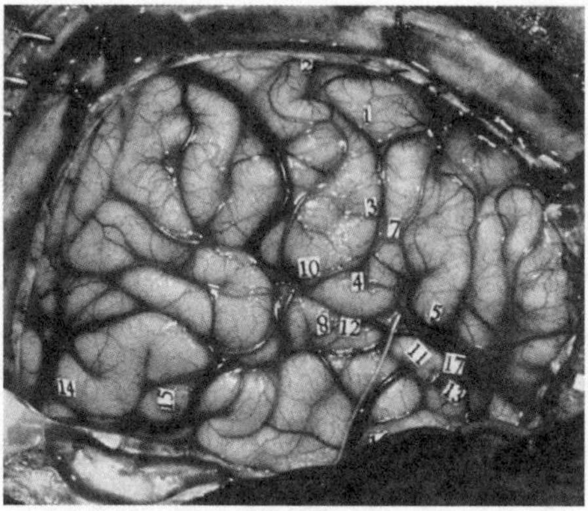

M.M. 外露的右半腦。潘菲德以編有號碼的小紙片標示出用電極刺激的部位。

平常的記憶具有概略化的特質，時間上會縮短，會有一些缺口，會添補一些類似的經驗，也不會像精確的錄音那般詳細。記憶如果像錄音機那樣重新播放的話，根本就無法好好運作。左邊和右邊這兩套絕對記憶，只能說是提供我們平常記憶的原始素材。這是最實用的一種安排。

潘菲德也不願意對這些記憶痕跡的確切位置作評論。他無法肯定它們是否存在顳葉的表面，經電流刺激而啟動，像是被電極打開了開關一樣；又或是，其實是電流的刺激關閉了表面的結構，讓更底層、在正常情況下閉鎖的迴路，開始活動。他相信電極引發了顳葉某處的錄音帶開始重新播放，但是他無法確切說明這個結果與他用電流刺激之間的關係。

這些細微差異很快被人拋諸腦後。一個意象吸引了所有的注意力：大腦就像一部錄音機。一九四○年代後，潘菲德發表的幾十篇論文都有著相同的架構：一開頭是關於蒙特婁程序的簡短說明，接著是幾個像在M．M身上看到的記憶閃回與回憶的案例研究，再下來就是介紹「錄音機假說」，以及他在這段時間所搜集到關於該假說的實驗證據。

在潘菲德受到注目之後，他每次發表演說——也許是擔任重大會議的開場致詞者，或是出席謝靈頓講座（Sherrington Lecture）、李斯特講座（Lister Oration）、莫斯利講座（Maudsley Lecture）或金質獎章講座（Gold Medal Lecture）——絕對記憶的發現，就會成為會議的中心主題。

一九六三年，已經七十二歲的潘菲德，讓人一度以為似乎要作出他的結論了。他和同事法諾．裴洛（Phanor Perot）在英國《大腦》（*Brain*）期刊上，發表他在一千兩百八十八個手術中對大腦表層進行刺激的分析報告。[17]這篇論文長達一百頁，而它的副標題是〈總結與討論〉。

儘管如此，潘菲德此後仍繼續寫作。直到一九七○年代中期，文章與書籍仍持續問世，標題也越來越宏大，像是〈人腦中的記憶印痕〉（Engrams in human brain）[18]、〈電極、腦與心〉（The electrode, the brain and the mind）[19]，以及《心智的神祕》（*The Mystery of the Mind*）。[20]

一九○○年，佛洛伊德將完好無損的記憶痕跡比喻為考古學的發現。潘菲德則是用他那時代最先進的記錄工具作為譬喻的靈感來源，成了媒體興奮報導其新發現時的用語。一九五七年，《蒙特婁星報》（*Montreal Star*）以〈腦中的電影：潘菲德揭露驚奇的新發現〉（Movie film in brain: Penfield reveals amazing discovery）為頭條報導的標題。(21)

同一年，《時代》雜誌上一篇關於他的研究報導，描述潘菲德博士最近提供給國家科學院的證據，顯示我們腦中有一部分的運作就像「一部影音記錄器，保留人們所聽所見的所有細節。」(22)文中有一段文字的小標是「內建的立體音響」。

在錄音機與攝影機在美國家庭中逐漸普及的時代，這些充滿誘惑性的類比，讓不熟悉神經學的人也能有清楚的概念，知道現代科學對他們大腦的活動有什麼說法。儘管在一九七〇年代後，電腦成了人腦最主要的譬喻，但絕對記憶將永遠以「錄音機」的比喻為人所知。

手術台上的普魯斯特

一九五一年，在美國神經學協會主辦的研討會上，潘菲德提出了他關於腦與記憶的理論。(23)他的敘述依舊採取他一貫的方式，依以下的順序報告：顳葉的刺激；S．B案例、D．F案例、L．G案例，以及其他幾位病患的反應；「被遺忘的記憶」浮現；各種以電極啟動的記憶與平常的記憶；兩個腦半球雙重登錄的所有記憶都被保存下來的結論。

演講結束後，第一位在接下來的討論中拿起麥克風的人——而且拿到了就不願意放手——是紐約的知名精神分析師羅倫斯．庫比（Lawrence S. Kubie）。他說自己很久沒看到像潘菲德博士的發現這麼振奮人心的科學成就了。終於，精神分析與神經外科醫學在這裡找到了交集。庫比相信，從這個研究我們能學到的是：

顳葉皮質的電流刺激可以產生相當於催眠引發的回溯記憶，重新經歷過去，就如同它是在當下發生的一樣。這個發現的重要性在於，不論在手術台上，或是在實驗心理學的實驗室裡，它都可以發生。這證明了過去可以和現在一樣生動鮮明；或是像佛洛伊德所說的，在無意識中，沒有所謂時間和空間。它同時也證明了，過去的時刻是以分別的單位被永久儲存的。(24)

運用潘菲德的技術，記憶可以直接被掌握：「這是手術台上的普魯斯特，透過電流的追憶逝水年華。然而，它真的是『逝去』的嗎？對潘菲德博士和他的團隊而言，確認那些被回復的經驗中有多少是被遺忘的（潛抑的）記憶，是一件很重要的事。」(25)[13]平常的記憶，不經過電流刺激而取得，類似佛洛伊德說的「屏蔽記憶」。精神分析師必須利用催眠、夢境分析和自由聯想，經過幾個月或幾年的努力，才能穿透屏蔽記憶的外層，神經外科醫師卻可以在頃刻間穿透這一層。這個發展讓庫比變成一位實驗派。

在手術之前，當然應該先搜集病患的夢境和自由聯想，如此一來，它們可以拿來跟病患在手術台上腦中浮現的事物進行比較。此外，比較一下他們手術前與手術後的神經表徵和夢境，不也是件很有意思的事嗎？這個方法或許可以確認：透過電流刺激去再次經歷過去，是否會影響「情感風暴中心」。(26)

庫比在他這一大段冗長獨白的最後，大力推崇了潘菲德對於「無意識與潛抑在神經生理學」的重大貢獻。(27)

神經生理學與潛抑

我們不禁猜想潘菲德會怎麼看待這一番推崇。在庫比的發言之後，接著是幾個神經學的同行進行發言，而潘菲德只對他們的評論有所回應，沒有提到庫比熱切的建言。但是對庫比而言，蒙特婁的研究中心可能已經發現無意識背後的神經機制，這個想法實在太誘人了，教他無法自拔。當埋藏記憶這種考古學的譬喻，可以由被清楚揭露的一部分顳葉當中的神經處理過程真相取而代之，這難道這不是歷史性的重大時刻嗎？

庫比徵得潘菲德的同意，前往觀察他進行手術。經過無菌處理、穿上手術袍後，庫比進入了潘菲德的手術室，用他的口述錄音機記錄下病患說的所有內容。他在兩年後發表成果，一篇關於精神分析能從現代腦科學學到什麼的長篇論文。(28)在潘菲德發表的文章裡，他始終和精神分析保持距離，但在私底下，他似乎是相信：創傷記憶如果被掩蓋了，除非讓它們浮出表面，否則就不會消散。

潘菲德有一棟夏天度假用的住所，也用來招待同事與朋友。一九四二年，一名年輕的英國人到此暫住。此前不久，他和妻子搭乘的船遭到魚雷攻擊，兩人僥倖生還，但一個好友不幸罹難。在潘菲德傳記中的一段描寫，我們讀到這名年輕人在到達潘菲德家時處於一種極緊張的狀態，每個人都想「幫助他忘記這段經驗」。

由於緊張的情緒沒有改善，於是大家去徵詢潘菲德博士的意見。潘菲德博士不只沒避開那個話題，反而努力說服這個年輕人試著回想並記錄下那場悲劇的每個細節：現場的撞擊力道和

13　普魯斯特（Marcel Proust）的巨著《追憶逝水年華》（*A` la recherche du temps perdu*），法文原意為「追尋失去的昔日時光」。

騷動、電力中斷後的困惑茫然、回到房間收拾貴重物品後卻發現艙門被卡死出不去的驚恐心情，以及在救生艇上等待救援時那一段漫長的暈船不適。這段記錄的內容，有一份寄給了他在洛克斐勒基金會的父母親。然後，他突然從緊張的狀態中解脫了，可以像其他人一樣應對自如。(29)

閱讀潘菲德與諸多病患在手術中交談的相關報告，我們會發現當中很少值得潛抑的內容。他們談的都是正當但無趣的生活片段：球在牆上反彈撞擊的聲音、從路上駛來的汽車、鄰居呼喊小男孩進門等等。沒有關於偷窺隔壁女子的記憶，沒有亂倫的慾望，沒有自慰的幻想，也沒有瞥見「四腳獸」，沒有任何「被埋藏的」記憶的特徵。潘菲德與庫比受人期待的合作從未出現，更不用說神經外科與精神分析的統合。

齊柏林樂團

一九三三年，潘菲德第一次以電流刺激誘發出癲癇症腦部的記憶片段閃回。接下來近半個世紀之久，他遭遇的質疑與挑戰少得出奇。這並非因為他是唯一擁有進行這類實驗工具的人。事實上，「蒙特婁程序」在世界各地都被當成找出病患癲癇症病灶的方法。與蒙特婁神經學研究院相隔遙遠的一些手術台上，同樣有病患在報告他們覺得像是記憶的聲音與影像片段。當代的腦科學已經拋棄潘菲德發現大腦錄音機的這種看法，但它依據的並非新的事實，而是新的詮釋方式。

一些反對潘菲德論點的主張，只說明了他們沒有細心閱讀他最初的研究。神經外科醫師喬治・歐哲曼（George Ojemann）按照「蒙特婁程序」對顳葉癲癇的男子進行手術，發現刺激某個特定部位會引發極獨特的音樂記憶閃回：齊柏林樂團（Led Zeppelin）的歌曲。一移開電極，音樂就消失；當電極再次放到同一個部位，音樂又再出現。歐哲曼把這個位置的組織切除，事後開心地說：「我並不是搖滾樂迷，這又是患了癲癇的腦子，所以我當然把它拿掉啦！」[30]

幾年後，這名男子又回來找他，結果歐哲曼發現他對齊柏林音樂的記憶依然完整無缺。歐哲曼認為這是駁斥錄音機理論的決定性證據。[31]然而，這和潘菲德自己進行的手術結果是一模一樣的，而潘菲德把它們當成是所有經驗會做雙重紀錄的證據。

若我們仔細觀察潘菲德的病患出現反應的頻率，可以得到一個較具說服力的主張來駁斥他論點。他在《大腦》期刊上總結其研究發現的文章裡，對連續未中斷的一千兩百八十八個手術進行分析。所有與記憶相關的反應，都和顳葉有關，但是進行切除前，以電極刺激顳葉的五百二十名病患當中，只有四十人回報有出現任何反應。其他的人，亦即超過百分九十二的人，完全沒有經驗到任何事。如果他們的腦中有一部錄音機，那麼顯然潘菲德並未成功按下「播放」按鈕。

文章裡沒有對這其中的差異有任何解釋，潘菲德也從未提過這一點需要解釋。出現相關現象的四十位病患中，有二十四人描述了幻覺，而且通常是與他們在癲癇發作時相類似的幻覺。有時則是幻覺和記憶閃回的奇怪混合，例如一個十二歲男孩發現自己聽到母親打電話給他的阿姨，而且他可以同時聽到她們兩人講電話的聲音。

神經生物學家賴瑞・史奎爾（Larry Squire）分析潘菲德的報告後則指出，刺激大腦的這個部位有可能產生兩種非常不同的經驗，但是當刺激兩個分隔很遠的部位時，有時卻會產生兩個幾乎一模一樣

的經驗。(32)

記憶、幻覺，還是幻想？

關於病患的主觀體驗，同樣也有些疑問。以M．M的經驗為例，這名女子「見到」了晚上的巡迴馬戲團，也「聽到」鄰居呼喚她的孩子。潘菲德將這個反應一次又一次收入他發表的文章裡，大致上每次都是用一模一樣的文字描述。我用「大致上」來說，是因為這些重複描述之間的差異，讓我們有理由停下來思考這名女子實際上到底「想起」了什麼。

根據他一九五八年的報告，M．M在重複的刺激下，又再次聽到鄰居女子的叫聲，但這次是在一座鋸木廠。她補充說她「以前很少到那個鋸木廠」。潘菲德寫到：「這是一個童年時期的事件，沒有電極刺激的協助，絕對無法回想起來。事實上，她無法『想起來』，但是——我們沒有提供她任何暗示——她馬上就明白自己必然曾在某個時間點經歷過這件事。」(33)

然而，如果根據一九六三年的報告——也就是《大腦》期刊上那篇「總結」報告——這名女子實際上說的是：「我從沒到過任何鋸木廠。」(34)這一次，文章裡沒有關於電極帶回「被遺忘的記憶」的說明。而在他《心智的神祕》這本書裡，關於M．M的報告中，完全沒提及鋸木廠的部分。(35)

要把聽到某人在鋸木廠喊了某些話歸類為被遺忘的記憶，首先當然是她必須在某個時間點曾經到過鋸木廠。即使如此，我們還是要懷疑是否兩個記憶在這裡合而為一，一個是聽到喊叫聲的記憶，另一個則是在鋸木廠的記憶。如此一來，它就不完全是一段錄音帶在播放，而是片段的記憶被並置在一起，這個過程更準確來說，是一種重建，而非複製。

因為時間上的奇怪轉換，人們進一步對潘菲德手術促發的經驗有所質疑：這些經驗，究竟是記憶、幻覺，還是幻想？有不少病患，光是躺到手術台上就出現了既視感，就像隱約回想起曾經經歷過同樣的事。有沒有可能，那些聲音或影像的經驗，同樣也是這樣錯誤地被當成了記憶？即使是在M．M說「以前很少到那個鋸木廠」的版本裡，她說自己「必然曾在某個時間點經歷過這件事」，比較像在作某種推論的總結，而非事實的描述。

由於那些「記憶」是如此清晰鮮明，讓病患覺得自己過去有過這個經驗——這種意識中，發生了另一種時間的轉換。潘菲德在報告中寫到，病患往往是在手術後的交談，才有辦法告訴他那個事件曾經發生過。這裡我們馬上發現一個棘手的問題：病患需要回想的，不只有事件的經驗，他還必須回想自己在手術中所體驗到的是否本來就在記憶中。許多病患被電極刺激時，感覺彷彿「在做夢」，這讓我們更難根據他們的判斷，來決定所有這些發生在他們腦中的事究竟起源自何處。

海馬迴與杏仁核

一九八二年，皮耶．葛洛爾（Pierre Gloor）和其他四位神經學家就他們針對癲癇症腦部進行的一系列新實驗提出了報告。[36]這些實驗同樣是在蒙特婁神經學研究院進行，只是技術上稍有不同。二十九位罹患顳葉癲癇的病患腦部深處被植入了電極。手術前的幾個星期，他們開始減少服用抗癲癇藥物，期待植入的電極可以記錄癲癇發作的部位。電極留在腦中幾個星期，而且可以透過遙測來讀取。它們同時也可以產生小量的電流。

過去，潘菲德只有刺激大腦的表層，這次植入的電極有些深入到海馬迴與杏仁核，它們都是位於顳葉較內層的位置。海馬迴與杏仁核屬於邊緣系統，從演化角度上來說，都是腦在特別早期發展的部位，和意識、荷爾蒙調節、氣味和情感有關。

結果，有百分之六十二的病患出現和潘菲德報告相同的現象：既視感、夢幻狀態、記憶片段閃回，以及視覺性的幻覺。不過，報告裡最普遍的經驗是恐懼，程度從些微的不安、感覺有不好的事要發生，到驚嚇恐慌想立刻逃離都有。病患體驗到恐懼的原因有明顯不同，不光是病患與病患之間各自不同，同一名病患前一刻到下一刻也會有變化。這些恐懼中，有的可以連回童年時期被推入水中的記憶，有的是兩星期前該交的作業還沒完成的那種焦慮。輕微的焦慮可能會感覺像是坐在噴水池邊卻意外落水，嚴重的焦慮則像是站在海邊一處高聳的懸崖上。情境似乎會與他們的情緒強烈度相襯。

所有案例裡，經驗的形式都是一個單獨的場景，一個獨立的影像。研究者稱它們為「快照」（snapshot），當中沒有時間的流動。[37]這些當然不會讓人感覺是重播的錄音帶的一部分。所有感受全都是由邊緣系統裡的刺激所促發，在顳葉表面的刺激則沒有促發任何的經驗。

這些發現為蒙特婁神經學研究院創辦人所搜集的研究報告，提供了新解釋。我們幾乎可以確定這些感受的真正源頭，是在邊緣系統。不論是刻意施予或自發的，只有對著這個部位釋放電流才會產生既視感、夢幻狀態與記憶閃回。

多年以來，潘菲德都是靠刺激腦部表層來促發，但這或許是因為電極引發了微小的癲癇發作，干擾到它底層的組織。啟動杏仁核和海馬迴會引發時間的奇特轉換，使得這些感受顯得似曾相識。它讓包括幻覺與幻想在內的所有的經驗，具有如同記憶一般的性質。

即使病患在癲癇發作期間想到的是他們從未曾到過的地方，他們還是會感覺像是回想起過去發生過的事。癲癇發作時，非常類似即將清醒前在夢中的感覺。一瞬之間，符合當下情緒的場景出現在眼前，場景中的各部分則是根據當下可以取得的幻想與記憶的片段所組成。

大腦是一座雨林

一九八一年，在潘菲德過世的五年後，葛洛爾在第一屆潘菲德紀念講座中，提出他的研究結果。這一回，報紙上沒有震撼人心的報導，沒有出現類似〈最新研究證實，大腦內沒有錄音機〉的標題。就算真的有以這種角度報導的新聞出現，對於深信大腦會記錄一切的大多數人而言，它會造成多少改變還是大有疑問。

那些潘菲德深信自己已經發現的「不可磨滅的記憶痕跡」，似乎已深植在人們的集體記憶中，其存在就像是「我們只使用了百分之十的腦力」、「女性比較擅長同時多工作業，是因為她們左右半腦之間有比較多連結」這一類最受歡迎的神經學迷思始終存在一樣。人們相信這些迷思，不是因為它的證據具有說服力，而是因為人們想要相信。

「本質上來說，記憶力是全面的、絕對的。」這是庫比在一九五二年總結潘菲德研究時所說的話。[38]這個說法非常接近導演保羅・范赫文（Paul Verhoeven）談記憶操控的科幻電影片名。[14][39]在《魔鬼總動員》這部電影裡，阿諾・史瓦辛格飾演的建築工人奎德到一間名為「回憶」（Rekall）的公司，將火星旅程的記憶植入他的腦中。他選擇了兩個星期的套裝行程，包括豪華飯店與景點旅遊的記憶，但去除了弄丟行李、下雨天、計程車司機敲竹槓這些顯然在二〇八四年的火星上仍未能解決的擾人問

14 《魔鬼總動員》的英文片名為《Total Recall》，直譯即「全面記憶」。

題等記憶。記憶以完整檔案的形式植入他的腦中。稍後觀眾也會發現，有必要的話，這些記憶也可以簡單地移除。

這裡使用的譬喻是電腦，不過，將記憶當成可以植入或移除的個別實體、獨立於既有的記憶之外，其實可說是潘菲德的數位版錄音機。只有將記憶痕跡設想為經驗的實際副本，它們才有可能隨意移轉到任何人的腦中。但是實際上，我們的記憶都會受到自己過去更早的經驗所影響——就這個意義來說，兩個人絕不可能經驗完全相同的事——因此和錄音機的機械化紀錄有很大的不同。

有時，用來闡述絕對記憶的理論所使用的譬喻——例如潘菲德的錄音機，或是如今的電腦硬碟——反過頭來，被當成了絕對記憶的證據。如果機器可以無限制地記錄並儲存刺激，像人腦這樣更加精良的有機體工具會做不到嗎？如今，我們知道記憶的儲存是以腦細胞之間各種可能的連結形式來進行，而腦細胞的數量據估計有一千億個，因此，一個大腦裡的連接方式是天文數字的數量，顯然足夠儲存好幾輩子的經驗。這當然代表記憶絕對不會被「裝滿」，然而，正是因為「儲存在腦組織裡」這一點，使得絕對記憶的理論顯得如此不合理。

我們每天平均會有十萬個腦細胞死去，大約等於每年三千萬個。腦細胞不能免於衰退和萎縮的命運。大腦並非機器，而是器官。它由持續變化的網絡和迴路構成，由化學過程加以調節。它有白天和黑夜的節奏，清醒和休息的狀態，荷爾蒙高低的變化，生長和死亡的循環。簡單來說，大腦更像一個水氣蒸發、積雲落雨不斷循環的雨林，而非一部電腦裡的硬碟。記憶的痕跡不像電腦人工記憶裡的資訊，永久保存在無菌環境下。相反的，它們受制於神經元的消亡與不受抑制的生長。

認定絕對記憶存在的想法，並非錄音機和錄影機這些裝置發明帶來的效應。佛洛伊德和柯沙可夫在電影發明前就曾經提及，用的是很不一樣的譬喻。如果我們回溯絕對記憶的歷史，很快就會遇到催眠師、亡靈召喚者，他們宣稱：在恍惚、出神的狀態下，人們可以回想起清醒意識時無法提取、以為已經遺忘的記憶。(40)這類說法被當成是沒有任何東西會真正消失的證據。再回推一段時間，我們則會回到浪漫主義時代，詩人與哲學家們主張人類的心靈是各種感知印象的巨大儲藏室。

絕對記憶的迷思——因為我們想要相信

一九八〇年，當羅夫特斯夫婦指出，受過心理學訓練的人當中有百分之八十四認為人腦中永久儲存著所有經驗時，葛洛爾和他的同事的研究尚未發表。不過，更新的一些研究顯示，絕對記憶的理論依舊受到廣泛支持，幾乎有四成的人相信這種說法。(41)對心理治療師進行的調查顯示，他們當中有超過半數的人仍相信催眠可以取得這類的記憶，甚至，有必要的話，連出生時的記憶也能回想起來。(42)這種根深蒂固的想法從何而來？大腦會將曾經進入意識的一切都儲存起來的這種觀念，為什麼這麼有吸引力？

部分原因必然在於我們自己有過想起「被遺忘的記憶」經驗。你可能睡醒之後，認定自己一夜無夢，但是當天稍後看到或聽到某件事，又將你拉回到那個應該已忘記的夢。或者是，你相信自己已經忘了某事——例如你五歲時隔壁鄰居的姓氏——卻在一星期後，當你看到一輛貨車後方的字樣，立刻認出那就是你以為再也想不起來的姓氏。年紀稍長的人也可以作證，他們可能會突然想起大概五十年不曾回想的事，某些一直被存放著、從未想起的事。

佛洛伊德的夢中白日遺思理論確實反映了一種熟悉的經驗。即使是最微不足道的小事，似乎也會被記錄下來。簡單來說，如果你堅持某件事一定不在記憶裡了，反倒是有點風險。它永遠有機會在你當下並未取得聯想的時候，重新回到你的意識裡。

不過，無法證明某件事會永遠消失，不能當作「所有東西都還留在那裡」的證明。跟那些認定大腦會記錄所有事情的人討論這一點，是一件相當困難的事。原因在於，他們認為已經被證明無法駁倒的理論必然是正確的。這是邏輯上微小卻又致命的一步差錯。一個無從反駁的理論，並不在測試與調查研究的範圍內。

潘菲德不會選擇採用佛洛伊德的論述方式，而佛洛伊德也不會把自己當成現代的浪漫主義者。他們倆都是用自己所處時代中的「科學家」權威來說理，同時各自運用自己的技術、譬喻和研究來支持絕對記憶的理論。諸多科學界圈內和圈外的人——不論我們如何定義科學——都曾經相信或依然相信，可以保存一切的記憶確實存在。

這或許正好證明了，接受自己大部分經驗在通過我們大腦時並未留下任何痕跡、彷彿從未曾發生過，是一件多麼困難的事。也許我們還比較寧願接受自己的記憶就像一個篩子，好讓我們確定被篩子抖掉的只有灰塵和殘渣，其他有真實價值的東西都會留下來。

遺憾的是，我們的大腦並非如此設計的。你在一九八二年四月十二日那天開車往伍爾弗漢普頓（Wolvenhampton）的陸上交通狀況如何，這樣的瑣事已經從你的記憶中消失，而你和父親在車裡的對話、母親烹煮的美味牛尾湯、你帶著三歲女兒散步的記憶也一樣。

絕對記憶的迷思給我們帶來慰藉，暗示沒有東西會真的消失，即使是當下不能立刻回想起來。十七世紀的物理學家推翻了古希臘人「虛空恐懼」[15]的概念，認為這是出於擬人論

（anthropomorphism）的誤解，但是在心理學上，虛空恐懼似乎可以幫忙解釋，為何腦子會記錄一切且凡事不忘的這種信念，會歷久不衰。

15 horror vacui，或譯「留白恐懼」，與希臘哲學家斯特拉圖（Strato of Lampsacus）的理論有關，他主張自然厭惡虛空，因此虛空在本質上並不存在，即使存在也不能持久，因為它一旦出現，周遭圍繞的物質會立即將它充滿。作者這裡所指的，顯然是人們對經歷過的事在記憶中不留痕跡所感覺到的恐懼。

第十章　檔案與記憶
——祕密、背叛、解讀的流動

我們很少見到小說被當成歷史資料。研究維多利亞時代對於密教和降靈術的迷戀，似乎不大可能會把莎拉．華特絲（Sarah Waters）的《華麗的邪惡》（*Affinity*, 1999）列入參考書單；同樣的，美國在二〇〇三年入侵伊拉克的歷史分析，也不至把伊恩．麥克尤恩（Ian McEwan）的《星期六》（*Saturday*, 2005）放進注釋裡。小說屬於虛構的文類，而不論我們再怎麼寬鬆地定義歷史，它仍屬於非虛構類。

歷史學家若要寫一篇伊拉克戰爭相關爭議的論文，照理說會參考國會發言紀錄、報紙文章、廣播報導、新聞影音畫面，以及相關事件的實際紀錄。因此歷史學家最後去的還是一些老地方：圖書館的報紙典藏室、市政府地下室的檔案間，以及其他協助提供社會記憶的各種視聽資料檔案室。

不過，這種歷史與虛構的明確分野，有時無法讓人完全安心。想研究十九世紀初期英國社會階級關係的人，會發現在檔案室裡，最引人入勝的一些面向全付之闕如，諸如：日常應對進退的規矩、不成文的行為規範、沒有規定卻被用來判斷成不成體統的禮節。歷史學家必須找尋其他的參考來源，比如小說。

我們可以從《傲慢與偏見》或《理性與感性》看到這些準則與規範的運作，依然不成文不說破地被呈現出來，讓我們得以更理解那個時代以階級為基礎的社會結構。《傲慢與偏見》與《華麗的邪惡》或《星期六》一樣，是想像力的產物，但這不表示它無法提供歷史的洞見。小說有時是勝過任何檔案的歷史資料來源。

若更進一步思考，小說之於檔案的關係似乎曖昧不明。這是小說與人類記憶的共通之處。檔案的管理員喜歡拿檔案與記憶相比，我們也常聽到記憶被形容成檔案，只不過，記憶不會按照行列排放，也沒有照時間順序或主題類別儲存。記憶並不像檔案，具有「在或不在」的特性，讓你知道可以提取與否；記憶也許會在某個時刻瞬間出現，其他時候卻遲遲不出來。記憶會侵蝕、散落，最後四散開來，或是彼此堆疊。最重要的差別是，記憶有其盡頭。而一份檔案，在它的編纂者死亡時，不會下一秒鐘就消失在空氣中。

由此看來，我們甚至可以把記憶和檔案看成相對立的：記憶有彈性、可不斷修改、是暫時的，而檔案室裡的資料具有某種程度的恆久性，歸位時仍維持借出時的形態，歷經幾個世代仍不因時間而有所變化。我們忍不住會想說，出現在記憶中的是主觀的，出現在檔案裡的則是客觀的。可惜的是，對記憶與檔案的這種看法，依然是一種過度的簡化。

顯赫的匈牙利世家

「我不能算是『經歷』了戰爭，」荷蘭作家哈利．穆里西（Harry Mulisch）曾經寫過：「我**就是**第二次世界大戰。」[1]他猶太裔的外祖母死於索比布爾（Sobibór）集中營的毒氣室，猶太裔的母親被迫躲藏藏，德裔的父親則是在令人畏懼的「強盜銀行」李普曼與羅森塔爾銀行[16]工作。穆里西可以說是集所有戰爭期間的主題於一身。

生於一九五〇年的匈牙利作家彼得・艾斯特哈茲（Péter Esterházy）或許同樣有資格可以說：「我就是匈牙利。」他與他的家族身上，承載著是匈牙利五百年的歷史。艾斯特哈茲研讀數學，曾擔任系統分析師，但他很快就以小說家和散文作家身分而聞名。二〇〇〇年，他費時十年才完成的小說《天堂的和諧》（*Harmonia Caelestis*）終於出版，(2)內容綜合了眾多元素，分為兩卷。

第一卷是關於艾斯特哈茲家族生動的編年史，向我們介紹諸位公爵、選侯、大公、男爵、主教與法官。他們每一位，艾斯特哈茲都稱呼為「我的先父」。艾斯特哈茲家族是大地主，產業規模大到難以想像，有時彼得會揮著手形容「有四分之一個匈牙利那麼大」。(3)隨便一位「先父」都擁有「如此廣大的土地，野鵝飛行整個夜晚都無法橫渡。」(4)

艾斯特哈茲家族的財富，主要是在十六世紀和十七世紀取得。在天主教教會「反宗教改革」期間，信奉天主教的艾斯特哈茲家族取得大量新教徒被沒收的土地。之後，他們支持哈布斯堡家族加入對抗土耳其人的戰爭，獲得許多貴族的頭銜和巨大封地。這個家族幾個世紀以來，都效忠於哈布斯堡家族。

一六八三年，在土耳其人的維也納圍城戰中，是保羅・艾斯特哈茲伯爵（Count Paul Esterházy, 1635-1713）出兵救援。一八〇九年，尼可拉斯・艾斯特哈茲二世大公（Prince Nicholas Esterházy II, 1765-1833）拒絕拿破崙加冕他為獨立匈牙利王的提議，率領著志願軍團，從法國部隊手中解放了維也納。

一代又一代的艾斯特哈茲家族動員了最傑出的藝術家、建築師與工匠，建造和裝飾他們的要塞、

宮殿、狩獵旅棧、夏日行館、莊嚴宅邸與城市宮殿。(5)

「先父」尼可拉斯・艾斯特哈茲（Nicholas Esterházy, 1583-1645）透過兩次婚姻關係而成為鉅富，並於一六二五年被選為伯爵，這是當時匈牙利最高的政治職位。不過，最出名的先父，或許是保羅・安東大公（Prince Paul Anton, 1711-1762）與尼可拉斯・艾斯特哈茲大公（Prince Nicholas Esterházy, 1714-1790）。

一七六一年，保羅・安東僱用當時二十九歲的海頓（Josepy Haydn）擔任他的副宮廷樂長。海頓負責的工作包括宮廷樂團、音樂課程，以及圖書館，但是他最主要的工作是作曲，通常是為擅長演奏多種弦樂器的保羅・安東譜曲。保羅・安東過世後，輪到他的弟弟尼可拉斯擔任音樂家的庇護人（patron）。一七七一年秋天，海頓寫出知名的《告別交響曲》。

彼得・艾斯特哈茲。

每年夏天，宮廷樂團的成員都得暫別家人，到艾斯特哈茲位於艾森斯塔特（Eisenstadt）的城堡演奏。他們經過幾個星期的等待，始終等不到尼可拉斯宣布活動結束。於是樂師們請求海頓，用最巧妙的方式讓遲遲拖延不走的大公領會他們想回家的心情。海頓寫了一首交響曲，並在結尾部分讓所有樂手逐一起立，吹熄他們音樂架上的

16 Lippmann, Rosenthal & Co.，位於阿姆斯特丹的銀行，為二次大戰期間，納粹德國專門搜刮猶太人財產的機構。

蠟燭，靜靜地離開舞台。到了最後，台上只剩下兩位樂師：首席小提琴手路易吉．湯馬西尼（Luigi Tomasini）和海頓本人。尼可拉斯馬上明白意思，承諾樂師們很快就可以離去。

保羅．安東與尼可拉斯不是艾斯特哈茲家族最早展現音樂天分的人。保羅．艾斯特哈茲大公（Prince Paul Esterházy, 1635-1713）被認為是十七世紀匈牙利最重要的作曲家。他在一七一一年出版了他的《天堂的和諧》，一部宗教歌曲的選集。

虛實交錯的家族史小說

所有這些「先父」都為打造國家的歷史出了一臂之力。他們參與了宗教改革與反宗教改革運動，涉入棘手的政治聯姻。他們是戰爭中的將領，也是承平時期的使節。他們折衝稅賦與土地財產的問題，介入政治陰謀或成為陰謀的受害者，擬定條約並接受請願，曾在對抗土耳其人的戰役中痛失愛子，也曾在維也納的宮廷裡翩然起舞。他們以皇家特使身分訪問梵蒂岡，也代表國家接見外國使節。

他們的地位如此崇高顯赫，事蹟因此被載入史冊中。一六二六年起，艾斯特哈茲設置了家族的檔案室，一七四七年正式任命了第一位檔案官。多年後，海頓的傳記作家們在艾斯特哈茲城堡的檔案室查詢資料時，可以查到海頓接受艾斯特哈茲家族超過三十年的庇護期間，所有相關權利和義務的詳細資料。

這個家族擁有大量由條約、僱傭契約、財產清單、典藏目錄、婚姻協議、請願書、遺囑，以及其他各式各樣的文件所構成的文字記憶，這些記憶又成了艾斯特哈茲家族在匈牙利文化史與政治史中，所扮演角色的歷史研究材料。

這一切使得作者彼得・艾斯特哈茲得以詳細重建家族由保羅・安東和尼可拉斯當家作主的時期：他們是如何對待僕從、管理家計、處理佃農和指示建築師，以及他們是如何覲見國王、旅行與接待賓客等日常例行活動。(6)豐富的文獻和它們在歷史書籍中的廣泛引用，是彼得・艾斯特哈茲能栩栩如生描寫諸多祖先的部分原因。

我說「部分原因」是因為，檔案室的資料在《天堂的和諧》中，其實就像是翩然起舞的彼得・艾斯特哈茲可以讓雙腳暫時著地之處。

沒錯，他的「先父」確實在一七一一年出版了宗教歌曲選集《天堂的和諧》，但是除此之外，艾斯特哈茲對他的描述，大致上是虛構的，就像尼可拉斯大公與海頓之間的對話，甚至是更早之前那些「先父」在戰場中運用的策略，以及他的「先父」如何遇見他的「先母」的諸多故事一樣，全是虛構的。

當讀者對這些歷史人物、地點和事件信以為真，又會不時被有趣的時代錯置（anachronism）拉回現實，例如碼表出現在十七世紀，或是照片出現在十八世紀。

除了想像力之外，彼得・艾斯特哈茲在寫作《天堂的和諧》第一卷時，還運用了兩種不同的記憶：一個是檔案室的，另一個則是家族傳流的故事。寫作第二卷時，他又加入了第三種記憶：彼得・艾斯特哈茲個人的記憶。

故事的重心逐漸移轉到家族中他認識的人的命運：他的祖父、他的伯叔姑嬸、他的父母、他的兄弟和及一個小妹。從歷代祖先到親戚、到最親近的家人，這個轉換使故事變得越來越個人化，儘管它們的根源仍是真實事件。

對艾斯特哈茲家族而言，歷史在二十世紀出現了幾次戲劇性的轉折。第一次世界大戰後，哈布斯堡家族的奧匈帝國分崩離析，匈牙利民主共和國成立，之後在一九一九年，由貝拉．庫恩（Béla Kun）領導的匈牙利蘇維埃共和國取而代之。他們大量財產被徵收為國有，但不久後又歸還。共和體制的政權轉換，基本上沒有影響到艾斯特哈茲家族的財產。

不過，第二次世界大戰之後——同時，也因為戰爭的緣故——一切改變了。一九四四年，匈牙利被德軍占領，隨後在一九四五年二月，蘇聯紅軍攻入布達佩斯。這個國家從此落入俄國人的勢力範圍內。一九四八年，匈牙利推行了更進一步的土地與財產國有政策。這次的改變是永久的。

彼得的祖父、曾擔任匈牙利總理的莫里奇．艾斯特哈茲伯爵（Count Móric Esterházy），獲准保留幾英畝的土地，以表彰他在戰爭期間反德國的立場，但國家將家族所有的城堡、宮廷、土地、藝術收藏、圖書館和財富全數沒收，原來的特權一律取消，貴族頭銜也全部廢除。

彼得的父親馬提亞斯．艾斯特哈茲（Mátyás Esterházy）出生於一九一九年，本來是全匈牙利最龐大個人財富的繼承人，在戰後從一名伯爵變成身無分文的「階級敵人」[17]——具有幾百年歷史的「階級敵人」家族世系的後代。

鋪馬路的貴族教授

彼得在第二卷中描述了艾斯特哈茲家族如何面對命運的改變。《天堂的和諧》在這裡出現悲劇性轉折，但小說依舊保持輕鬆的語調。

關於彼得的祖父莫里奇——當時的匈牙利總理——一九一七年與德皇威廉二世的歷史性會晤，書中有一段充滿機智的描述：「德國皇帝對匈牙利與奧地利兩國的國政表達了諸多的不滿。這兩國都不干他的事，後面這國則不干我的事。我是這麼告訴他的。他兩眼冒火，一副想殺了我的樣子，我差點忍不住笑出來。」(7)這段對話繼續進行了好幾頁，最後彼得用一種嘲諷的口吻作結：「英國記者阿許密德－巴特勒（Ellis Ashmead-Bartlett）在他的《歐洲的悲劇》（*The Tragedy of Europe*）裡對這一幕的描述有所扭曲。」(8)

彼得對於土地與財產公有化政策執行的描述，也是悲中帶喜。在杜撰的對話裡，他把共產黨人民委員描寫得愚蠢而瘋狂，對傳統與歷史缺乏認知，沒有記憶，完全不能與艾斯特哈茲家族的人相比。祖父莫里奇是家族裡第一位遭遇新政權的人。彼得用驕傲的口吻，描述他在那段動盪歲月的作為。他是模範的貴族，高貴到骨子裡。「明明在他之下卻要看低他，一定是很辛苦的事。」(9)

不過，《天堂的和諧》第二卷最重要的標誌性人物，還是馬提亞斯．艾斯特哈茲，彼得眾多的「先父」中的正牌父親。戰爭結束後，馬提亞斯一開始獲准定居布達佩斯，與妻子莉莉在此共組了家庭。一九五一年，他被下放到霍爾特（Hort）。包括父親在內，彼得一家人在這裡被迫寄住農民家裡。馬提亞斯被派去當農場工人，負責採收瓜果，後來又改當修路工人。

> 有時候當他在附近工作時，我和弟弟會在一旁偷看。我們為他感到無比驕傲。他打著赤膊，把地上的瀝青抹平，一條條黑色的塵土隨著汗漬從他身上流下來。他旁邊不時有人對他大呼小叫，**去你的，伯爵，別再搞砸了！**汗珠在他的背上、他的腰間，還有他的額頭上閃閃發光。他用前臂把汗水擦掉，並調整一下眼鏡——一個打赤膊的教授，聰明又強壯。(10)

17　class enemy，共產主義國家常用的政治術語，用以指所有異議份子，是無產階級的敵人。

驕傲，正是彼得描寫馬提亞斯的潛台詞。擔任鋪路工的卑微工作，在他過去的部屬底下效勞，馬提亞斯依舊保持了自己的尊嚴。彼得認為，他的行為表現展現了何謂精神上的貴族。孩子們從不曾聽他談起家裡過去的財富，儘管彼得在成長過程中，不可避免會得知家族的過往。

念小學時，他的老師們是政治上的強硬派[18]，憤憤不平地痛批資本主義、剝削、大地主、封建的領主等。有一次校外教學旅行時，一名老師不屑地指著艾斯特哈茲家族的其中一座城堡說：「又一個封建主義的可怕範例。」不多久後，彼得寫道，「我們每經過一個貴族狩獵用的小屋，男孩子們就會聳聳肩說，我猜那也是你家的是吧，我說當然啦，不然還會是誰的。」[(11)]他和弟弟會又一次對著空中伸出中指。這個弟弟，馬爾頓（Márton Esterházy），後來代表匈牙利國家足球隊出賽二十九次，就算他的姓氏是艾斯特哈茲。

一九七〇年代，他們家的情況稍微有點改善。馬提亞斯被交付翻譯的任務。這當然比他在土地上勞動要好多了。他的英文和德文翻譯作品內容包括匈牙利本篤派教會的歷史、匈牙利的民間智慧與迷信，以及陶瓷藝術。彼得回憶起父親坐在打字機前那段孤單、漫長的歲月。

在此同時，當局仍嚴密監視他們一家人。一九六〇年，移居維也納的祖父莫里奇過世時，馬提亞斯無法參加葬禮，因為他的出國簽證申請被駁回，理由是「基於國家利益」。

彼得也描寫了父親的陰暗面，寫出他酗酒和經常不在家，但基本上他敬重父親，認為他是在逆境中也不對命運卑躬屈膝的人。有一天，彼得問父親他們是否真的很窮。他環顧房間四周：「好吧……目前這樣我不能說是富有。」他說貧窮不是富有的相反詞。一個不富有的人，不一定是窮人。真正的窮人比這還要糟，他們匱乏無依。窮人比貧窮還要窮。「不，孩子，我們不是窮人，我們只是活得貧

窮。」(12)

父親的祕密

一九八九年，柏林圍牆倒塌。一九九〇年，蘇聯駐軍也迫不及待離開了匈牙利，匈牙利國家安全局的部分檔案被轉交給布達佩斯的歷史研究院，並開放提供研究。

一九九九年秋天，彼得．艾斯特哈茲詢問熟識的友人能否找到一些與他相關的資料。或許他也曾被竊聽和監視，又或許沒有，他寫道：「但是我想要客觀地了解事實，同時，也或多或少認為這是我身為民主公民的本分——即使不為釐清過去，也應該關心從任何相關文件中浮現的過去。」(13)

當時他仍忙於完成《天堂的和諧》的手稿，後來就一直拖到二〇〇九年一月二十八日才前往歷史研究院。他到那兒時，心中並無任何不安。他有什麼好擔心的呢？他們端出咖啡招待他。在桌上擺了三個棕色資料夾。這些資料夾顯然是要給他看的，但檔案員看來似乎不太自在。

他不時碰觸資料夾。他說有些事必須告訴我，但是我不需要緊張。我的嘴角往下撇，心裡有些不高興。他又說他覺得自己有責任讓我看看這個、那個，還有，呃，我可能會因此不太開心……他說他真的不知道，然後，最簡單的方式也許就是讓我自己看看裡面的資料，這樣我就會明白那是什麼，裡頭都是些什麼東西，接著他把資料往我推過來。這小小的動作，似乎在暗示裡頭是些很糟糕的東西。它是一個工作檔案，特務員的檔案——他讓人無法理解地長

18　激進、強硬的政治派別，主張以強硬措施和手段來解決爭端。

吁了一口氣，彷彿特務員的存在跟他有什麼個人恩仇似的——一個特務員的報告。(14)

彼得．艾斯特哈茲打開最上面的檔案，**認出那是他父親的筆跡**。檔案清楚顯示，一九五六年，在匈牙利革命之後不久，馬提亞斯．艾斯特哈茲被吸收為特務，化名喬納迪（Csanádi）。第一份檔案始於一九五七年三月五日。馬提亞斯．艾斯特哈茲，竟然曾經是臥底線民。

那個一直以來令他讚嘆不已的字跡，如今被用來證明父親一直過著雙重身分的生活——第一次親眼看到的那個當下，他的手猛烈顫抖起來，不得不把檔案放到桌上。不久後，他驚慌失措地衝出了歷史研究院，「不想讓任何人看到我的臉。」(15)

但幾天之後，他又重回這裡，開始令他苦痛萬分的工作，有系統地研讀這些檔案。接下來，經過十八個月，彼得．艾斯特哈茲寫了另一本名為《修訂版》（*Revised Edition*）的著作。

記憶的修訂版

前面我引用的幾段話，出自《修訂版》開頭的前面幾頁。這本書和《天堂的和諧》一樣，同時包含許多不同元素，包括馬提亞斯所寫報告的部分摘要，還有相當的篇幅提到他的祖先們，接下來談他最親的家人，以及彼得目睹這些祕密檔案後，他自己日記的摘要、對日記內容的評論，再加上父親擔任臥底期間一些樣板式公審與處決判例的歷史注釋，最後還有彼得在重新認識馬提亞斯．艾斯特哈茲之後，對於《天堂的和諧》這本書的一些想法。

光是透過轉述和引用，實在不足以呈現彼得．艾斯特哈茲在《修訂版》中描述的內心感受，當中包含了羞恥、悲哀、憤怒、仇恨與受傷的驕傲，但同時也就他父親人生中有這麼多不為人知的部分，投以對他與對自己的悲憫、幻滅和迷惑，此外，還有驚愕：為什麼？為什麼？書中充斥一些他無法回答的問題，因為他父親已經在兩年前過世。研究這個檔案的最初幾個月，他眼裡不時湧出的淚水，最後在文章裡簡化為代表眼淚（tears）的字母 t，由檔案抄寫下來的段落，則以紅色——代表恥辱的顏色——來印刷。

彼得．艾斯特哈茲一開始以為，他的父親只是記錄一些祕情局早就知道的事，但他很快就發現裡頭包含了新的、有價值的情報，像是「我注意到喬班考[19]的民眾 L．R、T、還有 S z 參加了十月份在布達佩斯的武裝行動。」(16)或是，「在十月份的事件中，喬班考英雄紀念碑上的紅星被人移走。我聽說涉案的是砂石商人 B．S 的女婿，名字叫做 S z。」(17)原本希望父親只是對祕情局虛與委蛇的想法破滅，如今他確定自己的父親背叛了人民。

在時間涵蓋至一九八〇年三月的檔案裡，馬提亞斯．艾斯特哈茲告訴他的聯絡人，他認識的人當中有誰與國外通信、他從老朋友聽到過去的貴族有什麼動靜、親戚過世時有哪些人致信慰問，以及旅居匈牙利國外的親戚們進行些什麼活動。裡頭甚至有一個故事，是彼得在十八歲時告訴父親的事。

閱讀這些檔案令他難以承受的是，當中提到的許多人名，當時對他的意義就只是他的伯叔姑嬸、父母親的朋友、到家裡拜訪的熟人，如今回想起來，他們被父親邀到家裡是為了試探他們的口風。在「喬納迪」試圖聯繫他那些受害人的過程中，彼得發現，孩提時代父親令他敬愛的一些特質，現在變

19　Csobánka，匈牙利首都布達佩斯的區名。

得令他無比厭惡。

《修訂版》是在絕望中寫成的。當知名的智識分子、政治人物、藝術家與昔日的貴族們在匈牙利革命後被囚禁和處決之時，他的父親卻是告密的線民。這個想法帶給彼得的，不光是對過去的恥辱，同時也是現在的恥辱——因為在此同時，《天堂的和諧》已經出版。

匈牙利小說家、同時也是前異議人士佐治・康拉德（György Konrád）在給彼得的生日祝賀函裡，說他對父親的描寫相當優美。簽書會上，人們眼裡噙著淚水告訴他，書中對馬提亞斯動人的描述如何讓他們感動。

最重要的是，祕情局的文件是對他的記憶的侵犯。他打開第四個檔案讀到：

> 我可以報告，彼得・艾斯特哈茲（一九五〇年四月十四日生於布達佩斯）即將參加皮亞斯特文法學校（Piarist Grammar School）的畢業考試，至目前為止學業一直名列前茅。他已報名羅蘭厄特沃什大學（Loránd Eötvös University）數學系的入學考試。如達入學所需分數，我請求內政部協助他的入學。喬納迪。[18]

這個請求得到了批准。一份備忘錄被送到內政部，指示他的申請應予以接受。彼得原本一直認為，自己獲准入學純粹是因為在學校的優異成績表現。他擁有與父親一同觀賞足球賽的愉快回憶，如今他卻發現，他們能去看球，全是靠祕情局安排才能拿到門票。而同樣也是靠著祕情局，彼得才順利拿到護照去維也納旅行。

閱讀這些檔案，讓他不得不重新思考童年時期發生的種種事件。它們代表的意思，如今變得有點不同。他的父親不是他記憶中的父親，因此彼得也不再是記憶中的那個兒子。記憶的重新修訂，引導他進入漫長、沮喪的「修訂」之流，也因此成為他這本書的書名。他該如何處理自己心中對於那個堅毅的父親所懷抱的記憶？那個儘管被奪走一切卻仍保有人生真正重要的情操、令他引以為傲的父親的記憶？

他說，若不是這種引以為傲的感覺，他不可能寫出他在一九八〇、九〇年代出版的那些書，以及那些真摯的文章。如今消蝕的，正是這一份驕傲。或許，最悲傷的「修訂」是底下這一段：

> 現在，直到現在，我的父親才真正成為「一無所有公爵」。這個頭銜如今有了（並將持續增加）沉重的分量。在這一刻之前，它還算是個順耳、適切的形容，既代表著實際的狀況，也代表著一種勝利：這些一無所有、可憐的人顯然並不可憐，不是真正的一無所有。他們顯然太富有了（只除了他們比起一百、三百或四百年前，現在付的財產稅少了）。他們是富有的，因為他們擁有最重要的東西：他們自己。(19)

這種勝利感消失了。父親的背叛並非新增補的記憶，而是改變一切的記憶，同時還無可彌補地損害了一些原本最珍貴的記憶。隨著每一份檔案的開啟，彼得．艾斯特哈茲被奪走的記憶就越多。

檔案的解讀角度

彼得．艾斯特哈茲與歷史研究院的交涉，是引發所有不幸的源頭。在這當中，檔案室與人類記憶似乎各自遵照傳統在扮演自己的角色。彼得的記憶，最後被證明是可以重新修訂的。它們的色彩、感受、滋味和重要性都有了改變。現在它們指涉的，已不同於當祕情局文件還放在檔案架上、尚未被開啟之前的過去。

相反地，檔案資料則始終保持不變，仍是一份祕密特務漫長生涯的文字紀錄。在彼得第一次拜訪時，它們被放在咖啡桌上時就是這個樣子。當他離開後，被放回檔案架上的也是那個樣子。或許我們會說，檔案室裡的一份資料與人腦中的一個記憶，兩者之間的差別如此巨大，檔案管理員卻老愛拿檔案和記憶相提並論，實在有些難以理解。

彼得．艾斯特哈茲在談到文獻紀錄時，再次強調了它們具有特殊地位：它們是不變的事實的紀錄，絕不會被重新修訂。在他較早的作品中，他只會檢查句子之間是否相互矛盾，不必考慮句子和現實的關係，但是在《修訂版》的開頭，他寫道：

> 謊言不管多麼輕快，終會被真相逮住。過去，我可以憑個人好惡，根據文本的需要來隨意處理事實、文件和手稿。如今這已是不可能的事。我必須將一切都吞下。過去，我隨自己高興將東西塞到讀者的喉嚨裡，我是主宰一切的主人，現實只是想像力的僕從。(20)

正由於這樣的新關係，使得《天堂的和諧》是一部小說，而《修訂版》成了非虛構作品。這種文類的分野，使卷宗與文件帶著真相與事實，被歸類到檔案室這一邊。

不過，這裡我們未必需要和彼得．艾斯特哈茲意見一致。《修訂版》同樣也允許我們用別的方式來閱讀，以揭露事實、記憶和文件之間的模糊界線。

首先，我們如何解讀祕情局文件的內容，只有一部分能由文本決定。根據馬提亞斯的報告，他被指示負責監視的人當中，許多已不再活躍於政治活動。他們「已經退隱山林」、「只顧著自己的日子」、「對政治沒有興趣」。有一位搬到鄉下並找到了林務局的工作，另一位則「待在家裡忙著養蜜蜂」。關於彼得的一個叔叔，馬提亞斯寫到：「現在他住在貝克河灘，在那邊的羅麥河灣看管獨木舟，完全不過問政治了。」(21)

這類報告的意義，取決於讀者是基於什麼樣的背景來解讀。馬提亞斯．艾斯特哈茲是否有意放過這些人？他是否在暗中破壞自己被交辦的任務？這些他聯繫的特定人物是否真的退出了政治？彼得．艾斯特哈茲自己也不是完全確定，但他至少可以考慮各種可能的解釋。每一種解釋都會賦予這些檔案不同的意義。

同樣的情況，也適用於一九五八年的一份報告。「喬納迪」奉命記錄人們「日常對話裡對政治立場的表達」。報告裡，「最重要的是，要反映是否有階級異化元素的政治立場」。「喬納迪」的報告裡似乎一無所獲。「在對話的過程中，我一直提到選舉的議題。整體來說，我察覺不到對方有任何的興趣，原因或許是喬科瓦（Csákvár）正在辦展覽會，所以很難談到選舉的話題上。」(22)彼得仍記得參觀展覽會的情況。當時父親與八歲的他，是和過去曾經是他們家僕從的民眾坐在一起：

有可能是我們的樣子看起來就是和他們不一樣。什麼事都沒發生，沒有人提到任何一個名字。他們還是坐在那裡，喝著酒，享受在展覽會的時光。他們覺得自己被看重，並認為膽敢公開和「地主」（和他的兒子）坐在一起是很勇敢的行為，而且，他們確實都很喜歡父親。他們喜歡他是因為他是個親切的人；乾杯，祝你健康，馬提亞斯，乾杯，多朵卡，t（眼淚）

【沒了，眼淚已經枯乾】

然後這個特務回家了，他的孩子們圍繞在他身邊，像是掛著成串水果的一棵樹。他從展覽會帶回來什麼（禮物），他的妻子帶著懷疑在他身上嗅聞，看能不能聞出奇怪的味道，然後這個特務坐回他的書桌前：要安靜，你父親在工作！接著他開始打字：在對話的過程中，我一直提到選舉的議題……(23)

再一次，彼得的記憶決定了對報告的詮釋。到底「喬納迪」的工作態度是認真勤奮，還是謹慎閃躲？到底他關於選舉的報告是如實呈報，還是暗藏嘲諷？它的真相無法從這些檔案中找到答案，必須靠彼得自己揣度。事實上，檔案中提到的所有事，無一不牽扯到感想、記憶、解釋、確認、否認、釐清——換句話說，兒子的記憶，賦予了父親的筆記一種意義，讓它們有可能真正被閱讀，以及去理解它們在說什麼。

彼得．艾斯特哈茲的解讀，也不是對這個議題的最終裁決。他父親的檔案具有什麼意義，他有著特別的、但非絕對的詮釋權。《修訂版》出版後，幾名匈牙利前異議人士也加入了這場關於背叛的辯論。

匈牙利前總統暨作家根茨．阿爾帕德（Göncz Árpád）說，就他所知，只有一個人是真正自願成為線民，其他所有人都是迫不得已。有些人是受到威脅，有些則是為了保護自己家人。匈牙利政治家柯澤格．費倫克（K szeg Ferenc）也用類似說法表達了自己的意見：「馬提亞斯．艾斯特哈茲曾被逮捕，並遭到反覆毆打。沒人有資格譴責他。」(24)他們對「喬納迪」的檔案該如何閱讀，提出了其他的詮釋。

檔案也會遺忘

由此，我們看出文獻與記憶之間的相似性。彼得．艾斯特哈茲的記憶所發生的事，同樣會發生在「喬納迪」檔案上；只要一個最根本的修訂，它就會指向一套不同的事實、不同的過去、不同的真相。文件不僅需要人類記憶去詮釋它們，其意義在記憶參與運作之後，也會產生改變。因此，檔案管理員把他們的檔案稱為「記憶」，到頭來也是正確的，只不過這二者的相似性，比起單純將記憶與檔案都視為「過去的留存」這種看法，還要再更深入一層。檔案與人類記憶一樣具有流動性。檔案同樣也可能遺忘。

「背叛」或許是一種最殘酷的方式，讓人們了解我們不能將記憶看成是銀行裡的資產，或是存放在保險庫的貴重物品。前東德國家安全局（Stasi）的檔案開放之後，德國出現了幾本相關書籍，書中可以看到人們描述自己如何在不知情的狀況下，被好友、家人、甚至自己的配偶祕密監視。

作家蘇珊．夏德里希（Susanne Schädlich）最喜歡的叔叔，後來被發現曾是國家安全局的線民，她形容在得知消息後，讓她對叔叔的記憶徹底瓦解。(25)似乎所有的記憶都失去它的有效性：每個記憶都需要被重新思考。叔叔的一言一行，都不再保有原先的意義。這一切帶給她一個跟原本記憶中完全不同的童年。

記憶不只會受劇烈政治環境變動的影響。任何人如果發現遭到朋友、情人，或是同事長期的背叛，都會發現不只是自己未來會有所不同，連自己的過去也都不一樣了。關於一場晚宴的所有記憶，如今伴隨著發現背叛已在進行中的事實。

記憶具有事後改變的能力。染上陰霾的記憶仍然是記憶，只不過它不再是你原本記得的樣子。它也變成了一種遺忘。它同時是記憶，也是遺忘。

第十一章　攝影，永不遺忘的「鏡子」

愛倫坡（Edgar Allan Poe）最傑出短篇小說之一〈橢圓形肖像〉（The Oval Portrait）的故事似乎是從半途開始：一名男子偶然來到亞平寧山中的一座荒廢城堡。他選在偏僻的角樓房間裡過夜，房間的牆壁上，從地面到天花板都掛滿了畫像，房裡還有一本小書，內容是關於這些畫像的說明。

他坐著一連閱讀了幾個小時，不時對照查看牆上的畫。當他挪動那把大型枝狀燭台，光線照進一個小壁龕裡，一幅用橢圓形畫框裝幀的年輕女子畫像突然映入他的眼簾。從壁龕裡凝望他的女子深深吸引了他，他不得不閉上眼，讓自己冷靜一下。

接下來，他定定看著這幅畫長達將近一個小時，想了解為何它對自己產生這種效應。他發現，它的神奇魅力必然是出於那個「栩栩如生的神情。剛開始我是嚇一跳，後來是困惑，最後它征服了我，也讓我害怕。」[1]他將燭台放回原位，注意力轉回書上，希望找到關於這幅畫的故事。

這幅畫是畫家新娘的肖像。她的丈夫要求她擺姿勢讓他作畫。這名洋溢著幸福氣息的年輕女子，在這間被當成工作室的陰鬱角樓裡，待了無數個小時。完全沉醉在工作裡的畫家，沒有注意到妻子因為長時間待在光線昏暗的房間，健康開始出現狀況。她的身體越來越衰弱，緩慢但千真萬確地。好幾星期後，畫像快要完成了，他全神貫注到了忘我的境地。最後，只剩下嘴巴和眼睛的最後幾筆。然後，畫像終於完成。

「畫家著迷地站在他完成的作品前，」小說敘事者讀著那本書中的描述。「但是下個瞬間，他一邊盯著畫像看，一邊開始渾身顫抖、一臉慘白。他萬分驚恐地大喊：『這根本就是**生命**本身！』他猛然回頭看看自己的愛人：——**她已經死了！**」[2]

故事結束。愛倫坡究竟想表達什麼？

愛倫坡的銀版攝影

〈橢圓形肖像〉出版於一八四二年。當時，銀版攝影（daguerreotype）已經在美國掀起風潮，巡迴攝影師和城裡的照相館，以一般人付得起的合理價格為民眾拍攝肖像。愛倫坡在暗指這個發展嗎？他是否在用這個故事暗喻畫家的優越性——他們與攝影師不同，有能力將真實的生命和神情投射在畫中？他是否想要強調一幅「寫生」的肖像，有時可能不只是描繪這個生命，而是在作畫過程中，也掌控了這個生命，因此肖像——不論是畫像或照片——可以成為記憶的替代品？

早在一八四〇年一月，銀版攝影法發明的消息傳到大西洋對岸才剛幾個月，愛倫坡就寫了一篇關於這個新技術的文章。[3]他為它深深著迷，鉅細靡遺地描述了這個他稱為「陽光繪畫法」（sun-painting）的技術，說明平滑的銅板如何先鍍上一層光亮的銀，接著用水銀蒸氣讓表面感光。這塊板子被放入攝影機的暗箱，然後「儀器的透鏡對準需要繪製的物品。其餘的工作就交給光線負責了」。[4]

一開始板子上看不出有什麼，但是經過簡單的處理之後，它便展現出一種無法以文字形容的「奇蹟之美」，唯有反射在完好無缺的鏡子上的映像堪可比擬，「因為，實際上，銀版攝影再現的事物，比起任何一雙手能畫出的，都還要**無與倫比地**（這個用字是經過深思熟慮的）更加精準。」(5) 這個新發明，是傳達真相與極致完美的工具。

我們可以想像愛倫坡第一次看到銀版攝影時一定非常驚訝，這也使得〈橢圓形肖像〉的意義更加撲朔迷離。這個故事沒有設定明確的時代背景，因此也許是發生在銀版攝影發明之前。不過，他透過敘事者所表達的畫像「栩栩如生」，以及畫家駭異的驚呼——「這根本就是**生命本身**！」——都是當時屢屢出現在其日記、報紙文章和書信中的反應。他彷彿將這個新技術的魔力，跟繪畫這種古老的傳統藝術類型連結在一起。

那篇關於攝影發明的文章發表兩年之後，愛倫坡是否對於那份栩栩如生變得尋常、四處可見而覺得失望？攝影比繪畫還要「**無與倫比地**更加精準」，這個結論或許不必然是針對長相？在他的想法中，「將臉孔記錄下來」——凍結在時間裡——是否與死亡有所聯想？這一切已無從知曉。愛倫坡從不曾對〈橢圓形肖像〉提供任何解釋。那之後過了七年，他在一八四九年有了自己的橢圓形肖像：一張銀版攝影照片。再不久之後，彷彿為了替自己的故事添色，愛倫坡在神祕不明的狀況下死去。

愛倫坡的短篇小說與攝影文章勾起的這些問題，直到一個半世紀後的今天，依舊具有意義。甚至，對於我們這些在成長過程中照片已無處不在的世代來說，這些問題或許更具有意義也說不定。

今天，至少在世界上較富裕的國家裡，我們的生活從一出生就開始用攝影頻繁地進行紀錄，但愛倫坡那個時代的人們對肖像抱持的期待和願望，至今仍與我們同在。比方說，許多人在摯愛的親人死後，會渴望擁有一幅他們的肖像畫，而不光是照片。如果此人活著時沒有留下任何畫像，有些人還會請求畫師根據照片幫忙畫出肖像。

儘管照片本身從一八三九年問世後，技術上已經有天翻地覆的改變，但顯然仍有些「什麼」，是它無法提供的。或許正是「那個東西」，讓愛倫坡將故事的主角設定為畫家，而不是銀版攝影師。

腦海中的日蝕：記憶被紀念品遮蔽

即便是那些善於記面孔的人，對面孔的變化通常記性也不會太好。要回想你的鄰居或同事五年前、十年前的樣子，不是容易的事，但你應該可以很輕鬆地從當時拍的照片裡認出他們。甚至，連對你自己的父母、子女或是配偶，你大概也會承認，認出十年前照片裡的臉孔，要比想起十年前他們長什麼樣的機會還要大。看來，一個人現在的模樣，阻礙了我們對他們以前樣貌的記憶。

對於摯愛的人，我們對他們臉孔的記憶，在他們過世之後也會動搖。一個朋友告訴我，他的父親過世後，他拿一張照片請畫家照著畫一張肖像。除了一些小細節之外，完成的畫像很神似，不光是跟照片很像，也和他記憶中父親晚年的模樣非常接近。

他一直保存著這張畫像，直到大約五年後，當他定睛看著它時，他發現雖然自己還記得哪些細節和父親真實樣貌不大一樣，但這時他已經無法看出真正的差別何在了。肖像畫的不準確性已經消失，因為在他的記憶中，已經不存在肖像畫中與真人歧異的部分。

我們很難斷定這五年間到底發生了什麼事。是否肖像畫遮蔽了記憶，就像一場拒絕結束的漫長日蝕？抑或是，記憶終究會逐漸消退、最後消失無蹤，不論肖像畫存在與否？不管是哪一種情況，結果是一樣的。對我的朋友而言，這張肖像畫，帶著它的一些缺陷，已經成了他父親的臉孔。

不必等到攝影的發明，人們在此之前已經知道：用來對抗遺忘的肖像畫本身，對我們的記憶就有可能造成威脅。而且，產生這種作用的也不限於肖像畫。

法國作家司湯達爾（Stendhal）在他的自傳性作品《亨利．勃呂拉傳》（*Vie de Henri Brulard*）中，描寫了他十七歲那年爬山經過一個危險的隘口。三十六年後，他仍清楚記得當時心裡的恐懼，但已經想不起任何具體意象。然而，關於下山那一段過程，「沿途的景致依然讓我歷歷在目。不過，我必須坦白說，五、六年後我看到了一幅版畫，覺得它與當時的風景非常神似，於是現在除了版畫之外，我對那裡已經沒有任何印象了。」(6)他接下來指出紀念品會帶來的風險：

> 這就是你在旅途中購買美麗風景畫的危險。不用多久，你就只會記得那幅畫，你真正的回憶被毀了。
>
> 收藏在德勒斯登的《西斯汀聖母》畫像[20]就是這種情況。穆勒（Johann Friedrich Müller）的版畫毀了我對它的記憶。蒙斯（Anton Raphael Mengs）有一幅粉彩畫和它在一起展示，到現在我還可以完整地回想起蒙斯的粉彩畫有多糟，因為我從來沒曾見過它的版畫。(7)

司湯達爾這段文字，寫於一八三五年至一八三六年間，距離攝影的發明還有幾年，但他寫出了令人困擾的內在衝突：你一方面需要有個東西幫助你記憶，另一方面又擔心回憶會被這個紀念品所取

20 *Sistine Madonna*，文藝復興時期，畫家拉斐爾所繪聖母像的著名代表作之一，收藏於德國德勒斯登（Dresden）的歷代大師畫廊（Gemäldegalerie Alte Meister）。

代，又或者，取代記憶的甚至還不是紀念品本身，而是腦子裡對紀念品的記憶——奇怪的是，這種記憶似乎更能持久。對於這種衝突，感受最深的或許是攝影術剛發明時親眼看到照片的那一代人。

肖像的革命

一八三九年八月十九日，銀版攝影正式宣告問世。在此之前，美國發明家暨畫家摩斯（Samuel F. B. Morse）就已經得知它的進行流程。當時他在巴黎為自己發明的電報申請專利，聽說了一種能以攝影暗箱保存影像的特殊技術相關傳言。

他向銀版攝影的發明人達蓋爾（Louis Daguerre）提議，他願意為達蓋爾示範電報如何運作，希望達蓋爾能為他說明攝影技術作為交換。然後，他親眼見到的，令他大為震撼。一八三九年三月，他告訴紐約的一家報社，照片的鮮明銳利，連肉眼看不清的看板文字，也可以透過具有強力放大效果的透鏡來清楚呈現。

達蓋爾告訴他，它唯一的問題是曝光時間，可能需要長達半個小時。在那段時間內，任何東西只要一動，在板上就會變成模糊的圖像，甚至完全出不來。達蓋爾說，他不覺得自己的這個技術能被拿來製作肖像，比較期待它在其他類型的傳統繪畫領域裡大放異彩，例如靜物畫、城市街景或風景畫。

這項發明正式公開後，摩斯學到了攝影流程的技術性細節，回到紐約後立刻開始實驗。幾個月後，他已經可以為女兒拍照。大西洋兩岸的人們，熱切地研究如何縮短曝光的時間，後來由美國人拔得頭籌，因此第一張銀版攝影的肖像照是在美國製成。(8)約莫十年之內，銀版攝影已經主要被用在人像攝影，為歐美兩地的肖像畫家帶來災難性的結果。

熱愛真相的一種工具

法國馬賽本來有幾十位微型肖像畫家（miniaturist），到了一八五〇年只剩下兩人可以靠這個工作維生。[9]他們一年大約各繪製五十幅肖像畫。同一時期，銀版攝影師約有將近五十人，每人平均一年可以交出一千兩百張照片，每一張的價格是微型肖像畫的十分之一。其他城市和國家的統計數據，也大致相當。相對富裕的中產階級，助長了它的快速擴展。原本貴族階級專屬的肖像，很快便成為布爾喬亞喜愛的地位表徵。到後來，當它變得越來越便宜，就成了大量供應社會各階層的產品。

將銀版攝影術介紹給廣大民眾的報紙，充滿了借用自繪畫的譬喻。摩斯形容拍照是「更完美的林布蘭」，並稱讚它充滿吸引力的明暗對比（chiaroscuro）。愛倫坡解釋，在「陽光繪畫法」中，透鏡必須對著「需要繪製的物品」。專業攝影師將畫師的網絡和術語一起拿來用：他們的工作地點在「畫室」（studio），展示作品的地點叫「藝廊」（salon），並且要他們的顧客「擺姿勢」（pose）。同時，他們也不忘強調，用他們的方法製成的作品甚至優於最傑出的繪畫。

他們說銀版攝影的技術排除了任何欺瞞的可能性。它是由光線自己「畫出來的」，人在當中只是扮演純技術性的角色。不論「照片從不說謊」這種說法如今聽來是否太天真，在最初二十年間，精準（因為它直接了當）記錄人、物品、事件，一直是宣傳攝影術不可或缺的修辭。

事實上，正是攝影術的出現，無情地揭露了畫師們長久以來的欺偽行徑。一八四六年，一位不具名的作者在一篇文章裡提到，畫家的阿諛奉承已經到了惡名昭彰的地步：「每個付錢的人，在畫布上看起來一定是英俊、有智慧的，或至少也會讓他們看起來很有趣。如今，攝影藝術樂於被用在糾正這

類畫筆的濫用。你的太陽上沒有諂媚者。」(10)

一八四一年，美國作家愛默生（Ralph Waldo Emerson）在日記中讚揚銀版攝影的真實性：「沒有人會對自己的影子有意見。當陽光是畫師時，也不會有人對自己的肖像畫有意見。」(11)許多攝影師覺得微型肖像畫是其心可議的一門旁支，非常樂見其成它的快速衰退。他們道德上的優越感，源自銀版攝影的機械化本質。照相機是一種熱愛真相的工具。

有記憶的鏡子

一八五九年，醫師暨散文家奧立佛・溫德爾・霍姆斯（Oliver Wendell Holmes）提醒讀者，照相已經變得如此普遍，人們可能忘了它是多麼神奇的發明。本來是，「男人凝視鏡子中的自己，當他轉身而去，鏡子與鏡中人轉瞬已忘記他的風姿。」(12)他寫到，攝影這個發明是「有記憶的鏡子」。(13)它成了所有人都能認同的比喻。攝影師認同，是因為它凸顯這個新媒介有多麼忠實反映現實；肖像畫家認同，則是因為像鏡子一樣映照現實並非其藝術的真正目的。

從肖像中，銀版攝影師試圖詮釋鏡中所見的影像「如生命般真實」或是「一如生命本身」。一八四九年，美國有一名攝影師提到，不久前有一名老婦人來到他的照相館，專心看著這裡展示的肖像。

突然間，她發出了一聲輕嘆，接著幾乎要昏倒，跌坐在沙發上。我趕緊遞水給她，她過了一會兒才恢復鎮定。隨後她告訴我，她幾天前剛收到住在西部的獨生女兒的死訊。她想到女兒搬到西部前，曾經在這裡拍照，心裡抱著一絲希望，思忖或許攝影師這邊留有它的拷貝。她剛剛找到了，再一次凝視了她的孩子彷彿在說話的臉龐。(14)

攝影師的回憶錄和文章裡一再出現這樣的情節。一直到一八八九年，攝影師亞伯拉罕·波伽德斯（Abraham Bogardus）都還提到，一名婦人帶著已逝丈夫的肖像照來找他，上面滿覆著塵埃。他到房間後頭做了一番清理之後，把肖像照交還給她，婦人震驚得幾欲昏倒，他趕緊衝上前扶住她。「感覺就像她的丈夫從墳墓裡回來與她相見。」(15)這不純然是攝影師的宣傳詞。在一些日記和書信裡，也可以看到人們提起見到摯愛之人肖像照時的激動情緒，即使肖像照的影中人尚在人世，也不例外。

英國詩人伊麗莎白·巴瑞特（Elizabeth Barrett）——後來她與詩人勃朗寧〔Robert Browning〕結婚，成了伊麗莎白·巴瑞特·勃朗寧——曾提到她希望擁有一張銀版攝影照，上頭有與她最親的所有人，不光是因為照片的神似，同時也因為它帶來的「親密感」。「擁有這種紀念物，勝過擁有最崇高藝術家的作品。」(16)擁有家族肖像畫的家庭，在某個家人亡故後，也有可能把攝影師請到家裡來，拍攝好幾張那位家人肖像畫的照片，分送給親友作為紀念。(17)今天的情況反了過來，有人會根據照片來畫肖像。在巴瑞特和她同時代的人看來，這應該是件荒謬的事。

觀看銀版攝影的照片是一件私密的事。就如同「熱愛真相」的本質，私密性也是這個技術固有的特性。基本上，所有的銀版攝影都是使用「六號版」（Sixth Plate），大小約七公分乘八公分。記錄圖像的銀質薄層非常脆弱，上面需要加覆一片玻璃。照片保存在一個具保護作用的盒子或架框裡，上頭通常以貴重的材質來裝飾，例如皮革、絲絨、木雕。

肖像照不會被掛在牆上，因此不是隨時可見。觀賞照片需要先找到一個光線充足的地方，打開盒子、掀開絲絨布，然後尋找觀賞角度，讓照片不受反光的影響。觀賞照片是一件很私人的事。它必定給人一種巴瑞特提到的「親密感」。觀賞者獨自面對照片裡的人。

渴望不朽

肖像攝影在中產階級之間大受歡迎。不過，中產階級的數目在達蓋爾發明攝影之前便已開始擴張，因此人們試圖用機械化的手段來製作肖像，其實已經發展了好一段時間。一七八六年，法國人吉勒路易・克瑞提昂（Gilles-Louis Chrétien）發明了「人像描摹器」（physionotrace），一種用木條、齒輪、鉸鏈和滑輪組成的聰明裝置，可以描繪出人臉的輪廓，鐫刻在一塊銅板上。[18]

一八〇七年，英國物理學家暨化學家威廉・海德・沃拉斯登（William Hyde Wollaston）開發出「投影轉繪器」（camera lucida）。畫家透過一個稜鏡觀看物體，並在紙上畫出它的輪廓。據一名使用過它的遊記作家表示，這個儀器讓業餘畫家也能一展身手，擺脫「透視、比例和形狀的三重困境」。[19]接下來，又有「比例繪圖器」（pantograph）和「面部繪圖儀」（prosopograph）面世。這類的繪圖儀器在照相術出現後，大多成了被遺忘的技術，但是在十九世紀的最初幾十年中，曾被廣泛使用過。

在這個時期的文獻中，不時可以察覺到對於這種機械化描繪肖像的抗拒。事實上，一八三九年以後掀起的肖像畫與肖像照之間的爭論，在這段時期已經預先搭好了戰場。

美國作家霍桑（Nathaniel Hawthorne）一八三七年的短篇小說〈能預言的畫像〉（The Prophetic Pictures），故事主題是探討畫像與生命、時間、記憶的關係。這些問題，我們至今也仍在思索中。[20]

故事中，華爾特邀請他的未婚妻艾莉娜擔任作畫的模特兒。他打算雇用一名剛來到波士頓的畫家：「他們說他不只畫出人的特徵，還能畫出人的心智和靈魂。他可以捕捉祕密的情感和激情，將它們像陽光一樣灑落在畫布上——而當他畫的人擁有黑暗的靈魂，那就會是煉獄的火光。」(21)他的畫作可以讓人對畫中人肅然起敬，也可能喚起不可言喻的恐懼。有些人害怕他，「因為他的技藝可以隨意喚醒亡靈，以死人的形態存在活人之間，因此視這名畫家為魔法師。」(22)

同時，另一個關於他的謠言也在流傳。據說他的凝視有穿透人心的力量，可以捕捉到畫中人物的未來。他畫的是預言。

霍桑在這裡暫時中斷故事，開始思索為何人們想要擁有自己的肖像。畢竟，只要照鏡子就可以見到它了。原因必然在於，鏡中的影像會隨我們轉身而消失，稍後就消散在我們的記憶中。「因為追求延續與持久——追求人世間的不朽——使我們對擁有自己的肖像抱有一種神祕的興趣。」(23)華爾特正在為自己和未婚妻尋求人世間的不朽。在肖像畫中，他們不會變老。不過，當他們一起去觀看完成的畫作時，兩人皆大為震撼，而他們凝望艾莉娜的肖像越久，畫中人物的表情就越顯悲傷和憂心。

「那表情！」她輕呼出聲，身子在顫抖。「怎麼會出現在這裡？」

「夫人，」畫家悲傷地攙起她的手，將她帶到一旁。「這兩幅畫，我都只是畫我所見。藝術家，真正的藝術家，必須深入表面之下觀察。他的天賦——他最引以為傲，但往往也是充滿哀愁的天賦——就是看出最深處的靈魂，並透過難以明言、甚至連自己都解釋不清的力量，讓它在畫布上發光或暗淡，在眼神中傳達這個人生命歷程中的思緒和情感。若非如此，我此

刻的畫作就是一個錯誤！」(24)

他的畫作並非錯誤。在這場婚姻中，艾莉娜的樣子越來越像自己的畫像。這令她心情沮喪，最後她在畫上掛了絲質的簾幕，保護它免於蒙塵。幾年後，畫家拜訪了這對夫婦，並要求觀看這兩幅始終讓他掛心的作品。他不只是「在我們稱為『現在』的那道窄幅光線裡」放入了過去，也同時召喚未來前來與它相會。他是一位真正的預言家。(25)

超脫時間與生命

霍桑自己也著迷於這面從不遺忘的鏡子。一八五一年，他出版了小說《七角樓》（*The House of Seven Gables*），情節圍繞著年輕的銀版攝影師霍格瑞夫（Holgrave）的一張肖像照。「我用陽光作圖。」他謙遜地說，但又接著補充光線絕不只是在描繪，「而會帶出真相的祕密那一面。任何一位畫家，即使可以看穿真相，也不願冒險一試。」(26)

霍格瑞夫拍攝的肖像照鮮明銳利的程度非比尋常，可以顯露出影中人某些平常觀察不出的特質，與其家族先人發生過的事件有關。小說暗示銀版攝影師記錄的不只是一個人的現在，也拍下這個人的過去，甚至他家族的歷史。

這是一個值得注意的反轉。一八四〇年，愛倫坡提到，銀版攝影的魅力與完美比任何畫作都要崇高；兩年後，他在短篇小說裡，將有掌握生死權力的角色交給一名畫家，而非一名攝影師。

一八三七年，霍桑讓一個畫家的角色可以不受過去、現在和未來的一般定律所束縛，但是到了一八五一年，他沒有多作解釋，便將這份神祕交給了一名攝影師。肖像畫家和肖像攝影師共享的，似乎不只是用語和譬喻。他們的聲望，都來自使一張臉孔超脫標準的時間與生命歷程的神奇能力。

到了一八六〇年左右，關於肖像畫與肖像攝影的異同，最重要辯論已經展開。一些藝術類型是徹底敗北了，有些微型肖像畫家則仍勇敢堅守著，有時還將自己受到批評之處當成可以吸引人的訴求。當英國維多利亞女王擔心地詢問瑞士知名微型肖像畫家阿弗瑞德．夏隆（Alfred Chalon）是否感受到攝影術的威脅時，這名畫家以英法文夾雜回答：「哦，不會，夫人，因為照相不懂討好人。」（Ah, non madame, photographie can't flattere.）[27]其實這說法也不太說得過去。一八五〇年代中期，修片的技術已經問世。

另一個長期用來辯護微型肖像畫的說法是，黑、白兩色的銀版攝影會脫色或有半色調的問題，但它最終也變得無關緊要了，一開始是因為上色技巧出現，後來是因為彩色攝影的發明。

攝影與繪畫的結合

攝影與肖像畫之間的緊張從未真正化解。不過，它們的關係隨著時間，也出現了一些變化。這兩個類型在專業、技術與藝術上，很快便交纏在一起。許多一文不名的微型肖像畫家投靠攝影師，幫他們的作品上色和修片，讓自己多了一個運用自己長才來取悅客戶的方式。有時，肖像畫家會改行當攝影師，而且往往表現傑出，因為畫家對於構圖和光線非常在行。

混合兩者的技術也出現了。一八六三年，一種新做法被開發出來，讓照片可以印在畫布上，提供肖像畫家完美準確的底圖。[28]它創造出「攝影繪畫」這個新類型。根據一封寫給攝影期刊的投書所表

示，「它創造出的作品，完整保留攝影精確性的價值，同時（給予畫家）充分發揮天分的機會。」(29)

一八六〇年代的美國，一種名為錫板攝影（tintype）或鐵板攝影（ferrotype）技術大行其道。它它將經過稀釋的火膠棉混合溶液均勻塗抹在鐵片上，利用黑色的背景製造出有如照片正片的效果。(30)這些錫板攝影也是出自前肖像畫家之手，裱框後被掛到牆上，效果介於照片與繪畫之間。觀賞者看到的，可能是加上繪畫的照片，或是以照片為底的繪畫，就看是由哪一種技術為主。但不論是哪一種，都屬於一種合成的描繪。

這也正好說明了人們對它的期待。它結合兩種技術的優點，包括攝影的寫實與翔實記錄，加上繪畫的詮釋與表達。遺憾的是，錫板攝影的效果有點適得其反。它追求寫實，結果給人一種超現實的感覺，因為厚重的塗料抹煞了個性，反而製造出較機械化的印象。

在此同時，肖像畫家也越來越廣泛運用照片。在開始作畫之前，他們或是先拍照片來做功課，或是運用照片，省去要真人擺姿勢的麻煩。他們的客戶如今已經熟悉攝影，自然越不情願枯坐好幾個小時來擺姿勢供人作畫。在描繪歷史性事件的畫作中，許多人的身分特徵必須可供辨識，但可能只有構圖最核心的重要人物需要擺姿勢供畫家作畫，其餘站在後排的人只要提供肖像照即可。

英國知名肖像畫家威廉．鮑爾．富里斯（William Powell Frith）雖然憎惡攝影，不過他坦承，在繪製一八六三年威爾斯王子婚禮的畫像時也運用了一些照片，其中包括迪斯雷利[21]，但這沒什麼影響，因為「在畫布上，他的臉絕對沒比一先令的硬幣大」。(31)

記憶為照片服務

關於攝影和繪畫孰優孰劣的爭論，仍存在一點分歧。一八六五年，達蓋爾在倫敦的專利代理人安圖瓦尼・克勞德（Antoine Claudet）提到，微型肖像畫只可能說「比較像或比較不像」，但是只有照片能夠提供「完全精確的相似度，可以取悅人心、滿足記憶的需求」。(32)

藝術史學者伊麗莎白・伊斯特雷克夫人（Lady Elizabeth Eastlake）則認為，正因為它精確的相似度，讓攝影變成無選擇性的照單全收。一八五七年，她在一篇文章裡表示，攝影表現外套扣子與人臉表情都一樣清晰，終究暴露了它的機械性本質。她認為攝影的肖像，十個裡有九個不過是「臉部的地圖」。它們提供了「正確的地標與尺度，必須由關愛的眼神與記憶來裝飾它的美、靈動它的表情。」(33)

克勞德與伊斯特雷克夫人都提到了記憶，只不過兩人之間的對比截然分明。對克勞德而言，照片滿足了記憶，似乎是因為它記錄了某個人真正的樣貌，跟對方就在我們眼前或站在鏡子前所看到的面容一樣。伊斯特雷克則認為，照片不是為記憶服務，而是記憶必須為照片服務。沒有「關愛的眼神與記憶」，照片呈現的只是精確但毫無生命的鏡中影像。是觀者讓它變成親愛的人的臉龐。

向獨一無二的回憶致敬

荷蘭全國收藏最多銀版攝影照的，是哈倫（Haarlem）的恩斯赫德家族。(34)他們經營印刷廠和報社，對科技創新有濃厚的興趣。在銀版攝影發明的消息宣布後幾個星期，約翰尼斯・恩斯赫德三世（Johannes Enschedé, III）在日記寫下購買一幅銀版照片的紀錄，以及不久後購入一台攝影機。

恩斯赫德家族檔案室收藏超過八十幅銀版攝影，絕大部分是肖像照，數量比荷蘭王室的檔案室還

21 Benjamin Disraeli，十九世紀英國保守派的重要政治人物，曾任首相。

要多。從家族成員之間的信件往來，可以感受到這個新科技引發的興奮之情，但他們也提到，透過這種新式肖像可以傳達一些與記憶和遺忘有關的事，靠的是伊斯特雷克夫人所提到的「關愛的眼神與記憶」。

約翰尼斯三世的兒子約翰尼斯四世深深愛上瑪蒂達．蘭伯特（Marilda Lambert）。這名巴黎女子偶爾會來哈倫，暫住在他們共同的友人家中。他們的婚禮訂在一八四九年十一月二十九日。十月二十六日，瑪蒂達從巴黎的來信提到，她很期待看到未來的公公答應要拍攝的肖像照。幾天後，她的未婚夫終於可以回信告訴她，她的願望實現了：

> 父親已經製作好他的銀版照片。瞧瞧妳對我們、尤其是對我父親的影響力有多大！他從不願意順我們的意製作他自己的肖像照，但光是聽到妳說想看，他就立刻去擺姿勢拍照了。肖像照拍得很鮮明，只不過他的表情看來有點嚴厲。(35)

約翰尼斯四世在信中答應他去巴黎時會帶著肖像照。約翰尼斯三世後來收到瑪蒂達的信。「聽到您為我拍了您的肖像照，我真是高興極了。我一定會好好珍惜，一輩子將它當成最珍貴的回憶來保存。」(36)和許多人一樣，瑪蒂達也把照片和記憶連結在一起。她透過一輩子珍惜照片的承諾，來表達對未來公公的好感。遺憾的是，好景不長。她婚後不到六年就過世了。

瑪蒂達過世三年後，約翰尼斯四世再娶，新任妻子亨莉耶特．米蘭多爾（Henriette Mirandolle）以一種優雅的姿態嫁入這個家族。婚前幾個月，她找上了阿姆斯特丹的畫家菲德瑞克．威廉．蘇爾切

（Frederick Willem Zürcher）。根據收據上的說明，她請畫家「按照一張銀版照片繪製一幅肖像畫」。[37]約翰尼斯四世和他當時七歲大的兒子楊恩（Jan，約翰尼斯五世）收到這幅肖像畫時的反應，被記錄在約翰尼斯四世寫給瑪蒂達母親的信裡，他和這位前岳母一直保持著密切聯繫：

> 她送來瑪蒂達的肖像畫，以雍容大度的姿態加入我們的家庭。結果非常成功。楊恩立刻認出他的母親。我打開這個來自阿姆斯特丹的木箱時，兩個女兒就在我身邊。當我們看到已不在身邊的瑪蒂達那些容顏特徵，她們倆和我都一樣感動得哭了。娜特耶（Naatje）放聲大哭。平常標準很嚴厲的楊恩也承認，自己從沒見過這般相像的作品。我可以告訴您，一名女子用這樣的方式開始她人生的新階段，代表她理解作為妻子和母親的任務，也明白她身懷的重大責任。[38]

繪製肖像畫仍未失去它打動人心的力量。這幅肖像畫的意思是，她不是要來取代或接替瑪蒂達，而是想幫助她的丈夫珍惜他生命中最初愛人的記憶。這是在向瑪蒂達的相關回憶致意，同時也是經過深思熟慮、脫離傳統的做法。在當時，富裕的家庭會用銀版攝影來拍攝肖像畫，並分送照片給家族成員。亨莉耶特的做法恰好相反。也許，她在一八五八年的這個動作，可以幫助我們理解，為什麼在現今這個時代，還是有人會根據照片來繪製肖像畫。它的成品是世上唯一的一幅畫作，就像畫中那一位人物一樣獨一無二。

為死亡作肖像

一八三九年底，摩斯為女兒製作了一幅肖像照。遺憾的是，它已經佚失。但我們不難想像，它看來應該不甚理想。銀版需要的曝光時間太長，過程中很難不眨眼睛，因此摩斯請她閉起眼睛擺姿勢。六個月後，攝影曝光的時間已經縮短，擺姿勢的人現在可以睜眼拍照了。但是，清晰影像所需要的完全靜止不動，使得在很長一段時間裡，肖像照的主角臉上都是死氣沉沉的表情。

要讓時間靜止的肖像照，必須避免任何的動作。一開始，攝影師利用隱藏的支撐物來穩定頭部，後來改成擺出較常見的姿勢，比如讓一隻手撐著下巴，或是手指撫著太陽穴。所有早期肖像照的嚴肅表情，不只是因為照片的主角知道攝影師將為他們製作一張永恆不朽的照片，也因為需要一個能夠持久的表情。面露微笑可不是一個好選項。

許多肖像的目的是為了作為紀念，通常是一場婚禮、生日或週年紀念。不過，許多人後來會明白，在肖像中人過世多年後，這張肖像將成為逝者的代表。從這個觀點來看，每一張肖像都是「死亡的象徵」[22]。

攝影師從繪畫中，借用了讓人辨識出死亡象徵的方法。畫中擺姿勢的人，可能握著打開蓋子的懷錶，或在一旁的桌上擺一個沙漏，或在雙腿上擺放折斷的花朵。畫家使用的死亡象徵，對攝影師而言並非每一個都適用，但攝影師完整保留了擺姿勢、構圖的道德教訓意涵，彷彿這是你為製作自己的肖像照——一種虛榮的展現——所需付出的代價。你必須展現出對於「虛榮」（vanity）這個詞另一個含義的深刻認知，意即：徒勞與空虛。

銀版攝影發明後沒多久，一個不需任何象徵表現的肖像類型出現了：亡者肖像照。(39) 在銀版攝影的年代，這張人生最後的一張肖像照，往往也是第一張，尤其是當被拍照的對象是個孩童。一張照片不只是紀念物，還是死亡的紀念物。對孩子的父母而言，終其一生，這照片都會提醒他們孩子的死亡，以及人生短暫的本質。

在Google圖片搜尋中，輸入「post-mortem photography」（死後攝影），就會有好幾百張亡者肖像照出現在你的螢幕上。(40)它們大部分攝製於照相發明後的最初五十年間，之後，死後攝影逐漸消失，或至少，在大眾之間是如此。這些死者的父母、鰥夫、寡婦或子女，在期待什麼或懷抱著什麼希望呢？沒有太多資料可以幫助我們解答這個問題。不過，在這些肖像照中，人們擺出的「姿態」可以提供一些線索。

許多亡者的肖像照，呈現的是他們當時的狀態，也就是已死的狀態。身體平躺，雙眼閉合，包裹著屍衣，雙手交疊，手握十字架或玫瑰念珠。他們的臉龐透露著安詳順從的氣息。不管死亡之前發生什麼事——病痛、掙扎、抗拒——亡者如今已準備好進入下一個階段。這是活著的親人想記住他的最後形象。這樣的姿態符合人們將死亡視為過場的觀念，以及其「安息」或「長眠」的譬喻。

攝影師的客戶希望最終的肖像照能夠描繪出平和安詳，攝影師刊登的廣告則宣稱他們有能力配合這些需求。一八四六年，波士頓的紹斯沃斯與豪斯照相館（Southworth & Hawes）在廣告裡說，他們的照片可以讓「亡者看起來如此自然，即使在藝術家眼中，也會認為他們正在安眠。」(41)他們的亡者銀版攝影，證明了他們對這項技藝的完美掌控。

22 memento mori，拉丁文，意為「記得你終將一死」。在歐洲基督教的語境中，它強調了天國、地獄與死後的靈魂救贖。在藝術中，為提醒人終須一死的象徵性話語。也用來指令人聯想到死亡的事物。

對亡者的家屬而言，肖像照同時也可以用來代表亡者，供更多親族和朋友哀悼與致意。當時，由於通訊和交通的限制，並非所有人都能出席喪禮。肖像照讓他們有機會見死者最後一面。

現代人不習慣面對死者，從我們的眼光來看，這些照片散發著一種詭異的氣息。然而，還有一類的亡者肖像照更令人震驚，在那些照片裡，亡者擺的姿態**彷彿他們仍然活著**。一套專門的手法和技術，被用來打造這種假象。在嬰兒與幼兒的例子中，往往會讓他們看來像在睡夢中，卻又似乎隨時會醒來。這個孩子通常是躺在父母親的腿上，或放在臥椅上，旁邊放著洋娃娃或玩具馬，讓他們一醒來就可以繼續玩耍。

至於年紀較大的兒童和成人，則需要動用一大批輔助工具，讓他們擺出彷彿仍活著的姿態。他們的雙眼以人工固定成張開，或是事後修片處理。甚至，在有些亡者肖像照的例子中，被拍攝的對象眼睛直對著鏡頭，**雙腿站立**。你根本很難相信這個男孩已經死亡，直到看見它的文字說明：他的鞋子後頭有支撐他站立的沉重鐵架的基座，他外套底下變寬的腰部被裝了支架，而他扶在椅背上的左手臂則是用鐵絲固定住。只有他另一隻垂下的手臂露出已浮腫的手掌，才洩露了他已經死亡的事實。

製作出完全沒有死亡跡象的

肖像照，代表著攝影師的專業驕傲。一八五八年，《攝影與美術期刊》（*The Photographic and Fine Arts Journal*）的一名編輯寫到，他最近看過一張過世小女孩的銀版攝影，肖像照中的人有如仍在人世般生動活潑：「它充滿著活人般的青春活力——表情泰然自若——有著孩童的安詳與快樂。讓人難以置信的是，連她的眼睛也非毫無表情。那眼神如此自然，讓人難以想像這是亡故後處理的作品。」(42)

為了讓眼睛閃耀光芒，有些攝影師利用雲母來修片，有些則會滴幾滴甘油在眼睛上。莎拉・勞倫斯（Sarah Lawrence）於一八四七年過世，她的肖像照採用的方法可能是後者。她的身體仰臥，身旁背著一個小鼓，手上還拿著一根鼓棒，想必攝影師是用照相機從她上方的梯子朝下正對著她拍下的。但或許他的角度有些許偏差，使得莎拉的目光似乎稍微斜向一側。

在其他的亡者肖像照裡，亡者被放到椅子上，身上穿著日常的衣服，四周是與他們相關的物品。

一八六八年的一張肖像照中，一名男子坐在安樂椅上，從手中滑落到大腿上的報紙，似乎更強化了他睡著的神情，彷彿他在漫長的一天工作後，不留神打了一個盹。[43]不過，或許他這個樣子是家人習以為常的姿態，因此希望把它記住。實際的原因，我們已無從確認。

大部分死者姿勢看來宛如生前的亡者肖像照，都是來自美國和英國。不過，在歐洲大陸也出現了一些例子，其結果有時可能有些超現實。一八六四年，編輯雷特梅爾（Reitmayer）吞食氰化鉀自殺，遺體被送到維也納攝影師阿爾賓・穆特勒（Albin Mutterer）的照相館。[44]他的亡者肖像照有著自然的表情，嘴上露出淡淡微笑，手指間夾著一根香菸，使人感覺穆特勒彷彿真有讓死人復生的魔力。

在許多亡者肖像照裡，死者不是獨自一人拍照。嬰兒和幼兒可能被放在某人的腿上，較大的孩子則是被人抱著。家人們站在孩子的身邊，彷彿他仍與他們同在。也有些死者站立著，手搭在弟弟或妹妹肩上。雖然人們對照片的關注目光是放在已過世的人、而非旁邊陪伴他的人身上，但這些肖像照仍說明了陪伴死者拍照的父母和孩童對於亡者的情感。它們就放在櫥櫃裡，掛在牆壁上，或是在家族的相簿裡，和其他照片一同陳列。

如同一八三七年霍桑在關於神祕肖像畫家的小說裡所寫的，亡者肖像照的目的是讓他們「以死人的形態存在活人之間」，但父母親——這些肖像大部分是孩童——希望照片盡可能具有生氣，並且不惜大費周章來達成這個目

的。

在一些例子裡，這意味著必須把遺體送到照相館，儘管在猩紅熱或痢疾傳染病流行時，為了避免傳染，這是被禁止的行為。如果肖像照是在家中拍攝，則需要準備相當多的器材設備。請款單裡通常包括租用馬車的費用。[45]由於死後肢體會變僵硬、皮膚會變色，這些都必須找到方法解決。亡者肖像照是一個相當耗費時間、昂貴且技術先進的類型，正好證明了人們對於保留死者活在記憶裡的強烈渴望。

有些時候，亡者的親人想要的，不只是珍藏關於他們的記憶和肖像照。他們還希望把自己紀念逝者的紀錄保留下來。[46]這個想法帶出另一個「肖像照中的肖像照」類型：在照片中，他們與摯愛親人的照片合照。不論這「照片中的照片」是亡者肖像照（它在照相技術剛發明的最初十年或二十年間是常見的情況，因為他們沒有更早期的照片），或是生前所拍下的，這張照片總是被捧在手上、放在大腿上，或是緊抱在胸前。這個紀念物被放在照片構圖的中心位置。而不論它是面對著照片裡合照的人，或是面對著照片的觀看者，這張照片中的照片都被以充滿感情的方式握持著，都說明了活著的人有多麼珍惜關於他們的記憶。

即使是這種以照片中的照片作為保存紀念的方式，也是援引自長期傳承的繪畫傳統。在畫像裡，父母親與所有的孩子一同擺著姿勢，已故的孩子也以肖像畫的形式出現

在家族的肖像畫中。失去摯愛的人，永遠會運用所有可能的方法，讓逝去的人存留在他們心中。這個類型仍與我們同在。即使到了今天，人們仍會與亡者的照片合照，只是這些照片中的照片都是在其生前拍攝的。

亡者的肖像照如今已不再被人公開展示。它的衰退大約發生在一個世紀前，因為很快地，人們已有大量機會在活著時不定期拍一些照片。這意味著那一套令我們初聞見時不禁毛骨悚然的後事處理工作——必須讓亡者維持宛如仍然在世的模樣相當長一段時間，以幫助活著的親人回想他們的生前——也走入了歷史。

如今亡者仍會被拍照，但已不再假手職業攝影師。(47)有時候，那是亡者最親近的家人會拍下幾個最後的鏡頭。這些照片不會被公開，甚至也不會放在家族相簿裡，而是被收藏起來，用早期人們觀看銀版攝影照的相同方式來觀看，也就是在照片擁有者與照片獨處的時候。

如果說我們不再為亡者拍照了，那也是因為我們比較希望記得的，是他們活著的模樣（假如真有此需要，這樣的照片本來就存在了）。它們存在紀念相冊裡，甚至是為喪禮準備播放的 PowerPoint 簡報中。如今，需要看起來像活著時一樣的是遺體本身。在許多地方的文化裡，出席葬禮的人被邀請瞻仰死者遺容，化妝術和其他輔助道具被用來掩飾死亡的痕跡，它們繁複細膩的程度，至少不輸給十九世紀的攝影師。我們依然試圖製造亡者只是睡著的假象，就如同亡者肖像照中的嬰孩那般平和安詳。

包法利夫人的肖像畫

在妻子艾瑪自殺後，傷痛不已的查爾斯·包法利掙扎著一個人好好活下去。他一心一意要彰顯對亡妻的回憶，兩度動身到盧昂去挑選墓碑，研究了上百個設計，思索要在墓碑上刻什麼文字，絞盡腦汁構想最美麗的象徵圖案、最好的文稿。

但是在這一連串回想和懷念的過程中，他突然發現某件令他困擾的事。「有一件事很奇怪，那就是，包法利雖然一直想念著艾瑪，卻也開始將她忘記。他的心裡充滿絕望，因為他感覺艾瑪的形象正從他的記憶中消退，不論他如何努力想將它留住。」(48)

福樓拜在這段描述的開頭第一句是「有一件事很奇怪」，然而，這種經驗對哀悼亡者的人而言，是常見的現象。有時人們失去摯愛的親人後，會很驚訝地發現，儘管才經過幾天，就無法從腦海中回想起他們的容貌。就像查爾斯・包法利的情況一樣，它會引發深深的絕望：如果我連臉孔這般熟悉的東西都會忘記，幾個月或幾年之後，我的記憶裡還能留下什麼？幸好，這麼快就忘記逝者的面容，只是暫時的，原因是過度悲傷和失措，但我們也看到不少它們造成相反效果的例子：有些人的腦中會出現幻覺，死者的形象或聲音突然再度出現。

不過，經過再稍微長一點的時間，對於臉孔、表情、眼神，乃至於面容變化的記憶，確實會消退。為了抗拒這種消退，我們通常會借助對記憶有最明顯幫助的照片。

一八五七年，同樣在《包法利夫人》這部小說裡，福樓拜描述了可能發生的情況。艾瑪的情人蘭朵夫有一個放紀念品的盒子，裡面收藏了書信、手帕和一綹頭髮，當中還有一幅她的微型肖像畫：「看著這個形象，並回想對畫中主角的回憶。在他的記憶中，艾瑪的容貌特徵逐漸變得混淆，彷彿活著時真人的臉與肖像畫中的臉，兩張臉互相摩擦，彼此都被抹去了一些。」(49)一個用來支撐記憶的東西，實際上造成了記憶的危機。

「照片可以保存某些東西，但我們往往不會注意到，在這個保存過程裡，也會失去某些東西。一張肖像照，尤其是亡者的肖像照，會驅散對他們的回憶。照片會趕走它、取代它，讓一些其他東西滲入記憶裡。」」魯迪・庫斯布魯克寫道。(50)

當你拍下一張照片，到最後你不是同時擁有記憶和照片。從一開始，你的記憶就與照片混雜在一起。一段時間後，照片會開始混淆你的記憶。至少，心理學家會問：為何照片會造成這種效應？記憶真的會因為照片而消失嗎？為何我們無法同時保存兩者？或許是因為容量不足？

不是遺忘，是記憶被修改與更新

我們對於臉孔的記憶，是視覺記憶的一部分。早年的心理學已經讓我們清楚知道，它的容量非常巨大。在一九六〇與七〇年代，針對這類記憶的容量有多大，科學家進行了一些經典的實驗，結果發現，它有如不斷後退的地平線一樣沒有止境。

一九六七年，有個實驗在受試者面前展示了六百一十二張圖片，每張持續六秒鐘。接下來，受試者必須每次從兩張圖片中，挑出其中哪一張是前面六百一十二張圖片裡出現過的。他們的正確率達到百分之九十八。

另一個實驗使用超過二千五百張彩色幻燈片，每張顯示的時間介於五到十秒。經過一天半後，受試者必須從幻燈片中，挑出曾看過的圖片，結果正確率為百分之九十。這樣的成功率可說相當驚人，尤其是這些圖片並未有特別吸引人之處，就只是一棵樹、一架飛機或一隻狗這些東西。在下一階段的實驗裡，這些參與者要觀看一萬張幻燈片，因為數量太多，必須分成五天進行，每天看兩千張。(51)幾天後的辨識結果，同樣有相當高的正確率。

我們實在無從判斷視覺記憶的容量極限到底在哪裡，因為想進行實驗的人，都會先碰到另一個極限：人類對無聊的忍耐力。容量空間不足根本不是問題。

不過，或許你會說，這一類實驗測試的是辨識力而非記憶力。你說曾經看過某張圖，不表示你可以在心裡回想起這張圖。這種反對意見，就我們對臉孔的記憶為何會逐漸消退的疑問，提供了一個可能的解釋：視覺記憶中的信息，容許它自身不被斷更新，而且幾乎是無時無刻在發生。

如果你對每個曾經停過車的地點都記得清清楚楚的話，當你看完電影走出戲院之後，恐怕會完全不知所措，得走遍大街小巷去查看每個你記得的車位子才能找到車。記憶似乎會把過時的信息驅散，重新改寫它，或是讓它無法被提取。不管是出於什麼原因，只有最新的信息才會被啟動。

我們不難看出這一點在演化上的優勢，但這個有用的機制同時也移除了我們對於父母、子女、妻子、丈夫和朋友過去長什麼樣子的記憶。我們對於長相的記憶，一直持續不斷被修改和更新。在這過程中，稍早的舊版本被移除了。看照片之所以會讓人多愁善感，原因就在於它提醒了我們自己已經忘了什麼。

這並非照片與記憶之間唯一關係曖昧不明的地方。人們經常會說，照片具有記憶永遠無法達到的恆久性。我們的記憶會隨著我們一同死去，而存於他人記憶中的我們，也會隨他們的逝世一同死去，照片則留存了下來——然而，照片到底留存了什麼？

照片需要記憶才具有意義

荷蘭作家貝恩勒夫的小說《恍惚》（*Out of Mind*）中，罹患失智症的馬騰・克蘭（Maarten Klein）與他的妻子維拉（Vera）一起翻閱他們的相簿。他們的家庭醫師認為，這是「幫助馬騰記憶恢復正常」的好方法。很早之前的照片帶回了許多回憶：戰爭、古早味的食物、家具、外出旅遊、在旅館度過的假期、孩子們的小時候，但一些近期的照片對他毫無意義。「或許問題是在照片本身。」馬騰思忖：

照相機不會區別什麼重要什麼不重要、什麼是前景什麼是背景。現在的我，就像一部照相機。我搜尋記憶，但沒有任何事物或任何人會靠向我、跳向我；沒有來自過去的人用手勢或是驚訝的表情和我接觸，而這些城市裡的建築、街道和廣場，我從未去過，也永遠不會去。那些照片底下顯示的日期越是接近現在，對我而言，似乎就越加迷離、無法理解。(52)

貝恩勒夫在這裡製造了一個鏡像效應：在馬騰記憶中失去鮮明意義的事物，在照片中也會消失。這是一個漸進的過程，同時也符合自十九世紀末就為人所知的李伯特定律（Ribot's Law）。這個定律以法國心理學家提奧杜爾・李伯特（Théodule Ribot）命名，他發現失智症的記憶喪失，是由較近期的記憶開始，逐漸往侵蝕。照片有可能幫得上忙的價值完全被排除了。

幾天之後，當醫師來複診並問馬騰照片看得如何，馬騰說：「看懂照片和看照片完全是兩回事……每個人都可以看照片，但是看懂照片表示他能讀出照片的意思。」他接著說：「桌上的相簿裡，大部分的照片你都看不出所以然，因為你缺少必要的背景信息。你沒去過那些地方，換句話說，你沒

辦法從照片想起更多關於那個地方的畫面。……那不是你的過去。」(53)

即使在健康的一般人身上，也可以看到照片與記憶兩者關係的曖昧性，只是失智症更加強化了這一點。就算沒有記憶喪失的問題，照片有時也會讓時間轉彎：隨著我們年歲漸長，比起較近年拍的照片，早年拍的照片可能喚起更多的回憶。

馬騰可以對很久以前的照片大說特說，但是看著過去十年內的照片，他的腦中卻是一片空白。這正好是記憶老化時會發生的詭異情況。照片需要記憶才會具有意義。

你在跳蚤市場或參加一場拍賣會前先查看拍賣品項時，有時或許會看到十九世紀末期的相簿。它的年代如此久遠，幾乎可以肯定照片裡的所有人都已經亡故，即使是坐在某人腿上、最年幼的那個小女孩也不例外。對照片裡這些人有任何記憶的人，現在應該也都不在人世了。通常，我們不會知道這類的相簿究竟怎樣流落到舊貨攤來，也許是他們沒有留下任何後代，也許是還在人世的子孫對這些完全不認識的親戚的照片不感興趣。這些照片不屬於他們的過去。

就像實體鏡（stereoscope）上目鏡的作用一樣，記憶為你看到的照片賦予深度，製造出三度空間，將你暫時拉進照片裡，跟你在照片中見到的情境互動。如果沒有記憶，我們就沒有任何透視點的提示。在那些被遺忘的相簿裡，我們看到那些照片，就像馬騰看他近期的照片一樣：我們看了，但什麼也沒看出來。

第十二章　遺忘是第二次的死亡

一七九三年夏天至一七九四年的夏天，巴黎宛如一座大監獄。在一七九二年九月宣布建立共和國的革命政權，徵收了修道院、教堂、要塞堡壘，用來監禁涉嫌參與反革命活動而遭逮捕的人士。在法國史上，這段時期被稱為「恐怖統治」。(1)被送到專門審理反革命罪行的革命法庭嫌犯，總計有七千多人。一七九四年六月與七月，是恐怖統治的最高峰時期，期間有超過一千三百七十名男女被判處死刑，並在革命廣場的斷頭台上遭到處決。

這些人被起訴的罪名五花八門，有的被控叛國、侵占公款、貪污腐敗，有的被懷疑與可疑人士往來，或是寫了被認為與革命精神相牴觸的文字。經過抄家搜索之後，可能被翻出一封從國外寄來但未向政府報告的信函。有些時候，證據還可能更薄弱。有人單純只因為「被懷疑是嫌疑犯」，就遭到逮捕。(2)

金融犯罪——或是有金融犯罪之嫌——懲罰尤其嚴厲。革命政權迅速通過一系列的法令，以防國家的金錢或物資被奪走，例如《流亡法》在一夕之間宣布：所有逃亡海外的貴族財產必須充公，成為共和國所有。許多王公貴族急忙從瑞士或荷蘭趕回國內，以確保自己被正式登記為法國住民，而這意味著他們需要取得假的居住許可證，許多人就因此遭到逮捕，並眼睜睜看著財物被充公。在巴黎的四十座臨時監獄裡，擠滿了拒絕向共和國宣誓效忠的貴族、前朝宮廷的法官和官員，以及神職人員。立法極為專斷，執法則殘酷而強制。

富基埃－坦維爾（Antoine Quentin Fouquier-Tinville）是革命法庭的檢察官，他的受命年俸是充滿惡兆的六百六十六里弗爾，[23]任務是確保送到他面前的所有人都能被定罪。一旦他們落入富基埃－坦維爾和他強大的司法機器手中，絕大多數人都不再妄想自己有機會活著出去。

他們一旦被定罪就是死刑，沒有上訴的權利。只有一種情況才會暫緩執行死刑：如果被定罪的是孕婦，她上斷頭台的日子可以延到生產隔天。這表示她臨盆時的第一次陣痛，宣告的不只是孩子的降生，也是自己的死期將至。

被攔截的訣別信

即將遭到處決的人，被允許寫訣別信，其中有數百封已出版成書。(3)即使在相隔兩個世紀之後，人們仍會為這些書信動容。不過，閱讀它們也會讓人有冒犯亡者的感覺。

這些信不是為我們而寫，而是寫給他們摯愛的兒女、父母、丈夫或妻子、兄弟姊妹、朋友。他們是被定罪者的最終訊息收信人，因此我們等於侵犯了存在寫信者與他屬意的收信人之間那份不成文的私密契約。由於我們**代替**那些收信人讀了這些信，因此更加深這種冒犯的感受。

事實是，根本沒有半封信被送到收信人手中。每一封信都被攔截下來，嚴密檢查當中的資訊，確

23 livre，法國舊貨幣單位；連續三個六（666）是為傳說中撒旦的象徵。

認是否牽涉到革命法庭的利益，然後被存放在監獄的檔案室。沒有任何子女、父母、丈夫、妻子或朋友曾親眼見到這些信件。也因為這樣，今天我們才能看到這些信。

在稍後較寬容的新政權底下，訣別信會被轉交給他們的親人。這些確實被轉交的信件，基本上如今都已佚失。這是個充滿反諷的逆轉：被送到檔案室的信未能成為那些收信人的記憶，卻因此得以保留法國人對當時恐怖統治的記憶。

它們的撰寫者有一個共通點，就是他們確定在二十四小時之內，甚至是更短的時間內，就會沒命。他們知道自己正在寫下給摯愛之人的最終話語。他們明白，自己很快就只會活在家人與朋友的記憶裡。如今，死亡時刻已然迫近，這些記憶變得格外巨大。在他們人生最黑暗的時刻，他們尋求從人們對他的懷念得到慰藉。

今天我們用「第二次死亡」來稱呼它：只有當你從與你相關的所有人的記憶中消失時，你才算算真的死亡。他們在斷頭台上的第一次死亡是無可避免的。對此他們別無選擇，只能任憑他人處置，但是沒人想接受第二次死亡。他們每個人都試圖用自己的方式來表達這一點，但基本上，這個訊息在所有例子裡都是同樣的：「勿忘我。」事實上，這也是信裡最常見的字眼。

當然，他們大多數都並非只有這個簡單的懇求。每封信大致上都交代了希望對方如何記住自己。有時他們談的，是如何處理紀念物品；更常見的，是該如何處理記憶本身。怎麼做才不會遺忘？活下來的人應該珍藏哪些回憶、哪些回憶最好忘掉？要如何讓年紀還太小的孩子理解，他們的父母發生了什麼事？最重要的是，寫信的人希望自己如何活在他人的記憶裡？他們曾經是什麼樣的妻子或丈夫、父親或母親、兒子或女兒、情人或朋友？他們想給自己所愛的人留下什麼？如果你只有幾頁信紙，關於你自己，你有什麼最重要的事希望能留存在別人的記憶裡？這些問題突然變得無比迫切。

勿忘我

我們在看這些信之前，先讓我們退幾步想想。這些信有何特別之處？可以和它們相比擬的書信集不少。不論是參與抵抗軍事政權、知道自己天亮之後將被處決的人們，或是被敵軍包圍、心知肚明對方絕不會留活口的士兵，還是清楚自己不可能活著走出去的極地探險隊受困成員，他們留下的文字與這些信函相比也毫不遜色。所以，恐怖統治時期的這些信件到底有什麼特別？

其中一個理由是，讓我們覺得無能為力的程度。閱讀不是寫給自己的信，會讓人覺得不自在，而且這種感覺與它距離我們的時間長短成反比。跟我們父母或祖父母同輩的人，他們見到從開往集中營的火車上扔出的紙條，那種無力感幾乎令人難以承受。恐怖統治時期與我們相隔兩百年，雖然冒犯的感覺還沒有完全消除，但我們知道原本的收信者和我們已經相隔七、八個世代，使得那種無能為力的感覺沒那麼強烈。

第二個理由是，儘管這些訣別信的年代與我們相隔十分久遠，我們卻仍可以在其中找到認同感，而且是足以令我們驚訝的強烈認同。我才讀了約莫二十或三十封信，就深深體認到這一點。

信裡面很少臨終禱告這一類的內容。十八世紀末期，應該是信仰虔誠的年代，但只有少數幾封信提到來世在天國與親愛的人再會。大部分人希望找到的慰藉，是比較世俗的、更貼近家庭生活的。他們死後的生命，就是保留在愛他的人的記憶裡的人生。他們期待或渴望的，正貼切反映了如今我們在死亡訃告、弔唁信、葬禮布道上常看到、聽到的內容，那就是：承諾會珍惜對亡者的美好記憶，以確保他的精神仍與我們同在。這些信因此跨越了與我們相隔的時代，帶給我們即時的共鳴感。它們來自久遠的過去，但也與我們同在。

留下記憶的象徵物

許多信件同時向未來與過去這兩個方向開展。面臨處決的人，回顧即將結束的人生，將心思轉移到他會在活著的人的心裡留下什麼樣的記憶。許多人試圖隨書信夾帶有助維持記憶的物品，清楚顯露他們想被人牢記的強烈渴望。如果情況允許，他們會交送紀念物品：一枚戒指、一幅肖像，或一枚徽章。有些人設法找畫師幫他們畫一幅肖像畫，隨信將它附上。

一七九三年七月九日，夏洛蒂．科黛（Charlotte Corday）因為擔心恐怖統治將引發法國內戰，於是搭乘馬車從卡恩（Caen）到巴黎，並在旅社訂了房間。她在附近買了一把長刃的廚刀。在房間裡，她寫下一篇給法國人民的宣言。在她眼中，記者兼煽動家、雅可賓黨的領袖馬拉（Jean-Paul Marat）是恐怖統治的關鍵人物。

七月十三日早上，她敲了馬拉的家門，表示自己握有一份意圖發動暴動的吉倫特黨[24]的成員名單。第一次，她吃了閉門羹。當天傍晚，她再度嘗試，這次她被請進門跟馬拉說話。他因為皮膚病的關係，有許多公務都在浴室裡處理。當他逐一記下謀反者的姓名時，科黛拔出預藏的刀將他刺死。

科黛知道自己必須為攻擊行動付出生命的代價，所以沒打算脫逃。在監獄裡，她請求一名畫家幫她畫了一幅微型肖像，同時談到為何希望自己留在人們記憶之中，即使是以一名罪犯的身分被人記住：

既然我只剩下片刻可活，市民們，我希望你們能讓我的肖像畫完成。我想將這個「記憶的象徵」留給我的朋友們。好人雖然長存人們的心中，但好奇心也會讓他們對窮凶惡極的罪犯感興趣，恐怖的罪行也能令人永垂不朽。(4)

審判過程中，她認為法庭畫師所畫的肖像極為相似，因此請他到牢房裡幫她完成。根據一份報紙的標題所陳述的，她在擺姿態時「表現出一種令人難以想像的平靜和歡喜。」(5)一七九三年七月十七日，就在謀殺馬拉的四天後，科黛遭到處決，離她滿二十五歲的生日只差十天。

在牢房裡，由畫師完成肖像畫後的夏洛蒂·科黛。她希望把肖像畫留給她所愛的人們作為「記憶的標記」。

儘管科黛已留有文字書寫的政治證詞，在審判中也闡述了自己的動機，並且送出了訣別信，但她還是要大費周章留下自己的肖像畫，她的行為透露了不少值得我們注意的事。這幅畫的目的是作為「象徵物」，讓自己留在其他人的腦海中。在她的信裡，她和父親、姊妹告別，但是她似乎認為肖像才是人們最能夠保留對的她記憶的東西。

還有一封寫給富基埃－坦維爾的信

24　Girondin，法國大革命期間，發源於吉倫特省的政治派別。

裡，也清楚表達了希望至少留下一張肖像畫的心願。這封信附了詳細的說明，但沒有署名：

> 我懇求您，市民公眾檢察官，懇請慈悲的您能把我的畫像交給我住在貝利街的孩子，他是個十歲的小男孩。畫像就放在摩洛哥皮製文具包的文件夾裡，想必此時已交至您的手中。您已經從這男孩的手中奪走他的母親，至少應當把這幅畫留給他。[6]

有一名最後得以倖存的囚犯，事後描述了能在身後留下一幅畫像是多麼令人寬慰的事。「再怎麼說，能把我們的髮束剪下、纏繞在勳章和肖像畫上，送交給我們的妻子、母親、子女，以及其他再也無法相見的摯愛親人，總是一件令人開心的事。」[7]

相對地，被定罪的囚犯往往也渴望擁有他們所愛之人的畫像。身陷囹圄的律師卡米爾・德姆蘭（Camille Desmoulins）懇求妻子露西兒（Lucile）盡快送一張肖像畫給他。如果有必要，她應該每天擺兩次姿勢給畫家作畫。

「在我身陷牢獄的恐怖之時，收到妳的畫像的那一天，將是上天送我的大禮，是令我興高采烈和狂喜的一天。請同時送來一束妳的頭髮，好讓我能將它揣在我的胸前。親愛的露西兒！」[8]一七九四年四月五日，德姆蘭遭到處決，他的妻子在同一個星期的幾天後也被逮捕。四月十三日，她也步上和丈夫相同的命運。

囚犯們會把這些小肖像畫留在身邊直到最後一刻。有一封信是寡婦勒赫貝特（L'Herbette）所寫。她聽說有人在她丈夫的遺體上發現一幅她的肖像畫，於是她在給富基埃－坦維爾的信中寫道：「我想，既然我的面容只對認識我的人才具有意義，我斗膽請您不要拒絕將它交還給我。」[9]她提議為那副金質畫框的價值付款，繳交給共和國政府。想必她很難接受自己丈夫臨終時仍緊握在手、與她有關的這個最後遺物，落入該為他的死負責的這群人手中。

以信件為紀念

有些被定罪的囚犯想留下的東西，不是為了留存在個人記憶裡，而是希望存留在集體的記憶裡，也就是留在歷史中。

退役軍官米蘭・德・拉布若斯（Millin de Labrosse）顯然是個衝動莽撞的人，他竟然與革命煽動者起衝突，盛怒下說了不當的話。在當時，他的案例也許不算是最悲劇性的，但恐怕是最愚蠢的。他寫信給富基埃－坦維爾，說自己發明了一個「浮升器」，也就是某種特殊形式的熱氣球。在他的囚室裡，還有一個紙板製的模型。十一年前，孟格菲兄弟（Joseph-Michel Montgolfier）已經發明了載人飛行的熱氣球，所以我們應該可以推測，拉布若斯認為自己提出了重大改良。

他提議自己可以為革命委員會說明這個浮升器的構造。這只需要不到兩小時的時間，所以他還是會在法院規定的二十四小時內被處死。他在信中說，他無意拖延時間。他在信末提到了他希望留給人的記憶：「我已經退役，也將以退役的身分死去。我無意徒勞地試圖嘗試延長生命，但是我承認，我仍在想要怎麼做，才能讓自己的名字在這喧囂的時代過後，依然被人們記住。」[10]他所請求的，不是要多活一點時間，而是希望活在被我們稱之為歷史的記憶裡。

沒有任何跡象顯示，有人曾花任何工夫去他的囚室看一眼紙板熱氣球。他的信和其他信件一樣，都沒入了檔案室。拉布若斯這個名字並未出現在熱氣球的發展史上。諷刺的是，他留下的信讓他因為「希望被後人記住」而被人記住。

大部分死囚的所有財物都被沒收，他們也不會幻想這些財物能被歸還。擔任過行政長官的拉瓦雷特（Pierre-Jean Sourdille-Lavalette）在被處決前，將他的結婚戒指吞下肚。不過，在信裡交代監獄外的東西應該請誰來保管或分配卻是有可能的。四十一歲的果伊・達西侯爵（Marquis de Gouy d'Arsy）被判觸犯陰謀罪。他在給妻子的信上寫道：

> 把我那個小盒子的鑰匙交給我的長子。我已經用紙把鑰匙包好，上頭有寫一些給他和他弟弟們的話。妳要把其他屬於我的東西分送給其他所有人，這可以向他們證明我也一樣愛他們。讓他們抄寫這封信。而妳，我親愛的，原信交給妳保留，因為這信是給妳的。(11)

信的最後一點提到，信件本身也是一個紀念物。這一點似乎過於顯而易見而被我們忽略。不過，許多訣別信裡，都有提到如何處理信件本身的指示。

艾提昂皮耶・果爾諾（Etienne-Pierre Gorneau）在漫不經心的二十歲年紀，因為對共和體制做出輕蔑的發言，遭到密告並被定罪。在給父親和其他家人的長信中，他在最後的結尾寫到：「我要向所有朋友和親人作誠摯的告別：這是我最後一次擁抱他們。我希望父親保留這封信，以留給後代子孫，提醒他們我曾經活過，只是最後成了直言賈禍、命喪斷頭台的犧牲者。」(12)

同樣的，對夏哈女侯爵（Marquise de Charras）而言，她能留下的也只有一封信。她寫給丈夫和三個孩子：「只要我活著的一天，我的心都屬於你們。我已接近死亡的時刻。別把我忘了。我請求我可憐的孩子們保留我這張最後的字條。別了，送上我最後一口氣息。」(13)

有些時候，這封信的功用是要告訴孩子他們此刻尚無法理解，或是可能很快就會忘掉的事情。前司法官艾提昂・茂諾瓦（Etienne François Maulnoir）在給妻子的信上寫道：「要常常提到我，特別是跟年幼、不大記得我的孩子們提到我。把信保管好，並時時念給孩子們聽，讓他們明白我最大的心願，就是他們幸福快樂，撫養他們長大成人、自力更生，因為我沒有留給他們任何遺產。」(14)這類的描述並不罕見。這種信的任務要持續十到十五年的時間之久。一直要到那時候，這最終的遺言才得以真正被理解、記存在心中。

王妃的遺物

除了畫像和信，還有什麼能留下？

二十三歲的珍－夏洛特・德・魯坦（Jeanne-Charlotte de Rutant）在一封後來被官方沒收的書信中，描述了她身為貴族家庭一員的日常瑣事。但在看似空白的信紙背面，她用只有湊近燭光才能看清墨跡的文字，傳遞了關於流亡者、敵軍行動，以及一份祕密宣言的訊息。於是她遭到逮捕，並被判處死刑。

她在被處決的三個小時前，寫了一封訣別信給她的兄弟。她能放進信裡的，只剩下她的頭髮。「我希望他們會准許你保存我的頭髮，這束不曾被劊子手觸碰的頭髮……親愛的，把我的頭髮分給大家。不要忘了我，雖然想起我會讓你心痛，再會了！」(15)

會把髮綹送出去的，不光是女性。三十六歲的菲利浦・里高（Philippe Rigaud）因為供應劣質軍服而被判處死刑。他在送出的信件中，加了一束自己的頭髮。「親愛的妻子，隨信送上一綹我的頭髮。那是我身上唯一還屬於自己的物品。以後當妳看到它時，偶爾想想那個曾深愛妳的人。」[16]不過，所有送出頭髮的死刑犯當中，沒人像摩納哥王妃那樣大費周章地想把它送到親人的手上。

法蘭索瓦－泰瑞絲・索瓦舍－史坦維耶（Françoise-Thérèse de Choiseul-Stainville）生於法國，十五歲時嫁給摩納哥大公國格里馬迪家族的約瑟夫王子（Joseph Marie Jerôme Honoré Grimaldi）。她身為摩納哥王妃，一開始與法國政治完全無關，但是到了一七九三年，當摩納哥被併入法國之後，一切都改變了。一夕之間，她又具有法國的公民身分，為了避免成為《流亡法》的被告，她匆匆趕到巴黎。

起初，她仍保有自由之身，但在丈夫站到反叛軍那一邊後，她成了快速通過的新法令《嫌疑犯法》的被告，遭到逮捕入獄。富基埃－坦維爾對她毫無慈悲之念。二十七歲的法蘭索瓦－泰瑞絲被判處死刑。她有兩個女兒，十歲的歐諾琳（Honorine）和八歲的雅典奈（Athénaïs）。

摩納哥王妃法蘭索瓦－泰瑞絲・索瓦舍史坦維耶（一七六七～一七九四）

被監禁之後，她身上已經沒有任何可以讓她留下的物品，但她仍憑著堅強的決心，處理身上僅有的東西。法蘭索瓦－泰瑞絲向監獄當局報告自己懷有身孕。她只需多拖延一天，就可以執行自己的計畫。她把頭髮編成辮子，並且用手邊撿到的碎玻璃割下來。接著，她寫了一張簡短的字條給富基埃－坦維爾，懇請他務必把辮子送到她的女兒手上。她也承認了自己謊稱懷孕的事。

我不是因為害怕或逃避死亡，而說了髒污嘴巴的謊，我只是想多活一天，好讓我能割下自己的頭髮，而不是由劊子手來切斷它們。這是我唯一能夠留給子女的遺產，至少它們必須純淨未受污染。(17)

她顯然很在意這個謊言會誤導人們對她的記憶，因此她在寫給孩子的家庭教師的信裡，請求伯母路易絲・索瓦舍公爵夫人（Louise, duchesse de Choiseul）「理解我延遲死亡的理由，不要質疑我是否過於軟弱。」(18)最後，她也寫了信給女兒們，附上她的髮辮。信中包含如何處理她這份最後遺物的詳細說明。

我的孩子，這是我的頭髮。我讓死亡延後了一天，並非出自恐懼，而是因為我希望親手割下妳們可以保有、關於我的悲傷紀念物。我不希望這是由劊子手來進行，而這是我唯一的辦法。我在痛苦中多活了一天，但我〔此處字被劃掉〕並無怨言。

請妳們把我的頭髮放在玻璃罐裡，用黑色縐紗覆蓋，平常時候收起來，一年拿出來三、四次，放到妳們的房間裡，看看妳們不幸的母親的最後遺物。她至死仍深愛著妳們。她生命中的唯一的遺憾，就是不能再好好照顧妳們。

我把妳們託付給我的父親。如果妳們見到他，請告訴他，我始終想念他，請他幫妳們解決任何問題。還有，我親愛的孩子，請在他年邁時照顧他，讓他忘卻他人生的種種不幸。(19)

法蘭索瓦－泰瑞絲因為婚姻關係，成了格里馬迪家族的一員，這個家族當時已統治摩納哥五個世紀。她必然對於保存與維護家族祖先遺留的紀念物有些經驗。或許這給了她玻璃罐和黑色縐紗的靈感？罐子可能是為了保持它的氣味，而黑色縐紗也許可以避免頭髮褪色，但氣味和顏色或許在木盒裡可以保存得更好。

也許，她是想要找出一個保留紀念物生命力的方式？根據她的指示，每年只能揭開縐紗、把頭髮放到孩子的房間三、四次。這似乎說明了法蘭索瓦－泰瑞絲真正在意的，不是髮辮如何保存，而是安排好如何讓孩子們想念她。她費盡心力想要避免的，是一些永久陳列的紀念物因過於熟悉而變得習以為常，以致最終完全喪失了紀念物的功能。

這位王妃走向生命終點的城市，一百多年後的普魯斯特會在這裡思索，為何他品嘗的瑪德蓮蛋糕的氣味，會喚起他的舊時回憶。他在糕餅店裡，經常看到一模一樣的瑪德蓮蛋糕，卻從不曾被它們激發任何聯想。普魯斯特認為，是視覺經驗的持續重複，剝除了瑪德蓮蛋糕引發聯想的魔力。所有各種不同的聯想，都會逐漸彼此互相抹殺，因此，「如今一切不復存在，盡已成碎片。」[20]法蘭索瓦－泰瑞絲對於如何處理頭髮的嚴格規定，正是避免這種記憶消亡的最佳保證。

一七九四年七月二十六日，在死刑執行的這天上午，有目擊者看到王妃拿著她的頭髮和信件被帶往囚車。他聽到她對一名守衛說：「在等待同樣命運的眾多正直市民的面前對著我發誓，你會幫我完成最終的遺願。這是我對身而為人的你的期待。」[21]我們不知道守衛當下是否作了承諾。髮辮和信件依循慣例被收進了監獄的檔案室。

歷史以殘酷的反諷對待這位摩納哥王妃。當囚車緩慢駛過嘲辱咒罵的群眾、往執行處決的廣場前進時，巴黎正充斥著傳言，說反抗羅伯斯庇爾（Robespierre）的暴動已經爆發。有些人試圖擋住車隊、阻止行刑，但是共和國衛隊的士兵快速趕到。他們清出一條通道，並下令囚車加速前進。二十分鐘後，法蘭索瓦－泰瑞絲遭到處決。

隔天，羅伯斯庇爾被推翻了，再過一天他也被送上了斷頭台。這是恐怖統治結束的開始，許多死刑案件被改判或駁回。如果這位王妃假稱自己懷孕、讓良心如此不安的「欺騙」行為再多延一天，她或許就可以活著回到女兒身邊。即使時局較為回復平靜後，這封信也不曾回到她女兒手中。那束髮辮僅只有一次被當成了紀念物，那是在一九三四年巴黎的博物館裡，紀念的不是法蘭索瓦－泰瑞絲，而是法國大革命。

清償與寬恕

一幅微型肖像畫、一綹頭髮、一束髮辮或是信件本身，都是用來強化記憶的具體物品，其他的則要依靠信件的內容。毫不意外地，我們在信中可以找到許多不同的主題，但真正令人驚訝的是信裡的一些共通之處。

基本上，每封信對於如何處理財物的問題，都有精確的指示。有時，是一些未償付的借貸。信裡會指示親人或朋友找到欠他們錢的人。一個名叫伯坦尼（Bottagne）的男子在信裡說德夏姆（Descharmes）欠了他六百里弗爾，還提了一個實用的建議：「在他得知我的死訊之前，以我的名義向他討錢。」(22)

更常見的，是關於如何處理債務的指示。某位夫人還欠女傭兩年的工資，要付給園丁七十里弗爾，還要付清給假髮匠八里弗爾的帳單。不管債務多麼微小——還沒付錢的一頓飯，或是給廚娘的工資——信裡仍會敦促親人把一切處理妥當，有時連一分一毫都要算清。

波瓦荷（Poiré）因為同情保皇黨的罪名被判處死刑。他在寫給妻子的信中，末尾附上了他在監獄用餐的帳單——「再加上六磅的肉又花了十五蘇爾[25]，所以總共是四里弗爾又四蘇爾」——然後才是最後的「永別了，永別了。」(23)有些時候，信已經寫上最後的擁抱和親吻了，寫信人又在末尾附注，指示要付錢給某個特定的僕人、女傭或園丁應得的工資。

除了未付的帳單之外，信裡也常提到應當物歸原主的東西。尚－賈克．巴赫伯（Jean-Jacques Barbot）是一名教師，因為不小心在一封信裡懷念起革命前的時代而被判處死刑，他家裡還放著許多學生家長借給他的物品。他抱著過度天真的期待，以為富基埃－坦維爾會幫他把後事安排妥當，因此在信裡把它們詳細列出來：

> 這些物品包括炭架、鏟子和火鉗、壁爐上的時鐘、三張紅色扶手椅和櫥櫃上的一張圖片，請交還給克萊翁．丹吉．亞米迪。還有一張椅子是勒摩西爾的，一些《箴言報》（*Le Moniteur*）也是他的，有些是捆好的，有些是單張的。這些報紙就放在煙囪旁的櫃子裡。我覺得這些東西應該要還給勒摩西爾，因為它們是屬於他的東西。(24)

這些指示，即使是在趕往斷頭台的路上匆匆提筆，也如此仔細地被記錄下來——「在某某櫃子裡有一打的手帕，上頭有SS的標誌，要還給蘇菲」——正好說明了，沒有人希望在明知債務未了的情況下死去。

「債務」這個字眼在抽象意義上的情況也一樣。幾乎所有信件裡，都有個中心主題：有罪／無辜、寬恕／反省。首先，寫信者會提到自己的無辜。每封信都懇求他們親愛的人不要相信導致他們遭到判刑的指控。有時候，在一封信裡會重複三、四次。

房地產商喬治．文森（Georges Vincent）因為被懷疑與布列塔尼的陰謀者有往來，被判處死刑。他請求妻子代他擁抱孩子並告訴他們，他對自己的死問心無愧。幾行字之後，他又提到孩子們「可以為父親的死感到驕傲。他是以大革命的無辜犧牲者身分，在斷頭台留下他的頭顱。」再過幾行之後，他又解釋說，人們被自己的錯誤和激情所蒙蔽，因此往往導致無辜之人代替有罪之身受罰。信的結尾，是溫柔的親吻和告別：「願上天祝福你們比你們不幸的父親更加幸福。你們的父親是無辜受死的，他並未犯下被指控的罪名。」[25]

所有信件裡都可以找到類似的陳述。寫這些信的人們，希望活在人們記憶中的自己，活著時心安理得，死去時也是問心無愧，可以和其他未被定罪的父親或母親、兒子或女兒一樣，被人們懷念牢記。

在一些信件裡，還可以找到另一種類型的清算。有時，有罪或無辜的問題必須解決，而信件或紀念物本身就是一種形式的報復。凱瑟琳．拉維歐蕾特（Catherine Laviolette）找來了一位畫師，請他幫她畫一張手放在骷髏頭上的畫像。這是她為自己那帶著情婦逃跑的丈夫所準備的紀念物。她認為自己被逮捕是丈夫造成的。

在一些例子裡，信中會提到洩漏或背叛他們的人的姓名，因此這些人應當為他們的死感到良心不

25 sol，法國舊幣值，二十蘇爾為一里弗爾。

安。不過，這類信件的數量幾乎屈指可數。更多的信裡，是關於他們的樂於寬恕他人，或是請求他人的原諒。

古歐・德・赫維爾索（Gueau de Reverseaux）最後的信中，有一封是寫給來自魯昂（Rouen）的告密者。「市民先生，在死亡的這一刻我寫信給你，向你保證，當我走入墳墓，我對你或是任何——我相信並非出自有意——讓我走上絕路的人，都不帶絲毫怨恨……我誠心寬恕所有曾與我為敵的人。」(26)

克勞德－法朗索瓦・伯格（Claude-François Berger）以保皇黨同路人的罪名而被處決。他在給女兒的信上寫著：

> 我為只能在永恆天國再見面的妳和所有朋友禱告。幾個小時後，我將魂歸天國，願天主顯慈悲，寬恕我的無數罪惡，正如我全心全意原諒我的法官們。他們明顯犯了錯誤，宣判我犯下我不曾有一絲念頭的罪行。同樣的，我也原諒所有導致我被捕和被處判死刑的敵人。(27)

在表達寬恕時提到天主的慈悲，類似的轉折在這些信件中，並不算多見。但是，即使沒有提到更高存有的審判，留存在記憶中的這個人必須是問心無愧，跟親愛的人完成最終交代，沒有負債，將所有屬於他人的東西歸還，同時在臨終時刻表達了願意寬恕的心意。

訣別與安慰

每一封信同時代表著許多事。寫信的人往往要面對的是，信件本身就是要傳達他們被處決的消息，因此告別信也是一份死亡通知書。如何找到適當的字眼來告訴你所愛的人你已經死了？有些信是寫給某個朋友或親人，他們被交代要負責緩和死訊的衝擊。有些人盡其所能在信件一開頭，用幾句話說明審判的不幸轉折。更不言而喻的說明，是紙上的淚痕和顫抖的筆跡，即使囚徒寫的是關於自己面對命運的冷靜與尊嚴。

除了是死亡通知書，這封信往往也是臨終遺願和最後的遺囑。附上了日期和簽名，信裡交代了後事如何處理。這些指示，包括條列的清單和金錢數額，跟信裡的告別內容形成奇怪的對比。「結束了。信紙已被我的淚水浸透。擦乾你的眼淚。幫我送來十五法郎。」[28]

不過，這封信還有其他的意思。死訊已經宣布，事情交代完畢——再來呢？接下來，這封引發悲痛的信必須提供一些寬慰，使得它最後成了一封慰問信。主題再次來到記憶與遺忘，只是這次寫信人的目的不是要尋求安慰，而是要提供安慰。

安東·德·拉瓦節（Antoine de Lavoisier）在二十五歲左右就已建立起他在天文學、化學和數學方面的聲望。快三十歲時，他與將滿十四歲的瑪麗－安·皮耶赫特·鮑爾茲（Marie-Anne Pierrette Paulze）成婚。她成了拉瓦節最得力的助手，學習英文以便為他翻譯英國自然學家約瑟夫·普利斯特利（Joseph Priestley）的作品，又去學習繪畫，以便在他出書時幫忙繪製插圖。

拉瓦節因為測量出氣體的重量而聲名大噪，因為在他之前，氣體仍被視為無法測重的物質。他從水中分解出氫和氧，並根據重量確認出化學元素。他雖然擁有傲人的財富，但政治思想前進，在新的革命政權下，他負責稅務改革計畫和建立公制的度量衡單位。

不過，由於他曾在幫國王徵收稅賦的農民稅徵收部門擔任稅務官，因此引來猜疑。儘管拉瓦節自己在政府部門工作，公家突然宣布施行「反租用法」，仍讓擁有大量土地的他陷入麻煩。他的學術聲望也未能助他逃過一劫。

他在被處決前夕寫給妻子的信，讀來猶如一封慰問信。為了安慰妻子，他再次量度了不可測量之物：死於五十歲之無從估量的優點和缺點。他寫道：

我的人生不算短，而且總結來說，是一段快樂的人生。同時我也相信，我在人們的回憶裡，會帶著些許光采。我還能企求什麼？將我捲入這一切的事件，或許幫我解決了老年時的不便。我將在完美的健康狀態下死去，這是我該為此感到滿意的眾多優點之一。(29)

有些人則試著讓自己所愛之人去想想，在一開始的深切悲痛之後會發生的事。赫維爾索提醒家人，今天帶來如此悲傷的記憶，日後將具有療癒的效果，這種想法可以帶給他們一些慰藉：「最初的時刻是痛苦的，但是對親愛的人的回憶，會在心靈留下溫柔的感受，令人感到歡欣。我希望不久後，我親愛的妻子和兒女就能感受到。」(30)

這些元素——對悲傷的認知、最後的衷心建議、鼓勵回復正常生活、安慰他們時間將療癒一切——在這些信件中屢見不鮮，就像今天我們在弔唁的慰問信中常見的一樣，只是這裡提供慰問的人，正是即將死亡、受人弔唁的人。這讓寫信的人得以更進一步（也是只有他們有資格可以踏出的一步），寫出在其他任何慰問信裡可能顯得不得體的內容。在嘗試提供安慰時，有些人會敦促親人不要記得他們，而是要把他們忘了。這往往是出現在信的末尾。

來自諾曼地的安東－皮耶－里昂・杜弗赫斯尼醫師（Antoine-Pierre-Léon Dufresne）寫信給妻子：「我無法給妳什麼建議。妳就照妳該做的去做。不過，當我說忘了妳的丈夫吧，請相信我的話。」(31)

公證人尚－法蘭索瓦・杜弗勒・德・庫納夫（Jean-François Dufouleur de Courneuve）因偽造法律文件遭判處死刑，他寫給妻子：「永別了，讓我再擁抱妳一千回。偶爾想想妳不幸的丈夫，但我真正想說的正好相反，如果有可能，盡所有方法將他從妳的記憶中抹去。」(32)

看來，庫納夫也不太清楚自己究竟想要求什麼，但這是情有可原的。他尋求的安慰，存在於被妻子記得的那份渴望中，而他試圖給予的安慰，正是要犧牲自己這方面的渴望。為了他所愛之人的幸福，他已準備好放棄自己在他們記憶中的位置，並進入第二次死亡。

死亡是偉大的弭平者

有一封訣別信上的署名特別值得留意，那就是檢察官富基埃－坦維爾本人。恐怖統治的這些年堅，這位孜孜矻矻的政府官僚，在監獄上方的辦公室裡審閱批覆了無數公文，有線民回報的資料、匿名的告密黑函、控狀、警方檔案，以及一連串經由短促、毫不留情的法律程序得出的最終文件，也就是判決書。每天，他都要不斷地簽署逮捕令、質問嫌犯、聽取懇求，以及駁回赦免的請願。

羅伯斯庇爾垮台後，他被捕入獄，在沒有窗戶、也沒有蠟燭的囚室裡被關了一年。(33)當他終於出庭受審，他被起訴的罪名，就和當初他讓成千上百人入罪的理由一般模稜兩可。富基埃－坦維爾，四十九歲，已婚，宣判處以死刑。他受到的待遇也和其他人一樣。他的財產全數充公，並同樣被允許寫一封訣別信。

在遭處決的前夕，他寫信給妻子訴說自己的無辜，並未玷污雙手且問心無愧。和其他死囚一樣，他希望從所愛之人的記憶中得到慰藉：

經歷過這所有災難，我心中仍存有一絲滿足和慰藉，那就是知道妳深信我的無辜。這至少給我希望，相信妳會反覆告訴我們的孩子：他們的父親死得悲慘，也死得無辜，而他始終都能得到妳的信賴和尊敬。我祈求妳不要沉溺於悲傷。為了自己，也為了我們可憐的孩子，好好照顧自己的健康。(34)

富基埃－坦維爾，坐在滿櫃子的「起訴證據」之前。

他在信的結尾寫道：

帶著心痛與淚痕，我要向妳、妳的姑媽，和我們可憐的孩子告別。再擁抱妳一千回。天啊！若能與妳再見面並擁抱妳，將帶給我多大的滿足！不過，親愛的，一切都結束了，我們不該再多想了！(35)

兩年前，一名死刑犯在訣別信上寫著：「或遲或早，時間的大鐮刀會收成所有的頭顱，將一切弭平。」(36)我們幾乎可以肯定，富基埃－坦維爾也看過這封信。在他自己的訣別信中，死亡顯然是偉大弭平者。他在署名底下加了一段：「我唯一有能力可以提供的紀念物，是一束我的頭髮。我懇求妳好好保存。」(37)和摩納哥王妃的髮辮一樣，因為人們一絲不苟地奉行他當年訂立的規矩，這束頭髮最後只能送到監獄的檔案室。

忘與不忘的掙扎

這些訣別信裡，有什麼法國人與別人不同之處？有哪些十八世紀的時代特色？毫無疑問，當然有許多，例如擔心死後和僕從或供貨商之間有債務未清，這一點跟這個時代的人非常看重榮譽有關，尤其是這些寫信之人所屬的社會階層（貴族或富裕的中產階級）。

想要判定當中有哪些地方是法國大革命和恐怖統治時期下的社會關係所特有的，必須將這些信拿來和其他時代、其他文化的訣別信作比較。這一點我此刻未能做到，但簡單瀏覽一下其他的訣別信便足以顯示，那些在不同世紀的不同國家、在非常不一樣的境況下所寫的訣別信，與這些法國大革命時期的訣別信相較之下，真正讓人吃驚的不在於彼此的差異之處，而在於它們的相似之處。

一九四二年到一九四三年冬天，一部分德國部隊在史達林格勒被敵軍包圍。當他們明白已經求援無望，這些士兵被允許寫信，並交由最後一架離開這個城市的飛機載走。大部分士兵都知道，這是他們寫回家的最後一封信。飛機將七個郵袋的信件運回了德國，但是遭到扣留。因為軍方高層認為，把這些信送回給士兵的家人，會打擊後方的士氣。這些信件最後被送進了檔案室。(38)

在信裡，士兵們對於上級的命令表達了痛苦和絕望。不過，他們寫給家人的內容，主題與法國恐怖統治時期那些信件卻是相同的：一張肖像照能帶來的慰藉，以及想再寄給對方一張照片的嘗試；關切這封信會給父母、妻子或子女帶來的悲傷；對於自己最後遺願的指示；保證自己將光榮赴死；祈求對方原諒自己過去的錯誤和爭吵。

但最重要的，是他們同樣掙扎在兩種情緒之間：一方面是繼續活在親人記憶裡的渴望，一方面則是他們明白這些親人若是要幸福，就不能讓這些悲傷的記憶干擾生活。一位無名士兵寫給妻子的信，代表了他們普遍的心聲：

> 一月妳就要滿二十八歲了。美麗如妳，這仍是很年輕的歲數……妳會很想念我，但即使如此，也不要拒絕其他人的追求。可以先過幾個月再說，但不要拖太久。葛楚德和克勞斯需要一個父親。別忘了，妳要為孩子活下去，也別太在意孩子的父親了。孩子忘得很快，尤其是現在這個年紀。(39)

自殺者的遺書

訣別信有一種黑暗的對比物：自殺者的遺書。心理學家和精神科醫師也會搜集這類書信，希望從中研究寫這些信的人走上絕路的原因。這些信也是在時間壓力下寫成，即使這種壓力是他們自己設定的，而且通常是在更接近死亡的那一刻，他們才突然想起要寫。

在一些情況中，自殺的決定很早之前便已作下，但行動本身往往是在極匆忙之下進行，這可以從他們寫信時使用的材料看出來。這些訊息真的是在最後一分鐘匆忙寫下，這時他們的心思往往很混亂，隨手抓來身邊任何可用的紙片，像是信封的背面，或是日記本的一頁。

它們與訣別信的共通點是，內容也包含一個人在最後時刻能說的那些事。這些寫信的人一樣也知道，不久後，自己將只會活在人們的記憶裡。然而，這兩者的差異，比相似之處更為驚人。恐怖統治時期被判死刑的囚犯、在史達林格勒被包圍的士兵，以及其他面臨無可避免之死亡的人，會想方設法把最後的訊息傳遞給自己摯愛的親人——這通常正是那些想了結自己生命的人不願做的事。(40)

過去一百五十年來，研究者努力搜集統計自殺者留下最後遺書的比例，而這些統計反映了一個令人好奇的一致性。(41)女性和男性、年長或年輕、已婚或未婚，留下遺書的比例大致一樣多。父母寫給子女的，和子女寫給父母的，比例沒有太大差別。它與社經地位或族群背景沒有明顯關聯，與過去的自殺紀錄或精神問題也沒有太大關係。(42)

不過，這個「一致的比例」有點誤導人，因為頭一次看到這些數字的人，最驚訝的可能是：自殺者留下遺言的比例是如此低。大約只有四分之一到五分之一的自殺者會留下隻字片語。而即使是這樣的比例，也算是高估，因為一些孤獨死亡的案例，例如溺水，如果一旁沒有遺留自殺者的字條，極有可能被登錄為意外死亡。

在少數留下的遺書或字條中，許多都沒有寫明收信人，或只是寫給不特定的某人，例如「致任何正好經過的人」或是「致警方」。只有大約超過半數的信會寫明是給某位親人，像是丈夫、妻子、父母、子女，或是兄弟姊妹。(43)有人可能會希望能有更多人知道這個事實。因為，當某人收到寫給自己的遺言字條，代表著有更多傷心人其實是雙手空空，什麼都沒收到。

不願留給親近家人或朋友任何最後訊息，這個令人沮喪的事實，可能有諸多的理由。一些試圖自殺、後來獲救的人，會談到自己的想法和行動變得越來越窄化，那種匆忙、想趕快結束一切的急切感，必須避免最後一刻因為多餘的行動或考慮而猶豫不決。那種窄化或許在那個當下是必需且刻意保留的。它不容許因為寫遺言而分神。

不過，或許我們可以從並非自己選擇死亡的人所寫的訣別信裡，找到自殺者不願留下遺言的部分解答。試想：如果一個即將結束自己生命的人希望活在他所愛之人的記憶裡，但既然他們自己選擇了第一次的死亡，又該如何找到適當的話語，來乞求逃過第二次的死亡？如果你明明可以留下來卻偏偏要離去，你怎能要求不被忘記？你明知道自己要做的事，將在所愛之人的記憶裡留下傷痛，你該怎麼寫下希望自己如何被記得？當你本身就是製造悲傷的原因，你要如何安慰人不要悲傷？

所有訣別信裡那些自然表達情感的字句，對自殺者來說是不可能寫下的。自殺者不留下遺言這件事，或許我們不該只將它看成是出於絕望與混亂，而是因為他們明白，那些無法口說表達的事，也不可能在信中傳達給他所愛之人。沒有被寫下來的自殺留言，正說明了有些事無法真心誠實地寫下。

希望與承諾的咒語

富基埃－坦維爾的監獄檔案室裡的訣別信形式不一，從發自內心滿是淚痕的哭泣，到滿滿五頁有如公證人的說明文件都有。摺入信紙裡的有髮束、戒指和獎章、手帕、鈕扣和胸針。沒有一件物品被送到家人的手中。如果它們被確實送到他們手中，會有任何不同嗎？有任何人被遺忘了，是因為這份

「勿忘我」的懇求沒被傳達給他期望的收信人嗎？少了實際的紀念物，就會更難留住對已逝親人的記憶嗎？這些人當中，是否有人因為他們希望被人懷念的信件從未送達，以致受懷念之情減損了幾分？

稍加思索，我們就知道答案很清楚。任何一個被迫告別的人，都希望活在美好的記憶裡，而任何一個失去所愛的人，都會鄭重地向自己承諾要珍惜那份記憶。只是，每個人的希望與承諾，永遠只能像是一種誦念的咒語。所有人都知道，記憶不會聽命於任何人。記憶會自行其是，即使對於我們最愛之人的記憶也是如此。所有這些髮束和獎章，不是正好展現了我們面對自己記憶時的無能為力？如果，我們最珍貴的回憶，可以被安全、不受損害地儲存起來，我們就不需要任何紀念物。當我們談論珍藏回憶時，真正重要的不是結果如何，而是在過程中所表達的愛與忠誠。

第十三章　遺忘術

哲學家康德（Immanuel Kant）終身未娶，有超過四十年的時間，都是由忠實的僕人馬丁・蘭博（Martin Lampe）協助他的生活起居，康德對這位普魯士陸軍退伍老兵的準時天賦，有極高的評價。遺憾的是，在一八〇二年，七十八歲的康德與這名僕人起了一場爭執。

與康德同時代的三名傳記作家都沒有說明爭執的原因，但有人暗示可能與酗酒和偷竊有關。不管原因是什麼，康德最後辭退了蘭博，由另一名老兵接替蘭博的工作。在與這名老兵生活的最後兩年內，康德始終無法習慣他的大嗓門。

康德和蘭博共同生活了半輩子，他對康德的意義就是早上五點臥房門口的敲門聲（「該起床了！」）。他也代表午餐已準備就緒的提醒（「午餐在餐桌上了」）。(1) 他還代表了為康德拿傘、擦亮銀質鈕扣、為假髮撲粉、削尖鵝毛筆的一雙手。

事後證明，對康德而言，把蘭博趕出自己家門，遠比把蘭博趕出自己的記憶還要容易許多。他當然努力試過，事實上可說是絞盡腦汁，因為在康德過世後，人們在他的書房裡找到了一張紙條，上面寫著，「必須把蘭博這個名字徹底忘掉。」(2)

提醒自己必須遺忘

許多作家、詩人和哲學家都曾試圖表達我們對記憶的無能為力，但是沒人像康德在紙條裡下達的命令這般令人同情。告訴自己不要再想某件事是一回事，要寫下來提醒自己必須忘記什麼，等於更往前邁出無能為力的一步。

康德對記憶學的文獻非常熟稔。西元前五世紀左右，希臘詩人西莫尼德斯（Simonides）發展出古典「記憶術」，演說家會在當中想像自己漫步在一間屋子裡，並於每個房間內留下一個他必須記住的象徵性代表物。正式演說的過程中，他就在內心裡將那間屋子重新走一遍，然後在指定的位置把所有準備談的東西找出來。

康德沒有使用這個方法，認為這個過程太過費勁。其他事暫且不論，這個方法從一開始就需要極佳的記憶力。蘭博離開的最初幾個星期，康德應該渴望擁有一套「遺忘術」。這種東西並不存在。事實上，光是設想它可能如何運作都不可能。記憶術的相反？提醒自己注意該忘記的事，只會讓自己更容易想起來。這正是對康德的記憶來說，關於蘭博的字條必然會帶來的弔詭作用。

即便是在西莫尼德斯的時代——當時，良好的記憶力在藝術與公共事務上是重要且受高度尊重的工具——也有人在抱怨為什麼沒有一套遺忘的方法。在幾篇討論修辭的論文裡都出現過一則同樣的故事：當西莫尼德斯準備向政治家暨將軍忒米斯托克利（Themistocles）介紹他的記憶術時，這位大將軍拒絕了。他說西莫尼德斯還不如教他如何忘記他想忘掉的事。忒米斯托克利真正需要的的一套「遺忘術」。(3)

西莫尼德斯對他愛莫能助。即使到了現在，遺忘的方法也只存在思想實驗裡。如果我們把特定的記憶移除，會是什麼情況？它會產生什麼後果？決定運用這個技術是否明智？

「遺忘」的筆記本

一九七六年，荷蘭漫畫家馬登．彤德在〈遺忘的小書〉裡自問自答了這個問題，這個作品是他以奧立佛．邦伯（Oliver B. Bumble）為主角的眾多故事之一，(4)內容包含了一段簡短的遺忘哲學。彤德寫這個故事時已經六十多歲。在記憶與遺忘的哲學思考中，年齡絕對有其重要性。

故事一開始，是邦伯的健忘所引發的一連串問題。他記不住人名、約定，或是答應別人的事。他完全忘了曾答應要幫忠心的僕人卓斯特（Joost）加薪，隔天吃早餐時，大惑不解地瞪著自己手帕上那個打來提醒自己的結：到底那件我絕不能忘的事是什麼？他另一個對抗健忘的策略也失敗了。他仔細用紅筆注記下「不要忘了杜德爾小姐（Miss Doddle）的生日」，但是當他發現這個筆記時，已經晚了一天。事情不能再這樣下去。他已經因為健忘而深深傷害了一些人。

卓斯特在打掃時想著：「奧立佛先生已經如先前答應的幫我加薪了，但這全靠我三番兩次地提醒。但真正糟糕的是，他記不得事了。如果我可以這麼說的話，他變了，某樣美好的事物壞掉了。真希望我能把這件事忘了……」(5)杜德爾小姐也感覺受到傷害，對邦伯的朋友湯姆．普斯（Tom Puss）說：「他把我忘了！我不想聽到關於他的任何一個字！我恨他！……我想把他忘了。徹底忘了。」(6)

機緣巧合下，精通魔法且自封「醫師」的霍克斯．帕斯（Hocus P. Pas）發現方法可以讓人擺脫記憶的壓迫。按照他的做法，任何人都可以在他的「遺忘的小書」筆記本裡，寫下任何他們想忘掉的事，然後霍克斯把一罐細沙撒在上面，「一二三，變！」記憶就消失了。

卓斯特是霍克斯的第一批顧客，他來是希望能忘掉奧立佛把他忘了的事，但他又想起還有其他事情他也想忘掉，像是有一次奧立佛逮到他把廉價的本地紅酒倒進貼有舊標籤酒瓶裡的尷尬情景。杜德爾小姐也在遺忘小書裡，寫下邦伯忘了她的事。

漸漸地，越來越多隆美爾丹（Rommeldam）當地的居民來找霍克斯，把他們想忘記的記憶寫進筆記本裡。只有公務員朵柯諾普（Dorknoper）拒絕在上面寫任何事——畢竟，「政府從來不會忘記」。他寧可寫在自己的筆記本裡：「容我開個小玩笑，我這裡有本記憶的小書。」(7)這技術看起來很簡單：把某件事寫下來，然後用沙子覆蓋。但是它的效果強大。邦伯在杜德爾小姐拜訪完霍克斯的路上跟她說話，她卻沒認出他來。連同那個令她受傷害的記憶一起，她也忘了與邦伯相關的一切。卓斯特滿腦子困惑，因為他不只忘了自己想要忘記什麼，甚至還忘了自己去過霍克斯那裡。

湯姆．普斯非常憂心，而天生直覺敏銳的邦伯，也感覺到這一切不會有好結果。他向「小俱樂部」裡地位崇高的市民尋求協助。「萬一每個人都有一些記憶被去除了，最後會是什麼情況？」但是他發現自己的說法只是少數人的意見。市長認為他太過悲觀了。「你把它忘了會更好。有些事情最好還是忘掉，否則人們無法睡個好覺。」(8)坎特克拉爾侯爵（Marquis de Canteclaer）也補上一句，說遺忘對紳士間的相處而言有時是必要之事。

邦伯對他們的反應並不滿意。他與湯姆．普斯一起去見了霍克斯。趁著邦伯拉住霍克斯談話時，湯姆．普斯溜上閣樓，發現霍克斯非常小心地保存那些用來覆蓋記憶的沙子。在一個櫃子裡，每個遺忘的記憶都被個別存放在一個小袋子裡。

稍後，他們發現霍克斯打算把所有沙子，全部倒到不斷變化的「瓦姆贊德沙丘」（Walmzander Dunes）。在那裡，所有的憎恨、謊言、威脅和侮辱，都將不停吹拂，直到永遠。經過許多迂迴轉折——過程中，遺忘之河的河水淹過了堤岸，沖刷過瓦姆贊德沙丘——最後，邦伯與湯姆．普斯終於將一切導向一個讓人滿意的結果。

邦伯對杜德爾小姐詳細解釋了一切，儘管當中仍有許多她不理解的事——「也許是因為我的記憶裡破了一個洞」——但她還是開心地接受了邀請，參加在邦伯家舉行的慶祝宴會。(9)廚房裡，和往常一樣歡樂的卓斯特，又在把廉價紅酒倒進勃艮第的酒瓶裡。

原諒與遺忘

〈遺忘的小書〉語調輕鬆、溫和而帶著嘲諷。邦伯的健忘引發了對遺忘方法的需求。一九七六年時，彤德六十四歲。他是否也注意到，人到了一定歲數後，不只會開始忘記人的名字，還會因為健忘而在不經意的情況下傷害到別人？任何人如果有被某人完全忘了的經驗——例如你準備了一桌豐盛的晚宴，一切就緒，就等著度過一個美好的夜晚，結果客人忘了赴宴——就會知道那是多麼難以磨滅的經驗。被遺忘當然令人難忘。

日常生活中，我們大部分會忘記的事，都是粗心大意或原本就不在意所造成的。這一點也使得你在變健忘時處於更不利的地位，就像邦伯發現自己所處的情況。他的健忘被當成態度上的心不在焉，這幾乎會被當成個性上的缺點。〈遺忘的小書〉等於是在邀請我們以更寬容的心態來看待這類的事。卓斯特和杜德爾小姐不需要把邦伯的健忘視為針對自己的過失。

或許，這裡還有個弦外之音。彤德也在告訴我們，所謂「原諒與遺忘」（forgive and forget）中的遺忘，不管是在故事中，或是在人類記憶的真實情況裡，都不是真正的忘記。霍克斯請人們在他的「遺忘小書」中書寫，並慷慨地告訴他們一切都會被遺忘，但是接下來，他又小心翼翼地把沙子倒回小袋子裡，並祕密地保存起來。這不就是我們的記憶對於我們承諾要「原諒與遺忘」之事其實暗自耿耿於懷的強力象徵？如果我們一再因為類似的情況感到被冒犯，它不就清楚說明了，我們遺忘的功夫作得還不夠好？而且，事實還可能恰恰相反：應當被遺忘的事，結果是記錄在一本像犯罪紀錄而非遺忘小書的本子裡。每個人的腦中，都有一位魔法師精確紀錄了我們想要「原諒與遺忘」的事。

不過，這個故事中不存在真正的黑暗。霍克斯的邪惡計畫最後是一場空。遺忘的河水，沖走了寫在「遺忘小書」裡的所有醜惡。記憶裡留下了幾片的空白，但它們沒造成太多損害。市長將這一切歸因於大家都變老了，也有些賓客完全沒注意到有任何不對勁。在故事結尾的餐會裡，所有人都開心地討論記憶的蠢事。

康德的挫折

「必須把蘭博這個名字徹底忘掉。」康德如此提醒自己。古典學家哈洛德·懷恩里希（Harald Weinrich）思忖，這個乍看是在告誡自己要忘記蘭博的字條，是否可能有其他的詮釋。(10)

康德在世的最後幾年，記憶力開始快速退化。他的情況顯示可能是阿茲海默症的徵兆。到最後，他連最親的友人也認不出來。康德一向以喜歡談天說地、有機智和感染力著稱，而他自己最不希望發生的，就是不斷重複說同樣的話讓朋友覺得無聊乏味。他似乎也曾把自己和朋友的對話筆記下來。說重複的話，洩露出自己忘了昨天說過的事，是每個阿茲海默症患者都擔心會發生的事。

懷恩里希自問，那張關於蘭博的字條，有沒有可能是康德寫下來提醒自己：不要再跟人提起必須忘掉蘭博的事。但這個詮釋不會讓我們少點同情康德，甚至可能剛好相反，因為照這種解讀方式，這張字條不是一個指示，而是更絕望的一道強制令，而且很快地，它也沒有必要了。因為不多久後，蘭博就會跟著其他的一切被一起遺忘。

康德因自己的記憶而受挫的樣子，可能會讓人覺得很不忍。在不到兩年的時間裡，這個疾病讓啟蒙時代最閃耀的靈魂熄滅了。康德的妹妹對他的《純粹理性批判》的內容一個字也不理解，如今卻得來幫忙把他的話寫成完整的句子。除了難以記住最簡單、最平常的事物之外，所有他關於記憶術或遺忘術的哲學沉思，也全都無關緊要了。

康德的生活以準時和紀律著稱，這些特質首先因遺忘而折損。康德寫給自己的字條，不過是他遭遇自我掌控困難的具體證據。他隱藏自己內心的巨大不安，乃至於稍後隱藏對完全失去記憶的恐懼，正是所有失智症患者常見的情況。他的朋友想必都很難過，因為康德記憶力的灰飛煙滅，意味著他再也無法回顧自己漫長而豐富精彩的人生。

當幸福的回憶變成負擔

彤德本人活到了最強韌的人才有辦法活到的歲數，而且頭腦始終清明。他自己對前者毫不在意，後者對他而言則是禍福參半。在超過半個世紀的婚姻生活後，他的妻子芬妮．迪克（Phiny Dick）過世了。他與忒拉．德馬瑞茲．歐恩斯（Tera de Marez Oyens）展開了一段新戀情，但是她在他們婚後不到一年就過世。他有四個子女，當中有三人比他早離世，跟他同時代的人也逐一凋零。

一九九六年後，他住在荷蘭拉倫（Laren）專門收容藝術家的老人之家，過著孤單而陰鬱的生活。就他自己看來，死神早該來把他接走才對。他終日枯坐，彷彿一場漫長的等待。二〇〇五年夏天，他在睡夢中離開了人世，享壽九十三歲。

他生前的最後四、五年間，他接受了一些專訪，也寫了幾篇文章。據他解釋，每個人內心都有一個終生不變的內在年齡。他仍然是二十歲，儘管當時他已年屆九十二。[11]這個二十歲的年輕人活在滿身病痛的身體裡：「這付軀殼已經不合用了。真是不走運。我一點也不喜歡，也看不出這一切有什麼意義。我恨它。」[12]

不過，比起身體上的衰退，記憶更是讓他飽受折磨。他不只一次提到記憶令他失望，某些他期待可以帶來慰藉的記憶，卻開始壓迫他。他的一些想法（一些散落在各處的隻字片語），提供了一套新的遺忘哲學，但這次是一個自知已步入人生最後階段之人的遺忘哲學。他歸納出的苦澀結論，是自己的記憶如今正反過來和他作對。他思索的這些內容，已不復見輕鬆詼諧。

邦伯的健忘，在〈遺忘的小書〉裡讀來仍令人覺得有趣，對彤德來說卻成了詛咒。「我老是記不住名字。這是最早出現的遺忘形式。它真的很糟，可怕極了。有時我連孫子的名字都想不起來。」[13]然而，一些別的記憶卻鮮明得讓人不舒服。「有時候你會覺得那些過世的人已經變成模糊的陰影，但他們又會在你最想不到的時刻，活靈活現出現在你面前。」[14]他的記憶已經不受控制。本人沒有任何動作，記憶之門卻會自動敞開。「突然間，在你的鼻尖前，冒出一個朦朧的人影。」[15]

人屆老年，記憶越來越像朵柯諾普的記憶小書。他六十多歲時對記憶抱持較溫和且細緻的見解，與此相去甚遠。他再也無法保持必要的適當距離來看待記憶。他自己本身的記憶已經開始造反。

從他的這些專訪裡，我們可以清楚看到，對彤德而言，記憶不只是個人的、內在的擁有物。對於美好的經驗，他認為唯有和所愛之人一起分享才有意義。他對自己獨自經歷的事常常無動於衷，它們很快就溜出他的記憶。往往是那些和他最親近的人，替他指出某次特定的經驗是多麼令人開心的回憶。似乎唯有如此，它才能成為一個記憶。

在為一本關於美與慰藉的書所寫的致謝詞中，彤德說自己許多最美好的記憶之所以重要，全是因為芬妮的緣故。他回憶起和她在愛爾蘭海灣共度的夏日午後：

潮水上漲，海水在岸邊發出拍浪聲，陽光灑落，映著點點光芒。「像鑽石一樣。」她說，也因為這樣，那影像深深沉入我的記憶中。沒有記憶就沒有美。如果，我見過某個目眩神迷的事物，我需要有個人告訴我，它有多美。如果，我能找到字眼形容，我希望可以把它說給某個人聽。源自共享情感的幸福會製造記憶。然而，當另一人已不在、情感不可得，就會變為催生哀傷的感受，因為它代表通往美的大門被鎖上了。(16)

他多次重提了這個主題。最美的記憶是共同享有的記憶，而由於共享這些記憶的人已經不在，以至於這些記憶變成了負擔。它們點出逝去的事物。當他在自傳裡回顧生命中最黑暗的時期，也就是芬妮過世後的那段時光，他回想起好友信裡的一行話：「你們曾在一起長久而美好時光。細數你記憶的項鍊上的黃金串珠，你就永遠不會覺得孤單。」類似這樣的字句，會以各種不同的形式出現在傳統的慰問信裡，但是那些美好回憶，卻只讓彤德感覺更加孤單。「那時，我滿心苦澀地將這些慰問撇到一邊，因為我的美好記憶正好是我最難以面對的事。」[17]

在彤德那本關於美與慰藉的書中，致謝詞的結尾是一個心灰意冷的句子：「記憶很少帶來慰藉，因為它提醒我們再也無法回到從前。」[18]曾經滿懷著感情予以珍藏的記憶，如今帶來痛苦。彤德必然感覺被自己的記憶背叛了。當我們發現自己形隻影單，有些時候，人們會想把自己最喜愛的記憶，寫入遺忘的小冊裡。

附錄
——問問自己，關於遺忘的一些問題

是否曾經有人因為忘了關於你的某件事而冒犯了你？

你是否記得自己曾因為忘了他人的某些事而冒犯了他們？

你是否曾經因為發現自己確實記得某些事而覺得尷尬？一個例子就夠了。

在公開場合被提醒你曾經忘了某事，是否會讓你感到不自在？

你認為「無意識抄襲」這種說法，有多少可信度？你認為它可能發生在自己身上嗎？

你是否有自己在裡頭卻對個中情境完全不復記憶的照片？如果有的話，那是舊照片還是最近的照片？

你的記憶的哪個缺點最讓你覺得困擾？

什麼情況會讓你有點遺憾自己沒有「全面記憶」？

潛抑記憶

你是否傾向於潛抑？什麼事導致你有這樣的結論？

你的記憶是否有那種讓你覺得自己反而因此受惠的缺點？
如果遺忘的方法真的存在，你是否會利用它？
你是否曾經希望能讓人遺忘關於你的某個記憶？
你是否曾經為了保護一個珍貴的記憶，而抗拒聽聞某件事？

修改記憶

你對於記憶是否有良好的記憶？換句話說，你是否善於記住你的記憶的歷史？
你是否知道自己現在回想起某個事件的方式，與過去記憶中的有所不同？
你是否曾經注意或是經驗到某事，而迫使自己修改過去？是否有新的記憶改變了稍早記憶中的某些事？
你是否有從未告訴過任何人的記憶，因為你擔心他們的反應會破壞了這些記憶？
對於一個好朋友的記憶，是否會因為交情生變而出現改變？
是否曾經有任何人奪走你的美好記憶？你是否曾經奪走某人的美好記憶？

共享的回憶

你和你的伴侶是否有共享的回憶？什麼事讓你這樣想？
與你共享回憶的人不在人世後，這些共同的回憶是否出現改變？

如果你的伴侶被要求向你描述三個關於你的開心回憶，你認為自己可以猜到其中一個、兩個，還是全部？

你的伴侶是否知道你對於他／她的最珍貴回憶是什麼？

最初與最終的記憶

你有多常跟人談起你的最初回憶？

你的子女會幾乎忘了他們生命最初幾年經驗過的所有事，這是否對你造成困擾？如果是的話，是在當時還是在之後？

距離的時間越久遠，你是否會對記憶越沒有信心？

你是否在乎自己的記憶？

你是否特別在乎自己對已逝的摯愛親人的記憶？如果是的話，你會怎麼做？如果不是，又是為什麼？

想到自己死後若能被其他人懷念，是否能讓你得到慰藉？

這種慰藉是否僅限於來自你最摯愛的親人？

圖片來源

12 ©Drents Archief, Assen

85 Henry Molaison, courtesy Suzanne Corkin

91 From E.S. Valenstein, *Great and Desperate Cures*, New York 1986, 197

115 Giuseppe Arcimboldo, 'Portrait with Vegetables (The Green Grocer)', c. 1590

118 Sergei Korsakoff, from nma.ru/psych/korsakov

127 Drawn from N. Butters, 'Alcoholic Korkasoff's Syndrome: An Update', *Seminars in Neurology*, 4 (1984), 2, 229-47, 236

132 From Jules Verne, *De reis naar de maan in 28 dagen en 12 uren*, Amsterdam 1977, 131

212 From J. Eccles and W. Feindel, 'Wilder Graves Penfield', *Biographical Memoires of Fellows of the Royal Society*, 24 (1978), 473-513, 473

217 From Wilder Graves Penfield, *The Excitable Cortex in Conscious Man*, Liverpool 1958, 27

235 Péter Esterházy, from fraenkische-musiktage.de

270 From post-mortem.punt.nl

271 From K. Sykora, *Die Tode die Fotografie*, vol. 1: *Totenfotografie und ihr sozialer Gebrauch*, Munich 2009, 111

271 From S.D. Burns, *Sleeping Beauty: Memorial photography in America*, Altadena 1990, pic. 42

272 From K. Sykora, *Die Tode die Fotografie*, vol. 1: *Totenfotografie und ihr sozialer Gebrauch*, Munich 2009, 111

273 From Laterceramadre.blogspot.com

285 Marie-Anne Charlotte de Corday, from www.vimoutiers.net/imagesCC/CC-The-last-toiletw.jpg

290 Françoise-Thérèse de Choiseul-Stainville, princess of Monaco, from sophie.demeautis.free.fr

300 Antoine Quentin Fouquier-Tinville, from executedtoday.com

原書注解

序言：遺忘，不只是記憶的否定

1. D. Draaisma, *Metaphors of Memory* (trans. Paul Vincent), Cambridge 2000. (Originally published as *De metaforenmachine. Een geschiedenis van het geheugen*, Groningen 1995).
2. G. Sperling, 'The information available in brief visual presentations', *Psychological Monographs: General and Applied*, 74 (1960), 11, 1-29.
3. H. Weinrich, *Lethe. Kunst und Kritik des Vergessens*, Munich 2000, 11.
4. E. Tulving, 'Are there 256 different kinds of memory?', J.S. Nairne (ed.), *The Foundations of Remembering. Essays in honor of Henry L. Roediger, III*, New York /Hove 2007, 39-52.
5. 這些問題最先出現於 *Tagebuch 1966-1971*，稍後以單行本發行：M. Frisch, *Fragebogen*, Frankfurt am Main 1992.

第一章　最初記憶：遺忘之河裡的島嶼

1. P. Lejeune, *Le pacte autobiographique*, Paris 1975 (rev. edn. 1996), 362.
2. E. Canetti, *The tongue Set Free. Remembrance of a European Childhood* (trans. Joachim Neugroschel), London 1979, 3. (Originally published as *Die gerettete Zunge: Geschichte einer Jugend*, Munich 1977.)
3. Canetti, *The Tongue Set Free*, 3.
4. M.J. Eacott and R.A. Crawley, 'The offset of childhood amnesia', *Journal of Experimental Psychology: General*, 127 (1988), 22-33.
5. N. Scheepmaker, *De eerste herinnering*, Amsterdam 1988.
6. Scheepmaker, *Herinnering*, 50.
7. Scheepmaker, *Herinnering*, 129.
8. Scheepmaker, *Herinnering*, 15, 134.
9. Scheepmaker, *Herinnering*, 127.
10. Scheepmaker, *Herinnering*, 66.
11. Scheepmaker, *Herinnering*, 97.
12. Scheepmaker, *Herinnering*, 49.
13. Scheepmaker, *Herinnering*, 37.
14. P. Blonsky, 'Das Problem der ersten Kindheitserinnerung und seine Bedeutung', *Archiv für die gesamte Psychologie*, 71 (1929), 369-90.
15. C. Verhoeven, *De glans van oud ijzer: herinneringen*, 1928-

1982, Baarn 1996, 9.
16. D. Draaisma, *Why Life Speeds Up as You Get Older* (trans. Arnold Pomerans and Erica Pomerans), Cambridge 2004, 15-30. (Originally published as *Waarom het leven sneller gaat als je ouder wordt*, Groningen 2001.)
17. K. Nelson and R. Fivush, 'The emergence of autobiographical memory: a social cultural developmental theory', *Psychological Review*, 111 (2004), 486-511.
18. Scheepmaker, *Herinnering*, 51.
19. D. Kohnstamm, *Ik ben ik. De ontdekking van het zelf*, Amsterdam 2002.
20. C.G. Jung, *Memories, Dreams, Reflections* (trans. Richard and Clara Winston), New York 1962 (rev. ed. New York 1989). (Originally published as *Erinnerungen, Träume, Gedanken*, 1962).
21. Kohnstamm, *Ik ben ik*, 37-8.
22. F. Fivush, 'The stories we tell. How language shapes autobiography', *Applied Cognitive Psychology*, 12 (1988), 483-7.
23. Scheepmaker, *Herinnering*, 124-5.
24. G. Simcock and H. Hayne, 'Breaking the barrier? Children fail to translate their preverbal memories into language', *Psychological Science*, 13 (2002), 3, 225-31.
25. Simcock and Hayne, 'Breaking the barrier?', 229.
26. R. Fivush and K. Nelson, 'Parent-child reminiscing locates the self in the past', *British Journal of Developmental Psychology*, 24 (2006), 235-51.
27. Cited in K. Sabbagh, *Remembering Our Childhood. How Memory Betrays Us*, Oxford 2009, 11.
28. J.A. Usher and U. Neisser, 'Childhood amnesia and the beginnings of memory for four early life events', *Journal of Experimental Psychology: General*, 122 (1993), 155-65.
29. Eacott and Crawley, 'The offset of childhood amnesia', 22-33.
30. Scheepmaker, *Herinnering*, 22.

第二章　為什麼我們把夢忘了

1. M. Jagger and K. Richards, 'Ruby Tuesday', 1967.
2. H. Havelock Ellis, *The World of Dreams*, London 1911.
3. M.W. Calkins, 'Statistics of dreams', *American Journal of Psychology*, 5 (1893), 312.
4. Calkins, 'Statistics of dreams', 312.
5. L. Strümpel, *Die Natur und Entstehung der Träume*, Leipzig 1874.
6. S. Freud, *The Interpretation of Dreams* (trans. A.A. Brill), London 1913, 10 ff. (Originally published as *Die Traumdeutung*, Leipzig/Vienna 1900.)
7. J. Delboeuf, *Le sommeil et les rêves*, Paris 1885.
8. Havelock Ellis, *World of Dreams*, 229-30.
9. Havelock Ellis, *World of Dreams*, 218.
10. J.J.F. de Lalande, *Voyage d'un François en Italie*, Venice 1769, 294.
11. M. Jouvet, *Slapen en dromen* (trans. W. Hünd), Amsterdam/Antwerp 1994, 60. (Originally published as *Le sommeil et le rêve*, Paris 2000).
12. Jouvet, *Slapen en dromen*.
13. F. Crick and G. Mitchison, 'The function of dream sleep', *Nature*, 304 (14 July 1983), 111-14.

14. J. Winson, *Brain and Psyche. The Biology of the Unconscious*, New York 1985.
15. 在 YouTube 使用關鍵字「histoire」和「crime」就可以搜尋到這部影片。
16. L. Wright, *Clockwork Man*, New York 1992.
17. Havelock Ellis, *World of Dreams*, 214.
18. L.F.A. Maury, *Le sommeil et les rêves*, Paris 1861, 4th edn, 1878, 161-2.
19. Havelock Ellis, *World of Dreams*, 7.
20. W. Dement and E.A. Wolpert, 'The relation of eye movements, bodily motility and external stimuli to dream content', *Journal of Experimental Psychology*, 55 (1958), 543-53.
21. Dement and Wolpert, "The relation of eye movements', 550.
22. J. Nelson, 'A study of dreams', *American Journal of Psychology*, 3 (1888), 367-401.
23. Nelson, 'Study of dreams', 384.
24. M. Jouvet, *De dromenweger* (trans. E. Gratama & J. Noorman), Amsterdam 1994. (Originally published as *Le château des songes*, Paris 1992).
25. Cited in Jouvet, *De dromenweger*, 289.
26. E. Aserinsky and N. Kleitman, 'Regularly occurring periods of eye motility, and concomitant phenomena, during sleep', *Science*, 118 (1953), 273-4.
27. J. Antrobus, 'Cortical hemisphere asymmetry and sleep mentation', *Psychological Review*, 94 (1987), 3, 259-68.
28. J.A. Hobson and R.W. McCarley, 'The brain as a dream state generator: an activation-synthesis hypothesis of the dream process', *American Journal of Psychiatry*, 134 (1977), 1335-48.
29. D. Foulkes, *Dreaming. A Cognitive-Psychological Analysis*, Hillsdale, NJ 1985.
30. Foulkes, *Dreaming*, 165.
31. D. Dennett, *Consciousness Explained*, London 1991, 10-13.
32. The Book of Daniel 2.
33. See I. Hacking, 'Dreams in place', *The Journal of Aesthetics and Art Criticism*, 59 (2001) 3, 245-60.
34. 馬丁路德一五四五年的《聖經》德文翻譯為「*Es ist mir entfallen.*」，英王欽定本（一六一一年）譯為「The thing is gone from me.(Daniel 2:5)」（夢我已經忘了），一些版本則是將這句話完全省略。
35. Dement and Wolpert, 'The relation of eye movements', 544.

第三章　困在當下的人：只有三十秒記憶的亨利・莫萊森（H・M）

1. D. Washburn, 'Waiting for H.M.', http://voiceofsandiego.org/2008/12/23/waiting-for-h-m/ (accessed 24 September 2014).
2. J. Annese et al., 'Postmortem examination of patient H.M.'s brain based on histological sectioning and digital 3D reconstruction', *Nature Communications* 5: 3122 (doi: 10.1038/ ncomms4122).
3. W.B. Scoville and B. Milner, 'Loss of recent memory after bilateral hippocampal lesions', *Journal of Neurology, Neurosurgery and Psychiatry*, 20 (1957), 11-21.
4. D.H. Salat et al., 'Neuroimaging H.M.: A 10-year follow-up examination', *Hippocampus*, 16 (2006), 936-45.
5. G. Watts, 'Henry Gustav Molaison, H.M.', *The Lancet*, 373 (7

February 2009), 456.
6. P.J. Hilts, *Memory's Ghost. The Nature of Memory and the Strange Tale of Mr. M.*, New York 1995.
7. E.S. Valenstein, *Great and Desperate Cures. The Rise and Decline of Psychosurgery and Other Radical Treatments for Mental Illness*, New York 1986.
8. Valenstein, *Great and Desperate Cures*, 78.
9. J. El-Hai, *The Lobotomist. A Maverick Medical Genius and his Tragic Quest to Rid the World of Mental Illness*, Hoboken, NJ 2005.
10. Valenstein, *Great and Desperate Cures*, 142.
11. W.B. Scoville, 'Selective undercutting as a means of modifying and studying frontal lobe function in man', *Journal of Neurosurgery*, 6 (1949), 65-73.
12. Hilts, *Memory's Ghost*, 92.
13. W.B. Scoville, 'The limbic lobe in man', *Journal of Neurosurgery*, 11 (1954), 64-6.
14. Hilts, *Memory's Ghost*, 96.
15. D. Draaisma, 'Losing the past', *Nature*, 497 (2013), 313-4.
16. Scoville, 'The limbic lobe', 66.
17. Hilts, *Memory's Ghost*, 100.
18. B. Skotko, D. Rubin and L. Tupler, 'H.M.'s personal crossword puzzles: understanding memory and language', *Memory* 16 (2008), 2, 89-96.
19. K. Danziger, *Marking the Mind. A History of Memory*, Cambridge 2008, 176-82.
20. S. Corkin, 'Lasting consequences of bilateral medial temporal lobectomy: clinical course and experimental findings in case H.M.', *Seminars in Neurology*, 4 (1984), 249-59.
21. S. Corkin, 'Acquisition of motor skill after bilateral medial temporal lobe excision', *Neuropsychologia*, 6 (1968), 255-65.
22. Hilts, *Memory's Ghost*, 114.
23. B. Milner, S. Corkin, and H.-L Teuber, 'Further analyses of the hippocampal amnesic syndrome: 14-year follow-up study of H.M.', *Neuropsychologia*, 6 (1968), 215-34.
24. Hilts, *Memory's Ghost*, 122.
25. W.B. Scoville, 'Amnesia after bilateral mesial temporal-lobe excision: introduction to case H.M.', *Neuropsychologia*, 6 (1968), 211-23.
26. A. Bereznak, 'The memory remains', *The Guardian*, 9 March 2009.
27. Washburn, 'Waiting for H.M.', 1.
28. S. Corkin, 'What's new with the amnesic patient H.M.?', *Nature Reviews / Neuroscience*, 3 (2002), 153-60.
29. Washburn, 'Waiting for H.M.', 2.
30. Washburn, 'Waiting for H.M.', 3.
31. 如上所述，這個網站在本書最初完成時已進行過變更。H・M目前的網站請參見http://thebrainobservatory.ucsd,edu/hm，或是參考觀測站主頁提供的連結（thebrainobservatory.org）。
32. Corkin, 'What's new?', 159.
33. S. Corkin, *Permanent Present Tense: The Unforgettable Life of the Amnesic Patient, H.M.*, New York 2013.

第四章　忘記臉孔的人

1. J. Bodamer, 'Die Prosop-Agnosie', *Archiv für Psychiatrie und Nervenkrankheiten*, 179 (1947), 6-53.
2. Bodamer, 'Prosop-Agnosie', 11.

3. Bodamer, 'Prosop-Agnosie', 16. Cited from the partial translation by Hadyn D. Ellis and Melanie Florence, 'Bodamer's (1947) paper on prosopagnosia', *Cognitive Neuropsychology*, 7 (1990), 2, 81.
4. Bodamer, 'Prosop-Agnosie', 18.
5. Bodamer, 'Prosop-Agnosie', 35.
6. O. Sacks, *The Man Who Mistook His Wife for a Hat*, London 1985.
7. Sacks, *The Man Who Mistook*, 10, cited from the 1986 edition.
8. A.J. Larner, 'Lewis Carroll's Humpty Dumpty. An early report of prosopagnosia?', *Journal of Neurology, Neurosurgery, and Psychiatry*, 75 (2004), 1063.
9. T. Kress and I. Daum, 'Developmental prosopagnosia: a review', *Behavioural Neurology*, 14 (2003), 109-121.
10. I. Kennerknecht, T. Grüter, B. Welling, S. Wentzek, J. Horst, S. Edwards and M. Grüter, 'First report of prevalence of non-syndromic hereditary prosopagnosia', *American Journal of Medical Genetics*, 140 (2006), 1617-22.
11. D.J. Grelotti, I. Gauthier and R.T. Schultz, 'Social interest and the development of cortical face specialization. What autism teaches us about face processing', *Developmental Psychobiology*, 40 (2002), 213-25.
12. L. Yardley, L. McDermott, S. Pikarski, B. Duchaine and K. Nakayama, 'Psychosocial consequences of developmental prosopagnosia. A problem of recognition', *Journal of Psychosomantic Research*, 65 (2008), 5, 445-51.
13. A.L. Wigan, *A New View of Insanity. The Duality of the Mind, Proved by the Structure, Functions, and Diseases of the Brain, and by the Phenomena of Mental Derangement, and Shown to be Essential to Moral Responsibility*, London 1844. 也請參見第七章。

第五章　記憶開始走下坡，然後墮入深淵

1. 例如 K. Maurer and U. Maurer, *Alzheimer. The Life of a Physician and Career of a Disease*, New York 2003.
2. 柯沙可夫的生平和以他名字命名的症候群可參見 D. Draaisma, *Disturbances of the Mind* (trans. Barbara Fasting), Cambridge 2009, 147-68. (Originally published as *Ontregelde geesten*, Groningen 2006).
3. S. Korsakow, 'Eine psychische Störung, combiniert mit multipler Neuritis (Psychosis polyneuritica seu Cerebropathia psychica toxaemica)', *Allgemeine Zeitschirift für Psychiatrie und psychisch-gerichtliche Medicin*, 46 (1890), 475-85. Cited from the translation by Maurice Victor and Paul I. Yakovlev, 'S.S. Korsakoff's Psychic Disorder in Conjunction with Peripheral Neuritis', *Neurology* V (1955), 397.
4. S. Korsakow, 'Erinnerungstäuschungen (Pseudoreminiscenzen) bei polyneuritischer Psychose', *Allgemeine Zeitschrift für Psychiatrie*, 47 (1891), 390-410.
5. M.S. Albert, N. Butters and J. Levin, 'Temporal gradients in the retrograde amnesia of patients with alcoholic Korsakoff's disease', *Archives of Neurology*, 36 (1979), 211-16.
6. N.J. Cohen and L.R. Squire, 'Retrograde amnesia and remote memory impairment', *Neuropsychologica*, 19 (1981), 337-56.
7. N. Butters and L.S. Cermak, 'A case study of the forgetting of autobiographical knowledge, Implications for the study of retrograde amnesia', in D.C. Rubin (ed.), *Autobiographical*

Memory, Cambridge 1986, 253-72.
8. É. Claparède, 'Récognition et moïté', *Archives de Psychologie*, 11 (1911), 79-90.
9. Claparède, 'Récognition', 85.
10. P. Graf and D.L. Schacter, 'Implicit and explicit memory for new associations in normal and amnesic subjects', *Journal of Experimental Psychology: Learning, Memory, and Cognition*, 11 (1985), 501-18.
11. R.A. McCarthy and E.K. Warrington, 'Actors but not scripts: the dissociation of people and events in retrograde amnesia', *Neuropsychologia*, 30 (1992), 7, 633-44.
12. McCarthy and Warrington, 'Actors', 634.

第六章　無意識的剽竊

1. J. Verne, *From the Earth to the Moon* (trans Lewis Mercier and Eleanor E. King), London 1873, (Originally published as *De la terre à la lune*, Paris (1865).
2. 當高斯布魯克被問到時，他說自己也不記得曾在自己作品裡用過這個譬喻。即使在本章以刪節版發表在《新鹿特丹商報》（NRC Handelsbald，二〇一〇年一月九日）的科學副刊後，也仍未有人聲稱是這個譬喻的所有人。
3. R.P. Gruber, 'Minds that think alike or cryptomnesia?', *Journal of the American Society of Plastic Surgeons*, 119 (2007), 6, 1945-6.
4. A.–C. Defledre, 'Inadvertent plagiarism in everyday life', *Applied Cognitive Psychology*, 19 (2005), 1033-40.
5. R. Dannay, *Current Developments in Copyright Law*, New York 1980, 681.
6. T. Flournoy, *From India to the Planet Mars*, New York 1963. (Originally published as *Des Indes à la planète Mars. Étude sur un cas de somnambulisme avec glossolalie*, Paris 1900.)
7. Flournoy, *From India to the Planet Mars*, 405.
8. Flournoy, *From India to the Planet Mars*, 405.
9. F.W.H. Myers, *Human Personality and its Survival of Bodily Death*, vol. 1, London, 1903, XVI.
10. H. Freeborn, 'Temporary reminiscence of a long-forgotten language during the delirium of broncho-pneumonia', *The Lancet*, 80 (1902), 1685-6.
11. S. Freud, The *Psychopathology of Everyday Life in The Standard Edition of the Complete Psychological Works of Sigmund Freud* (trans. James Strachey), Vol. VI. London 1956-70, 144. (Originally published as *Zur Psychopathologie des Alltagslebens*, Berlin 1904.)
12. Freud, *Psychopathologiy*, 144.
13. H.C. Warren, *Dictionary of Psychology*, Boston 1934.
14. A.S. Brown and D.R. Murphy, 'Cryptomnesia: delineating inadvertent plagiarism', *Journal of Experimental Psychology: Learning, Memory, and Cognition,* 15 (1989), 3, 432-42.
15. L.–J. Stark, T.J. Perfect and S.E. Newstead, 'When elaboration leads to appropriation: unconscious plagiarism in a creative task', *Memory*, 13 (2005), 6, 561-73.
16. L.–J Stark and T.J. Perfect, 'Whose idea was that? Source monitoring for idea ownership following elaboration', *Memory*, 15 (2007), 7, 776-83.
17. 在 *Live at the Astoria*, London (2003) 的ＤＶＤ可以找到史提芬・范的說明，也可選擇單曲《Bangkok》的語音解說。

第七章　雙腦理論：神經學的伽利略

1. A.L. Wigan, *A New View of Insanity. The Duality of the Mind, Proved by the Structure, Function, and Disease of the Brain, and by the Phenomena of Mental Derangement, and Shown to be Essential to Moral Responsibility*, London 1844.
2. 一九八五年曾經重新發行，如今也已絕版：A.L. Wigan, *The Duality of the Mind* (ed. J. Bogen), Malibu 1985. 今天坊間有二〇一四年 Nabu Press 發行的平裝版，全文在線上也有免費的電子版 http://archive.org/stream/39002086347094.med.yale.edu#page/n3/mode/2up
3. J. Bogen, 'The other side of the brain II. An appositional mind', *Bulletin of the Los Angeles Neurological Society*, 34 (1969), 135-62.
4. 扼要的傳記和參考書目可參見 B. Clarke, 'Arthur Wigan and *The Duality of the Mind*', *Psychological Medicine*, Monograph Supplement 11 (1987), 1-52.
5. Wigan, *Duality*, 326-29.
6. Cited in 'Clarke Arthur Wigan', 18.
7. Anonymous, 'Notices of books', *American Journal of Insanity*, 2 (1845), 375-81.
8. Wigan, *Duality*, 39.
9. Cited in Clarke, 'Arthur Wigan', 21-2.
10. Wigan, *Duality*, 49.
11. Wigan, *Duality*, 39-40.
12. Wigan, *Duality*, 141.
13. Wigan, *Duality*, 142.
14. Wigan, *Duality*, 124-5.
15. Wigan, *Duality*, 178-80.
16. Wigan, *Duality*, 180.
17. Wigan, *Duality*, 83.
18. Wigan, *Duality*, 72.
19. Wigan, *Duality*, 73-4.
20. 參見 *Disturbances of the Mind* 一書中討論邦納症候群的一章。D. Draaisma, *Disturbances of the Mind*, Cambridge 2009, 11-39.
21. Wigan, *Duality*, 170.
22. J. Bodamer, ' 'Die Prosop-Agnosie', Archiv *Archiv für Psychiatrie und Nervenkrankheiten*, 179 (1947), 6-53.
23. H. Holland, *Medical Notes and Reflections*, London 1839.
24. Wigan, *Duality*, 102.
25. Wigan, *Duality*, 144.
26. Wigan, *Duality*, 392.
27. F.B. Winslow, 'The unpublished mss of the late Alfred Wigan, M.D., author of *The Duality of the Mind*', *Journal of Psychological Medicine* II, Appendix, 1849.
28. S.P. Springer and G. Deutsch, *Left Brain, Right Brain*, New York 1981(edn 1993), 31.
29. Wigan, *Duality*, 418.
30. Draaisma, *Disturbances of the Mind*, 139.
31. Wigan, *Duality*, 57.
32. Wigan, *Duality*, 58-64.
33. Wigan, *Duality*, 60.
34. Wigan, *Duality*, 412. 這首詩名為「Address to the unco guid, or the rigidly righteous」，威根引用時似乎是憑記憶。實際上，原本的詩行為「What's done we partly may compute / But know not what's resisted'.」
35. Wigan, *Duality*, 80.
36. Wigan, *Duality*, 63-4.

第八章　潛抑的記憶：創傷、壓抑與遺忘

1. S. Freud, *Fragment of an Analysis of a Case of Hysteria*, in *The Standard Edition of the Complete Psychological Works of Sigmund Freud* (trans. James Strachey), Vol. VII, London 1956-70, 3, 7-122. (Originally published in 1905 as 'Bruchstück einer Hysterie-Analyse'. Original text to be found in *Monatsschrift für Psychiatrie und Neurologie*, 18 (1995), 285-310, 408-67.)
2. Freud, *Fragment*, 12.
3. Freud, *Fragment*, 26.
4. Freud, *Fragment*, 23.
5. H.S. Decker, *Freud, Dora, and Vienna 1900*, New York 1991, 119.
6. Freud, *Fragment*, 15.
7. Freud, *Fragment*, 64.
8. Freud, *Fragment*, 69.
9. Freud, *Fragment*, 70.
10. Freud, *Fragment*, 78.
11. Freud, *Fragment*, 29-30.
12. Freud, *Fragment*, 29.
13. Freud, *Fragment*, 3.
14. 朵拉的父親當時四十七歲，佛洛伊德四十四歲。
15. Freud, *Fragment*, 121.
16. 三十五年後，他把這次診療過程的回憶發表在：Deutsch, 'A footnote to Freud's *Fragment of an Analysis of a Case of Hysteria*', *Psychoanalytic Quarterly*, 26 (1957), 161-3.
17. P. Mahoney, *Freud's Dora*, New Haven, CT 1996.
18. H. Cixous, *Portrait de Dora*, Paris 1976.
19. Freud, *Fragment*, 17.
20. Freud, *Fragment*, 6-7.
21. Freud, *Fragment*, 58.
22. E. Jones, *The Life and Work of Sigmund Freud. The Formative Years and the Great Discoveries, 1856-1900*, New York 1953, 374-5.
23. S. Freud, 'Repression', in *The Standard Edition of the Complete Psychological Works of Sigmund Freud, Vol. XIV*, London 1956-70, 141-58. (Originally published as 'Die Verdrängung' (1915). 原始文本可見 S. Freud, *Studienausgabe*, Band III: *Psychologie des Unbewußten*, Frankfurt am Main 1975, 113-18.)
24. M.H. Erdelyi, 'Repression, reconstruction, and defense: history and integration of the psychoanalytical and experimental frameworks', in J.L. Singer (ed.), *Repression and Dissociation*, Chicago 1990, 1-31.
25. H.F.M Crombag and P.J. van Koppen, 'Verdringen als social verschijnsel', *De Psycholoog*, 29 (1994), 11, 409-15.
26. W.I. Thomas and D.S. Thomas, *The Child in America*, New York 1928, 571-2.
27. H. Merckelbach and I. Wessel, 'Recovered memories', *De Psycholoog*, 29 (1994), 3, 84-90.
28. B, Ensink, 'Reactie op "Recovered memories"', *De Psycholoog*, 29 (1994), 4, 148-9.
29. Crombag and Van Koppen, 'Verdringen', 410.
30. H. Merckelbach and I. Wessel, 'Assumptions of students and psychotherapists about memory', *Psychological Reports*, 82 (1998), 763-70.
31. W.A. Wagenaar, 'The logical status of case histories', in J.D. Read and D.S. Lindsay (eds.), *Recollections of Trauma, Scientific Evidence and Clinical Practice*, New York 1997, 109-

26.
32. Crombag and Van Koppen, 'Verdringen', 409.
33. www.valseherinnering.eigenstart.nl (accessed 4 November 2014).
34. M. Pendergrast, *Victims of Memory, Incest Accusations and Shattered Lives*, London 1996, 361-6.
35. K. Pezdek and W.P. Banks (eds.), *The Recovered Memory / False Memory Debate*, San Diego 1996. M.A. Conway (ed.) *Recovered Memories and False Memories*, Oxford 1997.
36. E. Bass and L. Davis, *The Courage to Heal. A Guide for Women Survivors of Child Sexual Abuse*, New York 1988.
37. E. Showalter, *Hystories, Hysterical Epidemics and Modern Culture*, New York 1997.
38. E. Showalter, *The Female Malady. Women, Madness, and English Culture, 1830-1980*, New York 1985.
39. D.S. Holmes, 'The evidence for repression: an examination of sixty years of research', in Singer, *Repression and Dissociation*, 85-102.
40. Holmes, 'Evidence', 87.
41. Holmes, 'Evidence', 95-6.
42. S. Christianson and L. Nilsson, 'Functional amnesia as induced by a psychological trauma', *Memory and Cognition*, 12 (1984), 142-55.
43. Ensink, 'Reactie', 149.
44. O. van der Hart, 'Totale amnesie voor traumatische herinneringen. Een reactie op Merckelbach en Wessel', *De Psycholoog*, 29 (1994), 6, 240-5.
45. Van der Hart, 'Totale amnesie', 240.
46. J.M. Rivard, P.E. Dietz, D. Martell and M. Widawski, 'Acute dissociative responses in law enforcement officers involved in critical shooting incidents: the clinical and forensic implications', *Journal of Forensic Sciences*, 47 (2002), 1-8.
47. L. Schelach and I. Nachson, 'Memory of Auschwitz survivors', *Applied Cognitive Psychology*, 15 (2001), 119-32.
48. C.P. Malmquist, 'Children who witness parental murder: posttraumatic aspects', *Journal of the American Academy of Child Psychiatry*, 25 (1986), 320-5.
49. R. S. Pynoos and K. Nader, 'Children who witness the sexual assaults of their mothers', *Journal of the American Academy of Child and Adolescent Psychiatry*, 27 (1988), 567-72.
50. 比較研究可以參見創傷與自傳性記憶的主題特刊：*Applied Cognitive Psychology*, 15 (2001) and in R.J. McNally, *Remembering Trauma*, Cambridge, MA 2003.
51. S. Berendsen, 'Alarmbellen gaan te laat rinkelen. Een brandweervrouw met jarenlange klachten na een noodlottige brand', in H. Hornsveld and S. Berendsen (eds.), *Casusboek EMDR*, Houten 2009, 57-65.
52. Hornsveld and Berendsen, *Casusboek*, 60-1.
53. F. Shapiro, 'Efficacy of the eye movement desensitization procedure in the treatment of traumatic memories', *Journal of Traumatic Stress*, 2 (1989), 199-233.
54. F. Shapiro, *Eye Movement Desensitization and Reprocessing. Basic Principles, Protocols, and Procedures*, New York 1995.
55. R. Stickgold, 'EMDR: a putative neurobiological mechanism of action', *Journal of Clinical Psychology*, 58 (2002), 1, 61-75.
56. Hornsveld and Berendsen, *Casusboek*, 48.
57. H. Hornsveld and S. Berendsen, 'EMDR werkt! Maar hoe?' in Hornsveld and Berendsen, *Casusboek*, 41-52.

58. R.W. Günther and G.E. Bodner, 'How eye movements affect unpleasant memories: support for a working memory account', *Behaviour Research and Therapy*, 46 (2008), 913-31.
59. M.A. van den Hout and I.M. Engelhard, 'How does EMDR work?', *Journal of Experimental Psychopathology*, 3 (2012), 5, 724-38.
60. Hornsveld and Berendsen, *Casusboek*, 51.
61. C. DeBell and R.D. Jones, 'As good as it seems? A review of EMDR experimental research', *Professional Psychology: Research and Practice*, 28 (1997), 2, 153-63.
62. M.L. van Etten and S. Taylor, 'Comparative efficacy of treatments for post-traumatic stress disorder: a meta-analysis', *Clinical Psychology and Psychotherapy*, 5 (1998), 126-44.
63. J.I. Bisson, A. Ehlers, R. Matthews, S. Pilling, D. Richards and S. Turner, 'Psychological treatment for chronic post-traumatic stress disorder. Systematic review and meta-analysis', *British Journal of Psychiatry*, 190 (2007), 97-104.
64. Hornsveld and Berendsen, *Casusboek*, 157.
65. A. Struik, 'Getraumatiseerd door een eigen misdrijf. Behandeling van een 15-jarig meisje dat vrijkomt uit de jeugdgevangenis', Hornsveld and Berendsen, *Casusboek*, 259-64.
66. Struik, 'Getraumatiseerd', 261.
67. C.X. Alvarez and S.W. Brown, 'What people believe about memory despite the research evidence', *The General Psychologist*, 37 (2002), 1-6.

第九章　「全面記憶」的神話：人生經歷過的一切，會在腦中留下永不磨滅的痕跡？

1. 佛洛伊德作品中的各種考古學譬喻可參考 'Gradiva: psychoanalysis as archaeology' in L. Møller, *The Freudian Reading. Analytical and Fictional Constructions*, Philadelphia 1991, 31-35.
2. S. Freud, *The Interpretation of Dreams*, in *The Standard Edition of the Complete Psychological Works of Sigmund Freud, Vol. IV* (trans. James Strachey), London 1956-70, 20. (Originally published as *Die Traumdeutung*, Leipzig / Vienna 1900.)
3. J.W. Draper, *Human Physiology*, London 1956 (edn 1868), 269.
4. J.W. Draper, *History of the Conflict Between Religion and Science*, London 1878, 136. 關於攝影被當成永久的記憶痕跡，常用譬喻可參見 D. Draaisma, *Metaphors of Memory*, Cambridge 2000, 119-25. (Originally published as *De metaforenmachine*, Groningen 1995.)
5. S. Korsakow, 'Erinnerungstäuschungen (Pseudoreminiscenzen) bei polyneuritischer Psychose', *Allgemeine Zeitschrift für Psychiatrie*, 47 (1891), 390-410.
6. S. Freuc, *Interpretation of Dreams*, 20.
7. E.F. Loftus and G.R. Loftus, 'On the permanence of stored information in the human brain', *American Psychologist*, 35 (1980), 5, 409-20.
8. www.histori.ca/minutes/minute.do?id=10211 (accessed 5 November 2014).
9. 目前為止，唯一出版的潘菲德傳記是由他的孫子 J. Lewis 所寫。J. Lewis, *Something Hidden. A Biography of*

Wilder Penfield, Toronto 1981. 也可參見他的生平略傳。J. Eccles and W. Feindel, 'Wilder Graves Penfield', *Biographical Memoirs of Fellows of the Royal Society*, 24 (1978), 473-513.

10. 一九〇九年到一九三五年這段時期，潘菲德每星期會寫一封信給他的母親。她仔細保留了這些信，潘菲德在晚年把這些信當成自傳的基本材料，內容涵蓋了蒙特婁神經學研究院揭幕的這段時期。W. Penfield, *No Man Alone. A Neurosurgeon's Life*, Boston / Toronto 1977.
11. W. Penfield and T. Rasmussen, *The Cerebral Cortex of Man*, New York 1951; W. Penfield and H. Jasper, *Epilepsy and the Functional Anatomy of the Human Brain*, Boston 1954.
12. W. Penfield, *The Excitable Cortex in Conscious Man*, Liverpool 1958.
13. Penfield, *The Excitable Cortex*, 28.
14. Penfield, *The Excitable Cortex*, 29.
15. W. Penfield, 'The interpretive cortex. The stream of consciousness in the human brain can be electrically reactivated', *Science*, 129 (1959), 3365, 1719-25.
16. W. Penfield, 'Engrams in the human brain. Mechanisms of memory', *Proceedings of the Royal Society of Medicine*, 61 (1968), 8, 831-40.
17. W. Penfield and P. Perot, 'The brain's record of auditory and visual experience. A final summary and discussion', *Brain*, 86 (1963), 4, 595-696.
18. Penfield, 'Engrams'.
19. W. Penfield, 'The electrode, the brain and the mind', *Zeitschrift für Neurologie*, 201 (1972), 297-309.
20. W. Penfield, *The Mystery of the Mind*, Princeton, NJ 1975.
21. E. Hadley, 'Movie film in brain: Penfield reveals amazing discovery', *Montreal Star*, 14 February 1957.
22. Anon, 'The brain as tape recorder', *Time*, 23 December 1957.Quoted from A. Winter, *Memory. Fragments of a Modern History*, Chicago / London 2012, 96.
23. W. Penfield, 'Memory mechanisms', *Archives of Neurology and Psychiatry*, 67 (1952), 178-98.
24. Penfield, 'Memory mechanisms', 192.
25. Penfield, 'Memory mechanisms', 192.
26. Penfield, 'Memory mechanisms', 193.
27. Penfield, 'Memory mechanisms', 194.
28. L.S. Kubie, 'Some implications for psychoanalysis of modern concepts of the organization of the brain', *Psychoanalytic Quarterly*, 22 (1953), 21-52.
29. V.W. Pratt, *Canadian Portraits. Famous Doctors: Osler, Banting, Penfield*, Toronto / Vancouver 1956 (ed. 1971), 141.
30. G.A. Ojemann, 'Brain mechanisms for consciousness and conscious experience', *Canadian Psychology / Psychologie Canadienne*, 27 (1986), 2, 158-68.
31. W.H. Calvin and G. A. Ohemann, *Conversations With Neil's Brain: The Neural Nature of Thought and Language*, Reading, MA, 1994.
32. L.R. Squire, *Memory and Brain*, Oxford 1987, 75-84.
33. Penfield, *The Excitable Cortex*, 29.
34. Penfield, 'Brain's record', 650.
35. Penfield, *Mystery of the Mind*, 25.
36. P. Gloor, A. Olivier, L.F. Queeney, F. Andermann and S. Horowitz, 'The role of the limbic system in experiential phenomena of the temporal lobe', *Annals of Neurology*, 12 (1982), 129-44.

37. Gloor et al., 'The role of the limbic system', 137.
38. Penfield, 'Memory mechanisms', 193.
39. *Total Recall* (1990). Directed by Paul Verhoeven, script by Ronald Shusett, based on the story 'We Can Remember it for You Wholesale' by Philip K. Dick.
40. H. F. Ellenberger, *The Discovery of the Unconscious*, New York 1970.
41. C.X. Alvarez and S.W. Brown, 'What people believe about memory despite the research evidence', *The General Psychologist*, 37 (2002), 1-6.
42. M.D. Yapko, 'Suggestibility and repressed memories of abuse: a survey of psychotherapists' beliefs', *American Journal of Clinical Hypnosis*, 36 (1994), 163-71.

第十章　檔案與記憶：祕密、背叛、解讀的流動

1. H. Mulisch, *Mijn getijdenboek*, Amsterdam 1975, 64.
2. P. Esterházy, *Celestial Harmonies* (trans. J. Sollosy), New York 2004. (Originally published as *Harmonia Caelestis*, Budapest 2000.)
3. L. Starink, 'Er is een eenvoudige woord voor:verraad', with Peter Esterházy, *NRC Magazine*, 8 September 2004, 10.
4. Esterházy, *Celestial Harmonies*, 7.
5. L. Kósa (ed.), *A Cultural History of Hungary. From the Beginning to the Eighteenth Century*, Budapest 1999.
6. R. Gates-Coon, *The Landed Estates of the Esterházy Princes. Hungary During the Reforms of Maria Theresia and Joseph II*, Baltimore / London 1994.
7. Esterházy, *Celestial Harmonies*, 594.
8. Esterházy, *Celestial Harmonies*, 595.
9. Esterházy, *Celestial Harmonies*, 436.
10. Esterházy, *Celestial Harmonies*, 761.
11. Esterházy, *Celestial Harmonies*, 437.
12. Esterházy, *Celestial Harmonies*, 632.
13. P. Esterházy, *Revised Edition*, 英文譯本尚未出版。引文譯自荷蘭譯本：*Verbeterde editie* (trans. R. Kellermann), Amsterdam 2003, 7.
14. Esterházy, *Verbeterde editie*, 14.
15. Esterházy, *Verbeterde editie*, 15.
16. Esterházy, *Verbeterde editie*, 49.
17. Esterházy, *Verbeterde editie*, 49.
18. Esterházy, *Verbeterde editie*, 15.
19. Esterházy, *Verbeterde editie*, 42.
20. Esterházy, *Verbeterde editie*, 27.
21. Esterházy, *Verbeterde editie*, 62.
22. Esterházy, *Verbeterde editie*, 81.
23. Esterházy, *Verbeterde editie*, 81-2.
24. F. la Bruyère, 'Le fils blessé', Radio France Internationale, 6 June 2002, www.rfi.fr (1 August 2010).
25. S. Schädlich, *Immer wieder Dezember: Der Westen, die Stasi, der Onkel und ich*, Munich 2009.

第十一章　攝影，永不遺忘的「鏡子」

1. E.A. Poe, 'The Oval Portrait', in *Tales of Mystery and Imagination*, London 1910, 189.
2. Poe, 'Oval Portrait', 190.
3. E.A. Poe, 'The Daguerreotype', *Alexander's Weekly Messenger*, 15 January 1840, 2. Citation are from the reprint in A.

Trachtenberg (ed.), *Classic Essays on Photography*, New Haven, CT 1980, 37-8.

4. Poe, 'Daguerreotype', 38.
5. Poe, 'Daguerreotype', 38.
6. Stendhal, *The Life of Henry Bruland* (trans. L. Davis), New York 2001. (Originally published as *La vie de Henry Brulard*, Paris 1890.)
7. Stendhal, *The Life of Henry Bruland*, 383.
8. J. Wood, 'The American portrait', in J. Wood (ed.), *America and the Daguerreotype*, Iowa City 1991, 1-26.
9. G. Freund, *Photography and Society*, London 1980, 11.
10. Anon, 'Daguerreotypes', *Littell's Living Age*, 9 (1846), 551-2. Cited in B. Mattison, *The Social Construction of the American Daguerreotype Portrait*, thesis 1995, published at www.americandaguerreotypes.com (accessed 7 November 2014).
11. E.W. Emerson and W.E. Forbes (eds.), *Journal of Ralph Waldo Emerson*, New York 1911, 87.
12. O. Wendell Holmes, 'The stereoscope and the stereograph', in Trachtenberg, *Classic Essays*, 71-82.
13. Wendell Holmes, 'Stereoscope', 74.
14. T.S. Arthur, 'American characteristics; No V – The daguerreotypist', *Godey's Lady's Book*, 38 (1849), 352-5.
15. A. Bogardus, 'Trials and tribulations of a photographer', *British Journal of Photography*, 36 (1889), 183-4.
16. Cited in D.E. Stannard, 'Sex, death, and daguerreotypes. Toward an understanding of image as elegy', in Wood, *America and the Daguerreotype*, 73-108.
17. Stannard, 'Sex', 96.
18. R. Rudisill, *Mirror Image. The Influence of the Daguerreotype on American Society*, Albuquerque 1971, 25.
19. Cited in Rudisill, *Mirror Image*, 26.
20. N. Hawthorne, 'The Prophetic Pictures', in N. Hawthorne, *Twice-Told Tales*, 1837 (ed. Ohio 1974), 166-82.
21. Hawthorne, 'Prophetic Pictures', 167.
22. Hawthorne, 'Prophetic Pictures', 169.
23. Hawthorne, 'Prophetic Pictures', 173.
24. Hawthorne, 'Prophetic Pictures', 175.
25. Hawthorne, 'Prophetic Pictures', 179.
26. N. Hawthorne, *The House of the Seven Gables*, 1851 (ed. Oxford 1991), 91.
27. Cited in A. Scharf, *Art and Photography*, London 1968, 45.
28. Scharf, *Art*, 56.
29. Scharf, *Art*, 57.
30. G. Batchen, *Forget Me Not. Photography and Remembrance*, Amsterdam / New York 2004, 16-17.
31. Scharf, *Art*, 55.
32. Scharf, *Art*, 46.
33. E. Eastlake, 'Photography', in Trachtenberg, *Classic Essays*, 39-68.
34. J. de Zoete, '*In het volle zonlicht*'. *De daguerreotypieën van het Museum Enschedé*, Haarlem 2009.
35. De Zoete, '*Zonlicht*', 45.
36. De Zoete, '*Zonlicht*', 45.
37. De Zoete, '*Zonlicht*', 51. 菲德瑞克・威廉・蘇爾切被視為荷蘭最優秀的肖像畫家之一。他為瑪蒂達繪製的肖像，收取費用為九十荷蘭盾。
38. De Zoete, '*Zonlicht*', 50.
39. J. Ruby, *Secure the Shadow. Death and Photography in America*,

Cambridge / London 1995.

40. 攝影歷史家伯恩斯（Stanley Burns）從自己收錄的亡者肖像中挑選超過七十張照片，收錄在他的死後照相術作品集中：S.B. Burns, *Sleeping Beauty. Memorial Photography in America*, Altadena, CA 1990.
41. Burns, *Sleeping Beauty*, caption 11.
42. Cited in K. Sykora, *Die Tode der Fotografie, I. Totenfotografie und ihr sozialer Gebrauch*, Munich 2009, 105. Cited in English in Burns, *Sleeping Beauty*.
43. Burns, *Sleeping Beauty*, caption 42.
44. Sykora, *Tode*, 113-14.
45. Ruby, *Secure the Shadow*, 71.
46. Batchen, *Forget Me Not*, 10-15.
47. A. Krabben, 'Onveranderlijk de eeuwigheid in', in B.C. Sliggers (ed.), *Naar het lijk. Het Nederlandse doodsportret 1500-heden*. Zutphen 1998, 148-76.
48. G. Flaubert, *Madame Bovary: Provincial Manners*, London 1886 (trans. Eleanor Marx-Aveling). (Originally published as *Madame Bovary. Moeurs de province*, Paris 1857.)
49. Flaubert, *Bovary*.
50. R. Kousbroek, 'Een parallelle natuurkunde', *NRC Handelsblad*, Cultureel Supplement 26 March 2004, 17.
51. L. Standing, 'Learning 10,000 pictures', *Quarterly Journal of Experimental Psychology*, 25 (1973), 207-22.
52. J. Bernlef, *Out of Mind* (trans. A. Dixon), London 1988, 48. (Originally published as *Hersenschimmen*, Amesterdam 1984.)
53. Bernlef, *Out of Mind*, 52-3.

第十二章　遺忘是第二次的死亡

1. G. Fife, *The Terror. The Shadow of the Guillotine: France 1792-1794*, New York 2004.
2. O. Blanc, *Last Letters. Prisons and Prisoners of the French Revolution 1793-1794* (trans. A. Sheridan), London 1987. (Originally published as *La Dernière Lettre: Prisons et condamnés de la Révolution 1793-1794*, Paris 1984.) See also C. Michael, *Abschied. Briefe und Aufzeichnungen von Epikur bis in unsere Tage*, Zürich 1944.
3. Blanc, *Last Letters*.
4. Blanc, *Last Letters*, 11-12.
5. Blanc, *Last Letters*, 12.
6. Blanc, *Last Letters*, 88-9.
7. Blanc, *Last Letters*, 50.
8. Michael, *Abschied*, 68.
9. Blanc, *Last Letters*, 6.
10. Blanc, *Last Letters*, 173.
11. Blanc, *Last Letters*, 206-7.
12. Blanc, *Last Letters*, 141.
13. Blanc, *Last Letters*, 158.
14. Blanc, *Last Letters*, 166.
15. Blanc, *Last Letters*, 117-18.
16. Blanc, *Last Letters*, 147.
17. Blanc, *Last Letters*, 69.
18. Blanc, *Last Letters*, 71.
19. Blanc, *Last Letters*, 70-1.
20. M. Proust, *Remembrance of Things Past* (trans. C.K. Scott Moncrieff), London 1983, 50. (Originally published as *À la recherche du temps perdu: Du côté de chez Swann*, Paris 1913.)

21. Blanc, *Last Letters*, 71.
22. Blanc, *Last Letters*, 89.
23. Blanc, *Last Letters*, 186.
24. Blanc, *Last Letters*, 123.
25. Blanc, *Last Letters*, 104.
26. Blanc, *Last Letters*, 89.
27. Blanc, *Last Letters*, 114.
28. Blanc, *Last Letters*, 143.
29. Blanc, *Last Letters*, 191.
30. Blanc, *Last Letters*, 89.
31. Blanc, *Last Letters*, 143.
32. Blanc, *Last Letters*, 202.
33. Fife, *Terror*, 336-40.
34. Blanc, *Last Letters*, 210.
35. Blanc, *Last Letters*, 210.
36. Blanc, *Last Letters*, 102.
37. Blanc, *Last Letters*, 210.
38. H. Schröter, *Stalingrad. The Cruellest Battle of World War II* (trans C. Fitzgibbon), London 1960. (Originally published as *Stalingrad . . . bis zur letzten Patrone*, Lengerich 1958.)
39. F. Schneider and C.B. Gullans, *Last Letters from Stalingrad* (intro. S.L.A. Marshall), New York 1962, 74.
40. I. O'Donnell, R. Farmer and J. Catalan, 'Suicide notes', *British Journal of Psychiatry*, 163 (1993), 45-8.
41. E.S. Shneidman and N.L. Farberow (eds.), *Clues to Suicide*, New York 1957.
42. B. Eisenwort, A. Berzlanovich, U. Willinger, G. Eisenwort, S. Lindorfer and G. Sonneck, 'Abschiedsbriefe und ihre Bedeutung innerhalb der Suizidologie', *Nervenarzt*, 11 (2006), 1355-62.
43. E.S. Shneidman, 'Suicide notes reconsidered', *Psychiatry*, 36 (1973), 379-94.

第十三章　遺忘術

1. H. Weinrich, *Lethe. Kunst und Kritik des Vergessens*, Munich 1997, 92. (English translation *Lethe: The Art and Critique of Forgetting* (trans. S. Rendall), Ithaca, NY 2004.)
2. Weinrich, *Lethe*, 94.
3. Weinrich, *Lethe*, 24.
4. Published in book form as 'Het vergeetboekje', in *M. Toonder, Daar zit iets achter*, Amsterdam 1980.
5. Toonder, 'Vergeetboekje', 104.
6. Toonder, 'Vergeetboekje', 124.
7. Toonder, 'Vergeetboekje', 142.
8. Toonder, 'Vergeetboekje', 134.
9. Toonder, 'Vergeetboekje', 185.
10. Weinrich, *Lethe*, 103.
11. J. Vullings, 'Ik wacht op mijn tijd'. Interview with Marten Toonder, *Vrij Nederland*, 2 October 2004, 26-30.
12. Vullings, 'Wacht', 26.
13. Vullings, 'Wacht', 26.
14. Vullings, 'Wacht', 26.
15. Vullings, 'Wacht', 26.
16. M. Toonder, "Herinneringen zonder troost", in W. Kayzer, *Het boek van de schoonheid en de troost*, Amsterdam 2000, 249.
17. M. Toonder, *Autobiografie*, Amsterdam 2010, 11.
18. Toonder, 'Herinneringen', 250.

遺忘的慰藉
遺忘真的只是一種病，一種失去和空無嗎？
Forgetting: Myths, Perils and Compensations

作　　者　杜威・德拉伊斯瑪 Douwe Draaisma
譯　　者　謝樹寬
特約編輯　許景理
封面設計　賴柏燁
內文排版　高巧怡
行銷企畫　林芳如、王淳眉
行銷統籌　駱漢琦
業務發行　邱紹溢
業務統籌　郭其彬
責任編輯　林淑雅
副總編輯　何維民
總 編 輯　李亞南

發 行 人　蘇拾平
出　　版　漫遊者文化事業股份有限公司
地　　址　台北市 105 松山區復興北路 331 號 4 樓
電　　話　（02）2715-2022
傳　　真　（02）2715-2021
讀者服務信箱　service@azothbooks.com
漫遊者臉書　www.facebook.com/azothbooks.read
發行或營運統籌　大雁文化事業股份有限公司
地　　址　台北市 105 松山區復興北路 333 號 11 樓之 4
劃撥帳號　50022001
戶　　名　漫遊者文化事業股份有限公司
初版首刷　2018 年 9 月
定　　價　台幣 420 元
I S B N　978-986-489-293-8

國家圖書館出版品預行編目 (CIP) 資料
遺忘的慰藉：遺忘真的只是一種病，一種失去和空無嗎？/ 杜威．德拉伊斯瑪 (Douwe Draaisma) 著；
謝樹寬譯．-- 初版．-- 臺北市：漫遊者文化出版：大雁文化發行，2018.09
336 面；14.8 x 21 公分；譯自：Forgetting : myths, perils and compensations
ISBN 978-986-489-293-8(平裝)
1. 記憶 2. 遺忘 3. 認知心理學
176.33　　　107013248